千幅图片带你去看一座名城的今昔

图说老南京

沈旻 沈岚 著

东南大学出版社
SOUTHEAST UNIVERSITY PRESS

被誉为"远东第一别墅"的国民政府主席官邸美龄宫的精美彩绘

序

南京是座有着厚重文化底蕴和历史积淀的城市，拥有"人文绿都，博爱名城"的亮丽名片。钟山龙蟠，石城虎踞。绵延厚重的古城墙，桨声灯影的秦淮河，巍峨大气的中山陵，洋房林立的颐和路，沧桑变幻的总统府门楼，行道两旁的参天雪松与法国梧桐，无不凝聚着城市的精髓与风骨，成为颇值品读的文化坐标。

孙中山对南京这座城市的喜爱是显而易见的。辛亥革命成功推翻清王朝，中华民国的首都就确立在南京，他星夜赶往就任临时大总统，后来又在《建国方略》中由衷赞叹："南京为中国古都，在北京之前，而其位置乃在一美善之地区，其地有高山，有深水，有平原，此三种天工，钟毓一处，在世界中之大都市，诚难觅此佳境也。"蒋介石一直以中山先生的"信徒"自居，将南京作为国民政府的首都，既可实现总理夙愿，又能表明自己正统的承继关系。这对于南京城市建设与发展也起了重要作用。据后来学者分析列举的理由可知，南京作为明代开国都城的历史传统、它与全国金融中心上海紧密关联的地理位置，亦成为其替代旧都北京、升格为新型统治中心的重要因素。

南京是我长期生活的城市，就读的小学在青石街，中学在龙蟠里，大学在汉口路，每天上学的路上，都会路过著名的民国建筑，可以说是耳濡目染，浸润其间。之后，长期执教于南京大学，从事中华民国史的研究与教学，对南京的民国建筑有着特殊的情感。本书的两位作者是我熟识的一对兄妹，沈旻是我认识多年的朋友，长期从事文博研究工作且酷爱摄影，成就斐然，沈岚是我在南京大学执教时的学生，研究生毕业后在国家级档案机构任职。他俩生长于南京，对这座城市满怀深情，运用各自所长，珠联璧合，联袂编著的《图说总统府》一书，图文并茂，获得好评。如今又将研究课题拓展开去，将图文结合的特色进一步光大起来，使"图说系列"之《图说老南京》得以出版面世。新著中1 600多张惊艳绝伦的新老照片，匠心独运的同视角今昔比照，于光影流转间阅尽沧桑世事，读来让人耳目为之一新。我对兄妹二人孜孜向学、潜心蒐集之举亦深感佩，先读之后遂欣然提笔，向广大读者推荐。

是为序。

浙江大学求是特聘教授
蒋介石与近代中国研究中心主任

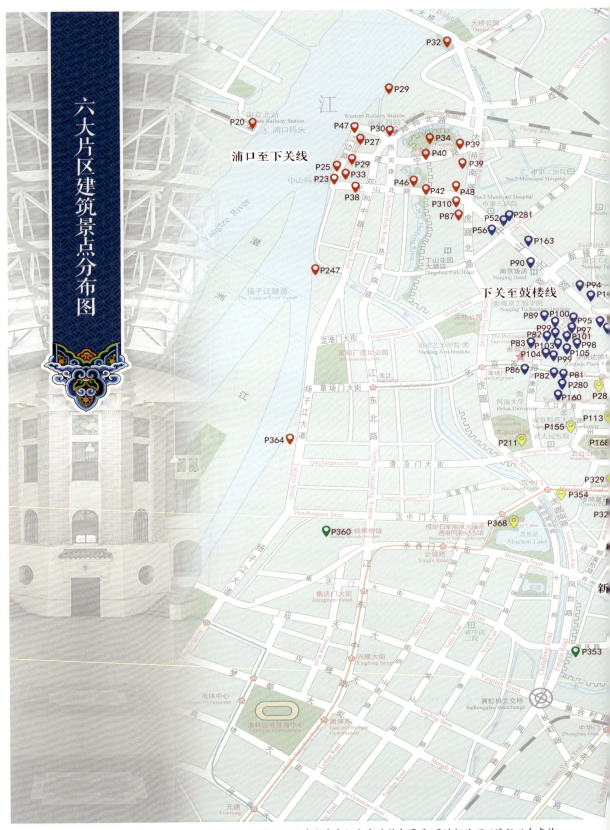

六大片区建筑景点分布图

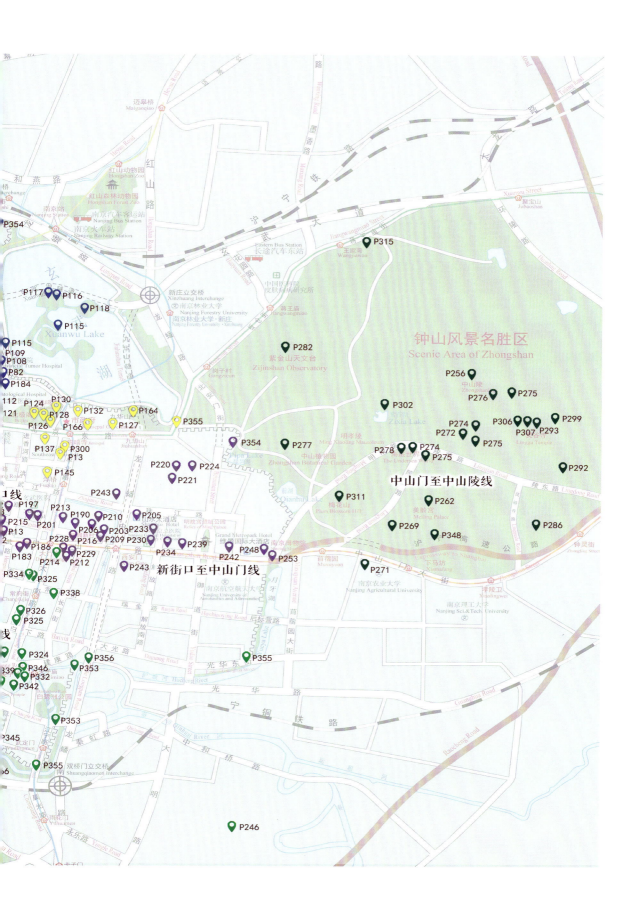

目录

序

追忆从指缝间流逝的时光

中国最早的现代城市规划:《首都计划》 ·················· 2

民国首都地名命名之经纬

绿意盎然民国子午线:中山大道 ·················· 6

市政领域的行家、南京特别市市长刘纪文

大师匠造之一代风华:毕业于宾大的中国建筑师 ·················· 11

民国南京公共交通概览 ·················· 14

民国南京建筑遗存寻踪路线图 ·················· 18

浦口至下关线

寻访《背影》的背景:津浦路30号浦口火车站 ·················· 20

为迎中山灵柩而建:中山北路643号中山码头 ·················· 23

民国首都的眼睛:江边路1号首都电厂 ·················· 25

下关江边繁华商埠:大马路民国建筑 ·················· 27

沿江民国建筑林林总总 ·················· 29

江边路24号南京招商局旧址

老江口57号南京铁路轮渡栈桥

龙江路8号南京下关火车站

下关影像今昔组照

胸纳万里长江如虎:狮子山今昔 ·················· 34

石峰突兀,如燕凌空:"长江第一矶"燕子矶 ·················· 37

明城墙砖砌就欧式古堡：宝善街2号扬子饭店 ········· 38

深藏居民小区的民国城门：新民门 ········· 39

从"有凤来仪"到"振兴中华"：兴中门 ········· 40

扼由北入城交通孔道：挹江门 ········· 42

马吉记录屠城血证：中山北路108号基督教道胜堂 ········· 46

近代医疗卫生建筑：江边路30号民国海军医院 ········· 47

造型独特的弧形牌楼：中山北路346号民国海军总司令部大门 ········· 48

百万雄师过大江：解放南京 ········· 49

下关至鼓楼线

国民政府办公第一楼：中山北路252、254号铁道部、行政院 ········· 52

民国南京城最漂亮建筑：中山北路303、305号国民政府交通部 ········· 56

豺狼当道，安问狐狸：中山北路105号国民政府立法院、监察院 ········· 62

民国大案要案终审地：中山北路101号国民政府最高法院 ········· 65

1935惊天刺汪案发地：湖南路10号国民党中央党部 ········· 68

见证诡谲外交风云：中山北路32号国民政府外交部 ········· 73

民国外交最后挽歌：各国驻中华民国使领馆综述 ········· 81

司徒雷登滞留南京：西康路33号美国驻中华民国大使馆 ········· 83

特别"招待所"俗称AB大楼：北京西路67、65号美国军事顾问团公寓 ········· 86

小白楼英伦范十足：虎踞北路185号英国驻中华民国大使馆 ········· 87

中式风格气派雅致：老菜市8号荷兰驻中华民国大使馆 ········· 89

国府"舞会外交"场所：中山北路259号国际联欢社 ········· 90

中苏文化协会在此成立：中山北路81号侨务委员会招待所 ……………… 92
民国南京最豪华之宾馆：中山北路178号首都饭店 ……………………… 94
专助于民国文教交通业：山西路124号中英庚款董事会 ………………… 95
梧桐深院中的神秘身影：颐和路公馆区 …………………………………… 96
蒋纬国身世之谜
巨奸汪精卫的穷途末路：颐和路38号汪精卫公馆 ………………………… 104
马歇尔来华调停"歇马"处：宁海路5号马歇尔公馆 ……………………… 105
"低调俱乐部"的不归路：西流湾8号周佛海旧居 ………………………… 106
文脉深厚、名人荟萃之地：傅厚岗、百子亭沿线民国名流住宅区 ……… 108
致力于壮大我党我军力量：青云巷41号八路军驻京办事处 ……………… 110
代总统身陷暗杀险境：傅厚岗30号李宗仁公馆 …………………………… 111
艺术大师的"慈悲之恋"：傅厚岗4号徐悲鸿故居 ………………………… 112
璀璨夺目的金陵明珠：玄武湖 ……………………………………………… 114

鼓楼至新街口线

历史与现代在此交汇：鼓楼之旧貌新颜 …………………………………… 120
医者仁心，博爱济世：中山路321号鼓楼医院 …………………………… 122
与天话语的知识圣山：北极阁2号气象台 ………………………………… 124
民国最高学术研究机关：北京东路39号国立中央研究院 ………………… 126
国舅爷宅邸别具一格：北极阁1号宋子文公馆与"囚张楼" ……………… 128
南朝古刹设战时电台：民国鸡鸣寺 ………………………………………… 130
钟鸣鸡唱，考选拔才：北京东路41、43号国民政府考试院 ……………… 132

执民国国立大学牛耳：四牌楼2号国立东南大学、中央大学	137
民国最高教育行政机关：成贤街43号国民政府教育部	145
民国最好的教会大学：汉口路22号金陵大学及其名人宅邸	146
历史铭记"中国辛德勒"：小粉桥1号拉贝故居	
赛珍珠与徐志摩文学之缘：平仓巷3号赛珍珠故居	
达官麇集的风云际会地：斗鸡闸4号何应钦公馆	
至暗时刻的诺亚方舟：宁海路122号金陵女子文理学院	155
隐匿深巷的名流宅邸：陶谷新村民国建筑群	159
钟楼回音穿越百余年：中山路169号金陵汇文书院	161
典雅气派的民国大门：中山北路251号司法院、中山北路212号联勤总部、建邺路168号中央政治大学、中山路291号三青团中央团部	163
日伪作秀修建三藏塔：九华山玄奘塔由来	164
被误读的"还都塔"历史：和平公园励士钟楼真相	166
见证日军屠杀罪行：五台山1号日本神社	168
毒酒案震动南京城：北京西路1-3号日本驻南京大使馆	169

新街口至中山门线

城市坐标原点暨第一商圈：新街口广场变迁	172
南京老字号兼地标建筑：中山路75号福昌饭店	177
光复首都行动三日流产：中山东路1号交通银行南京分行	178
抗战前的南京地标建筑：中山路19号中国国货银行	181
民国南京"文化艺术中心"：洪武北路129号公余联欢社	182

铁汤池官邸与高楼门公馆：中山东路128号国民政府财政部、
高楼门80号孔祥熙宅邸 ………………………………………………… 183

千里音信一线牵：游府西街8号首都电话局 ……………………………… 186

行走千余米穿越上千年：长江路历史文化街区 …………………………… 188

感受历史走进中国百年：长江路292号南京总统府 ……………………… 190

风雨飘摇民主宪政梦：长江路264号国民大会堂 ………………………… 197

民国艺术的最高殿堂：长江路266号国立美术陈列馆 …………………… 201

民国时期全国佛教中心：汉府街4号毗卢寺 ……………………………… 203

中西合璧的民国建筑佳作：珠江路700号中央地质矿产陈列馆 ………… 205

红色梅园显伟人风范：梅园新村民国风貌区 ……………………………… 206

钟岚里新式石库门建筑与蓝庐

"小诸葛"助选大本营雍园及桃源新村片区

毗邻国府的将官云集地：仁寿里、树德里、板桥新村民国建筑群……… 212

"老白下的颐和路"：西白菜园民国建筑群 ……………………………… 214

置身闹市的高级"村落"：青石街民国建筑群 …………………………… 215

背靠大树好乘凉：中山东路237号中央饭店 ……………………………… 216

胜利与荣光之地：中央陆军军官学校 ……………………………………… 220

蒋氏官邸旧时光：黄埔路3号憩庐 ………………………………………… 224

无尽创伤永远的痛：利济巷慰安所 ………………………………………… 228

民国高官就诊的"御医院"：中山东路305号中央医院 ………………… 230

民国卫生行政事务主管：黄埔路1号国民政府卫生部 …………………… 233

引领风气与正义审判地：中山东路307号励志社 ………………………… 234

东西"两宫"的前世今生：中山东路313号国民党中央监察委员会、
中山东路309号党史史料陈列馆 ………………………………… 239
民国各大机场的起落兴废 ………………………………………… 243
　南京历史上首座机场：小营机场
　见证诸多民国传奇：明故宫机场
　中国空军的摇篮：大校场机场
物华天宝，集珍聚粹：中山东路321号国立中央博物院 ………… 248
朝阳初升东大门：从朝阳门到中山门 …………………………… 253

中山门至汤山线

伟陵葬伟人，托体同山阿：中山陵 ……………………………… 256
　中国建筑师在设计方案竞征中绝对胜出
展示蒋宋家庭生活细节：石象路7号美龄宫 …………………… 262
　宋美龄的长寿秘诀
抚幼恤孤之新兴学校：四方城1号国民革命军遗族学校 ……… 269
山野作幕，奏响天籁：中山陵音乐台 …………………………… 272
众星捧月，拱卫中山：中山陵周边建筑 ………………………… 274
　光化亭、行健亭
　流徽榭、永丰社与桂林石屋
　金碧辉煌藏经楼
　廖仲恺何香凝墓
孙"太子"与"苗王公主"一段情缘：中山陵8号孙科公馆 …… 278
钟山咏天问，倚天览星辰：紫金山天文台 ……………………… 282

民国远东地区最大运动场：灵谷寺路8号中央体育场 …………………… 286

中国奥运参赛第一人刘长春与"美人鱼"杨秀琼

中国最早高尔夫球场：外交部野球场 …………………… 292

灵谷松风传英名：国民革命军阵亡将士公墓 …………………… 293

园林墓园集山水之美：谭延闿墓 …………………… 299

蒋介石择定风水宝地：正气亭与紫霞湖 …………………… 302

间谍王身后的吊诡传闻：岱山戴墓与戴笠楼 …………………… 304

汪逆墓炸尸焚之下场：汪墓寻踪 …………………… 311

浩气如虹贯长空：蒋王庙街289号南京航空烈士公墓 …………………… 315

涤烦襟而释尘虑：汤山镇温泉路3号蒋介石温泉别墅 …………………… 317

金陵第一明秀山：民国栖霞山 …………………… 319

远东第一水泥生产基地：摄山镇88号江南水泥厂 …………………… 321

新街口至夫子庙线

品味浓郁民国风情：太平南路民国街区 …………………… 324

民国四大最美教堂掠影 …………………… 326

太平南路396号圣保罗堂

莫愁路390号基督教莫愁路堂

汉中路140号基督教百年堂

石鼓路112号天主教堂

漫话民国首都知名影院 …………………… 331

民国建筑群掠影 …………………… 335

慧园里石库门民国住宅区

秣陵路21号"猪将军"刘峙公馆

复成新村7号中共南京市委秘密会址

桨声灯影话秦淮 ·················· 339

邮传万里通音问：漫话民国邮局 ·················· 346

警宪特盘踞金陵第一园：瞻园路128号国民政府内政部、
瞻园路126号首都宪兵司令部 ·················· 349

金陵狮子林史话：鸣羊街胡家花园1号愚园 ·················· 351

民国城门忆今昔 ·················· 352

通济门船形瓮城的破碎记忆 ·················· 356

民国时期南京明城墙存废之争

将日降消息传遍全城：江东北路33号中央广播电台 ·················· 360

公开审判汉奸大案：朝天宫4号首都高等法院 ·················· 362

民国重要工业遗存：水厂街7号首都水厂 ·················· 364

中国民族工业先驱：应天大街388号金陵兵工厂 ·················· 366

莫愁湖畔志英烈：粤军阵亡将士墓 ·················· 368

金陵旧梦，似水流年：民国南京旧影 ·················· 370

后记

一串精妙的巨型项链焕发出璀璨光彩,而水滴状吊坠的中心部分正是美龄宫,殊不知到底是最初的刻意设计,抑或是无心插柳的巧合?

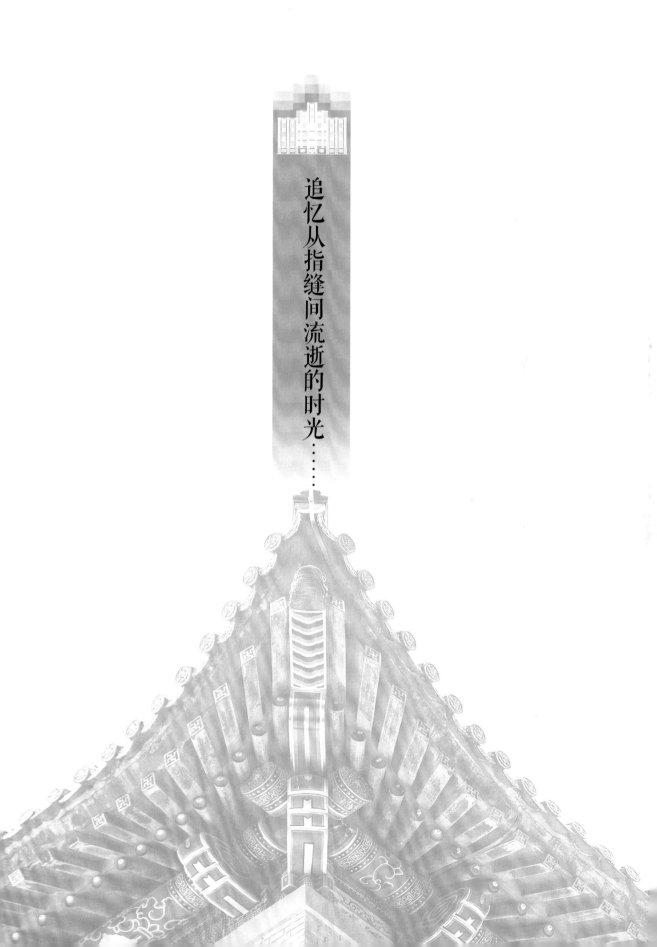

追忆从指缝间流逝的时光……

中国最早的现代城市规划：《首都计划》

1928年11月"国都设计技术专员办事处"开始着手编制《首都计划》，旨在打造"中国的华盛顿"

自国民政府1927年4月18日正式定都南京，到1937年抗战全面爆发前的十年间，是南京近代史上城市建设最集中有效的黄金十年，也是古都南京自六朝、南唐、明初以来的第四次大规模城建高潮。一大批行政建筑、纪念性建筑、文教建筑、公共建筑、新式住宅建筑、近代工商业建筑从勾画蓝图到拔地而起，无一不是中西方文化、传统与现代在那个时期交融碰撞的产物。一度因战乱而破败颓唐的南京开始焕发出勃勃生机，一跃成为近代都市建设的典范。民国建筑看南京。漫步街头，如同徜徉于千姿百态的民国建筑博览会，旧派与新潮，古典与折衷，民族与世界，风格各异却能在此和谐共存，从行政机构、公馆别墅、金融商铺、工业交通，到教育科研、文化娱乐、普通民居，犹如"石头上的史书"，正无声记录和见证着大南京兼容并蓄的广博胸怀。

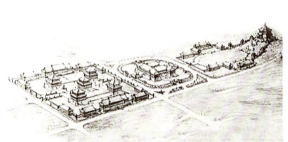

中央政治区划设于紫金山南麓，意在打造中国的"国会山"

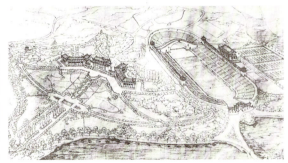

学校建设规划将五台山一带设定为文教区域，该地区如今高校云集

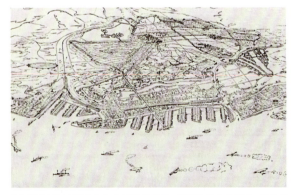

《首都计划》以美国各大内河港为样板，以下关码头为依托，试图将南京建成国际贸易港口

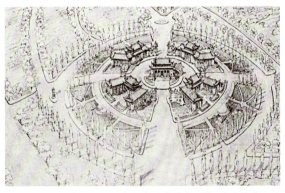

计划所规划的市行政区设在鼓楼的傅厚岗一带，建筑皆采用改良式中国建筑风格，宏伟精致

古城南京近代以来历经战乱，在国民政府1927年4月18日定都于此之前，"水不清，灯不明，路不平"，城市百业凋敝，市容破败不堪。"建设模范首都"提上日程后，民国南京建设的"黄金十年"随之到来。国民政府专门成立首都建设委员会，又聘请美国建筑师墨菲、古力治为建筑顾问，吕彦直等众多建筑师为助手，通过国际合作方式编制完成"中国近代第一部城市规划"《首都计划》，意在"本诸欧美科学之原则，发扬吾国固有之文化"，将首都建成"发号施令之中枢"，更为"文化精华之所荟萃"。

自从1928年8月中山大道破土开工以来，南京城市道路有了较大改观：1928年筑燕子矶马路；1929年筑黄浦路、中山门马路、环湖路、中山路、朱雀路、中正路（今中山南路）；1930年筑太平门路、热河路；1931年筑上元路、山西路、白下路、太平路、玄武湖路；1932年筑汉中路、中华路、雨花路；1933年筑考院路；1934年筑江边马路、国府东箭道马路、云南路、建康路、中央路等。抗战前夕，南京各类主次干道已过百条，总长近120公里，其中最宽路幅达40米。

作为国民政府定都后发布的，旨在对南京进行全面现代化改造的规划性文件，《首都计划》对南京的城市建设起到相当大的指导作用。尽管受经费缺乏和抗战爆发的影响，这一庞大计划最终实施不足四成，却在设计理念、规划方法、管理模式诸多方面开创现代城市规划实践之先河，也奠定了今天南京的总体城市格局。

首都商业区以新街口为核心形成椭圆型区域，并采用环岛式交叉路口，这里至今仍是南京最繁华商圈

首都火车总站设定于明故宫、富贵山之间，作为规划中新的市中心

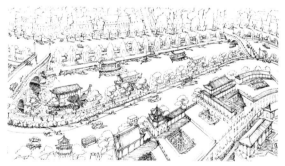

道路系统规划中倡导"林荫大道"的建设概念，计划一条林荫大道沿秦淮河而建

《首都计划》保留了城南明清风格老区，又在城北山西路一带另设高级住宅区

空中俯瞰今日鼓楼一带的中山大道,现代化高楼林立,绿树成荫

民国首都地名命名之经纬

美国建筑设计师亨利·墨菲(1877—1954),先后为中国教会大学规划设计了多所大学校园或主要建筑

孙科是首都建设委员会主任、《首都计划》实际负责人

　　1927年至1937年首都建设的"黄金十年"间,南京陆续修建了各种道路,其命名以"本诸历史及当地情形,为有系统之规划,具显豁之意义,庶几易于记忆而垂久远"为原则,可谓煞费苦心,考量颇多。1930年10月3日国民政府第96次国务会议通过首都道路命名规则,市政当局对人口稠密、商业发达的城南旧区进行道路规划时,"因其固有加以改良",选用南京历史旧称秣陵、建康、建邺、升州、白下、集庆、莫愁、洪武、凤游等命名干路。城中地区新建道路多以全国各大城市命名,1937年前的"首都建设"中相继建成上海路、青岛路、汉口路、天津路、广州路、北平路(今北京西路),而重庆成为"特别市"时间较晚,所以南京地名库中没有"重庆路",不过珠江路附近有个"重庆新村",那是抗战胜利后一批政府官员从陪都返回,在南京建宅定居后才命名的。城北地区因地多空旷,悉以放射状加方格网与对角线相结合方式重新规划,道路则以山西、江苏、江西、福建、湖北、湖南、广东、云南、宁夏、察哈尔、西康、绥远等当时的省份区划命名。另据1934年《南京市政府公报》称,中山北路以北干路用业已沦陷的东四省省名(黑、吉、辽、热河)及重要市名命名以为铭记;中山北路以南下关地区则以国内工商业较发达城市命名,如南北向沿江河干路为唐山、无锡路,东西向则为汉阳、南通、吴淞路等,也有很多道路因未能建成而地名成空。

前期调研小组在南京水西门城墙段一带考察旧影。其右侧为莫愁湖

绿意盎然民国子午线：中山大道

　　中山大道是民国时期南京开辟的第一条柏油马路，北起下关江边的中山码头，经盐仓桥、鼓楼、新街口广场后折向东行，再经大行宫、明故宫，出中山门与陵园大道衔接，全长近13公里，比当时号称世界第一的美国纽约第五大道还要长，成为贯通城北、城中、城东的城市中轴线，故有"民国子午线"之称。1928年8月中山大道为迎接中山先生灵柩破土动工，1929年4月初建成通车，1933年又以鼓楼、新街口为节点，将道路分为三段：从中山码头至鼓楼的北段为中山北路，鼓楼到新街口的中段称中山路，新街口至中山门之间取名中山东路。

　　中山大道路幅宽40米，中间机动车道宽10米，铺设柏油路面，再外侧是各宽5米的人行道，机动车道与慢车道之间辟安全岛和林荫道加以分隔，人行道边亦植树木，沿线两旁民国建筑密布，构成了一道独特的民国文化景观长廊。这条民国首都交通干线以及从鼓楼到和平门的子午路（即今中央路），与原中华路、御道街等奠定了全城道路的基本框架，也永久改变了城市的空间结构与功能发展，使南京整体发展呈现明显的北迁趋势。中西合璧的中央院部官署、公共文化建筑大多沿大道两侧建造分布，如今

炫彩中山路——都市夜韵：2014年影像中国年度建筑摄影师银质典藏作品

其沿线近代重要建筑仍有40余处,两翼500米内更串联起绝大多数近代物质与文化遗产资源。

中山路无疑是中国城市道路中重名率最高的路名,据不完全统计,迄今为止至少有200多条中山路分布于全国乃至海外各地,但大多出现于南京中山路系产生及正式命名之后,所以南京中山大道堪称世界中山路系的肇始与鼻祖。不过人们也好奇地发现:新街口广场周围四条干路中有三条以中山命名,为何唯独缺少中山西路?对此,有人牵强附会地解读说,西路在民间有上西天之意,中山西路既不吉利也不好听,所以才会出现"三缺一"现象。其实并非如此,四路当中南向之路一直叫做中正路,汪伪时期一度改称复兴路,新中国成立后才改为中山南路,而中山先生灵柩到新街口后便折向东去,并未向西经过汉中路,所以西向之路不以中山命名而仍称汉中路。

1946年的中山东路,上图可见大行宫附近小火车横穿中山东路呼啸而过

20世纪30至40年代的中山路与中山东路,可谓车少人稀

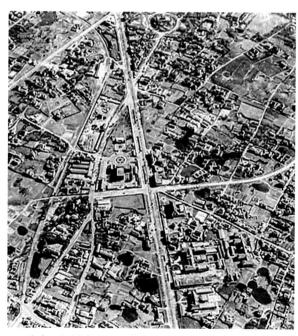

1940年中山北路航拍图,可见高等法院、华侨招待所、外交部等建筑

1935年新街口中山路可见新都大戏院建筑,远处为北极阁

从中山门上俯瞰1929年之中山路旧影,图左为明故宫东华门遗址

据说东南大学教授常宗惠当年奉命采办几千株学名悬铃木的法国梧桐(因遍植于上海法租界而得名),按一边三排总共六排(20世纪80年代改为四排)栽种在为奉安大典而建的中山大道暨陵园大道上,成为南京最早一批行道树。如今,拱卫于中山大道两旁的法桐早已亭亭冠盖,枝条在空中交错相衔,遮挡住大幅路面,投射下斑驳闪耀的光影,形成一条悠长而宽阔的绿色廊道,盛夏时节更是浓荫蔽日,奉献给行人无限的荫翳和凉意。作家叶兆言认为,法桐作为行道树在南京广泛种植,那蓬勃向上的枝条、意气风发的精神状态一定程度上改变了六朝古都南京的伤感气质,从而成为这座城市的另一特征,展现出别样的魅力和风貌。多年来,南京法桐与南京城一起成长,历经风雨沧桑,早已融入到整座城市的血脉之中,充溢在日常生活的细节里,成为根植于南京人记忆深处的一种情结。

光影中山路

2019年的中山东路,入夜时分更加靓丽迷人

市政领域的行家、南京特别市市长刘纪文

刘纪文（1890—1957），民国时期两度出任南京特别市市长

刘纪文第二次出任南京特别市市长简任状

刘纪文祖籍广东顺德，1910年加入同盟会，留学日本时加入中华革命党，任总务部干事，1917年回国参加护法运动。历任陆军军需处处长、南京特别市市长、国民党中央执行委员会委员、陪都建设计划委员、特种考试典试委员长等。

1927年4月，南京国民政府成立时刘纪文任南京特别市市长，8月辞市长职，随蒋介石往日本考察。1928年7月再任市长，1932年3月改任广州市市长。他任职期间致力于改变南京"教育之幼稚，实业之凋敝，市廛之湫隘，道路之不平"状况，为能尽快熟悉这座城市，几乎穷尽所有相关地图，亲自拟定《首都交通系统图》，为后来全市交通系统的发展奠定基础。他主持开辟南京中山大道以及在路边广栽法国梧桐，被西方称为"世界一流"；又改造开放玄武湖边的五洲公园，至今仍被视为南京人的骄傲；此外为老城门改名并请党国要人题名，均体现其现代理念与政治技巧。刘纪文做事雷厉风行，以铁腕治市闻名，当年为建设中山大道总共

1929年4月，市长刘纪文和夫人许淑珍暨首都各界名流社团参加南京中山路开路典礼，之后其他一些城市也相继出现以"中山"或"逸仙"命名的道路、桥梁、公园、学校等

国民党元老古应芬（1873—1931），历任广东省财政厅厅长、中国国民党中央监察委员、南京国民政府财政部部长、文官长等职

拆除400多户民房，以至时人有不知道国民政府主席姓甚名谁的，却连3岁小孩都知道拆屋的刘市长，故此人称"铁腕市长"。道路拆迁过程中，市政府先拿三元巷口的国民革命军总司令部开刀，让处在道路规划红线内的蒋介石司令部带头搬迁，又派人强行拆除那些难缠的"钉子户"，用拆下来的砖瓦建材充抵拆迁人员的工钱。刘市长严禁公务人员和亲属购买中山大道周边房产，防止他们炒地皮，如有违反，开除公职。他还以身作则，任期内在南京无一处房产，租住由政府提供的宿舍。

刘纪文担任两大城市市长为期6年，在市政建设方面取得不朽成就，乃得益于1923年8月孙中山派他带队前往英国留学深造的特殊经历。刘纪文一行在伦敦大学、剑桥大学研读间隙，考察欧洲数国市政建设，1926年夏完成学业后又到欧美等国考察市政，后经加拿大回到广州。他在南京最大的收获是找到了终身伴侣——小自己17岁的许淑珍。1928年10月18日两人在南京市府大礼堂办完婚礼后，又到圣公会礼拜堂举行基督教仪式，以蒋介石、谭延闿为证婚人。婚礼办得气派豪华，"新夫人穿25元一双的丝袜"成为一时新闻。

坊间盛传刘纪文曾是宋美龄初恋，更称1916年暑假宋美龄邀请刘纪文一起周游美国，两人旅途订婚。其实刘、宋两人早年可能连面都没见过，因为据资料显示，刘纪文到日本和英国留学过，却不曾留学美国。1923年他赴欧美列国考察时，宋美龄早在1918年就已离美返华。还有传言称刘纪文被任命为南京特别市首任市长，是由于宋美龄在蒋介石面前的力荐，然而刘纪文在南京的真正后台另有其人。当年刘纪文追随中山先生回国，在民国元老古应芬幕下任职，古应芬见他勤谨有成，许诺把女儿古婉仪嫁给他。1918年刘纪文与古婉仪正式订婚，岂料未等成婚古婉仪便撒手人寰，刘纪文仍视古应芬如父，令古深受感动，刘由此也官运亨通，所以他出任南京市长并非如民间所传是出自宋美龄的"感情弥补"。蒋介石曾到日本说服宋美龄母亲倪桂珍同意婚事，与他同行的便是刘纪文。倘若宋、刘有过恋情，依常理蒋绝不会带刘一道前去洽谈婚事。事实上蒋介石在苦追宋美龄时，见宋美龄年少出国，中文并不好，就让下属刘纪文教授宋美龄中文，两人一度朝夕相处，遂成为绯闻的起源。

大师匠造之一代风华:
毕业于宾大的中国建筑师

杨廷宝(左)和童寯(右)

1918年至1937年间,即两次世界大战爆发间歇期,杨廷宝、童寯、范文照、赵深、陈植、朱彬、梁思成、林徽因等约25名中国学子,先后赴美国费城宾夕法尼亚大学攻读建筑学。他们大多来自于清华学堂,家学深厚,本身就是天之骄子,肩负着历史重任、家国使命。为将西方新的科学技术、思想理念带回祖国,中国留学生们经常通宵达旦地设计绘图,废寝忘食地学习钻研,基本上只用三到四年时间就完成了六年课程,所取得的出色成绩常招致美国同学羡慕嫉妒恨。童寯在全美建筑设计竞赛中一举夺魁,力压来自美国耶鲁大学、康奈尔大学、哈佛大学、麻省理工大学等名校学生。担任中国留学生会长的杨廷宝更是学霸中的学霸,共修有97个学分,成绩单漂亮得令人叹为观止,绝大多数等次均为代表杰出的D。

他们中的多数人学成归国,积极投身到实业救国的建筑实践中去,成为近代中国第一代建筑大师。他们以不凡之卓识各施身手,大展抱负,为民国首都打造了许多传世佳作,包括后来担任天津基泰工程司主要建筑师杨廷宝与关颂声合作设计的中央体育场、中山陵音乐台、谭延闿墓;杨廷宝设计的紫金山天文台、中央医院、金陵大学图书馆、大华戏院、国民党中央通讯社办公楼;赵深、陈植、童寯、卢树森设计的国民政府外交部大楼、中山陵藏经楼、铁道部大楼;童寯设计的下关电厂、首都饭店等。这些精彩绝伦的建筑作品,犹如一颗颗光彩夺目的璀璨明珠,经过岁月的洗礼与磨砺,愈久而弥珍。

陈植(左)和童寯(右)

杨廷宝在绘图教室

　　光阴荏苒,斯人已逝,建筑大师的名字连同其创造的建筑经典却永驻南京,成为不可磨灭的城市印记。"南杨北梁"之中,与梁思成齐名的建筑设计界泰斗杨廷宝系河南南阳人,一生却同江南古城南京结有不解之缘,从其兼任教授的国立中央大学到宋(子文)孙(科)公馆、公教新村、下关火车站等,到后来的长江大桥桥头堡、雨花台烈士陵园纪念碑和纪念馆,大半个南京城的建筑典范均出自他的手笔。

　　杨廷宝南京故居又名成贤小筑,位于成贤街104号,与东南大学四牌楼校区仅一街之隔。从外观看,单门独户,坡顶粉墙,门扇紧闭,神秘而又低调,门头悬挂的几块牌子揭示了这栋小楼昔日主人在中国近现代建筑设计史上的傲人成绩。1946年10月,杨家老小七八口人刚回南京,分居三处,大师于是择紧邻大学校园一处原有宅地,利用旧城砖作为墙身材料,花费两个月的时间为自己和家人设计建成了成贤小筑。这栋黄色两层小楼看似平淡无奇,没有太多讲究,实则布局紧凑,简洁实用:楼房坐北朝南,

童寯就读宾大时的教堂设计

成贤街104号杨廷宝故居"成贤小筑"

中山东路75号为杨廷宝设计的中央通讯社大楼,始建于1948年,1949年只完成基础建设,后续建设在20世纪50年代完成,是目前保存较好的南京旧建筑之一,也是中国第一家全国性通讯社,现外立面经过现代涂料粉刷与之前外观有很大变化

西式现代风格,楼上为主人的私密生活空间,包括三间卧室及厕所、贮藏间,显得明亮而又雅致;楼下为公共生活用房,用柱和短墙区分客厅、餐厅功能,东南面的书房可观户外景色,西北隅厨房较隐蔽,有独立出入口。宅院占地面积约1 000平米,有水井一口,院内广植遮阴乔木,并点缀灌木花卉添景,俨然一处闹中取静的世外桃源。

杨廷宝及其家人在成贤小筑里一住就是几十年,如今这里作为建筑大师"公共民居的典范之作"、省级文物保护单位,已成为后来者景仰大师、触摸历史的一座参天大厦。

中山东路305号中央医院旧址,现为东部战区总医院

民国南京公共交通概览

1947年5月30日常府街道口,国防部一辆军用吉普车撞断栏杆冲进铁道,发生碰撞事故

南京早期公共交通的历史可追溯至开通于1909年的小火车,最初线路起自长江岸边的下关,入金川门,绕北极阁,到今白下路东段止,设有老江口、下关、三牌楼、无量庵(即鼓楼)、督军署及万寿宫(后改称中正街)6个站点,总长7.3公里。后来随时代变迁,站名迭加更改,如督署站就先后易名为总统府站、辎守府站、督军署站、上将军署站、国府站、维新站、新国民站和长江路站等。它是中国最早的城市轨道交通,因行程短、站距近、行车慢而俗称"小火车"或"小铁路"。1912年元旦,孙中山从上海乘沪宁铁路列车到南京下关车站后,先改乘小火车到东箭道站,再换乘马车直抵两江总督署,就任中华民国临时大总统。1936年前后这条"京市铁路"向南延伸3.8公里,沿途增设建康路、武定门、中华门3个车站,从新辟的雨花门出城,在养虎巷口与宁芜铁路接轨。南京小火车车厢空间狭小,拥有3个动力火车头、8节客车车厢与3节货车车厢,一次可载客500多人、上万斤货物,每小时约有两个班次对开,日往返通行可达30余次,票价比马车还便宜,成为市民交通出行的首选代步工具。民国年间有首秦淮竹枝词:"扬子江头看落霞,秦淮河上听鸣蛙。乘车直入华灯市,风鼓铁轮送到家",形象且诗意地夸耀了这一令南京人引以自豪的交通方式。然而小火车纵贯全城,所经道口众多,加之施设简单,

京市铁路旧影,背景为北极阁之鸡笼山

年久失修，烟尘噪音巨大，令沿途居民苦不堪言，也严重影响其他车辆通行，运行半个世纪后于1958年11月底拆除，从此湮没在往事尘烟里。后来在南京六朝博物馆施工工地上，曾挖出过当年总督站残留的数段窄轨路轨，就是这段南京近现代轨道交通的历史陈迹。

1912年南京第一辆出租车诞生。1922年江苏督军齐燮元的司机仲钱生，从上海购得一辆旧轿车到南京经营，之后创立了当地最早的车行——新宝泰车行，仅出租车5辆而已。当时国内汽油紧缺，很多汽车都改装成木炭车，车顶上驮着个大炉子。这种车以烧木炭为动力，司机开车前要先到车尾处大力摇动摇把，火点着后方可启动。1927年国民政府定都南京，城市道路与市政建设日臻改善，也促进了出租车业繁荣发展。1931年，商人郑宋潮从沪上大手笔购进百余辆小汽车，在南京创立公用股东公司，与之共存的还有"交通""新京""中山"等车行。到1936年，南京私营出租小汽车已发展至400多辆。

1918年余恒等商人在当地招股创办汽车客运公司——金陵汽车公司，当时共拥有8辆汽车，最早的公交车自此出现在南京街头。1921年，从下关火车站到汤山的第一条公交线路诞生，全长28公里。第二年为满足市民到汤山泡温泉的需要，又开设了下关至汤山游览线。新街口一带闹市区甚至有奔驰、雪佛兰、福特等洋品牌公交车出现，颇为惹眼。

随后南京相继出现过6家经营公共汽车业务的公司，但这些公司寿命都不甚长。1923年11月，庞振乾创立宁垣汽车公司。1925年春，佘雨东创立关庙汽车公司，只办4个月就倒闭了。1928年7月，南京商人赵于朔接手后者所经营的夫子庙到下关江边的汽运路线，一改以往站上售票的惯例，从而催生了随车售票员这一新职业。然而公司开业不久，即因政府机关随意借车、军警乘车不买票而导致亏损，营运仅5个月便宣告停业。1929年初，赵于朔重新招股创办振裕汽车公司，招用女售票员20余人，开创了公共汽车招用女工的先例，却因军警滋扰频繁，不到一年又被迫停业。黄孚彦等华侨商人于1930年7月开办的兴华汽车公司，曾经拥有33辆客车、3

1924年4月宁垣汽车公司正式开业，开辟下关到门帘桥（太平南路附近，今名不存）城内线路，又开设直达汤山的公交线

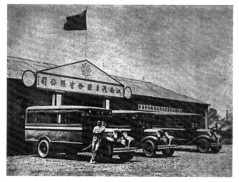

1930年代江南汽车公司车队

南京江南汽车公司车厢内部旧影

1946年南京街头出租车

1946年12月，林森路执勤交警和路过的马车

南京马车

行驶在市区的江南汽车公司客车及行李拖车

条线路，也只经营了4年时间即告破产。

20世纪二三十年代，马车、骡车一度在南京大行其道，1936年全市马车数量有341辆之多，其外观多模仿西欧，分为敞篷和厢式。人力车在南京街头亦颇盛行，当时又称黄包车、东洋车，数量多达11 180辆，入夜时分但见黄包车招摇过市，电石灯闪耀夺目，铃声叮当作响，衬得大街小巷一片繁华景象。

1931年5月5日，由国民党元老张静江、吴稚晖、李石曾等人发起设立，首任总经理吴琢之在并购南京多家小型公交企业后，创办了江南汽车股份有限公司，并开通南京至句容长途线以及南京至杭州的京杭线。该公司是现今南京公交集团的前身，它仅用5年时间就独占了当时中国首都的客运市场，发行国内唯一印有用铜元购票的公交车票。次年，江南公司着力进军南京市区客运，开通市区至中山陵游览车——陵园线，在该线路行驶的车辆采用镀铜扶手栏杆，座位全是真皮垫沙发，车窗夏天还用湘竹遮帘，大大提高了乘坐的舒适指数。1933年公司获取南京市区客运经营权，开通1、2号汽运路线。

1934年后，江南汽车公司开始自行设计制造公共汽车，将座位由马蹄形改为横排朝前，车身涂饰明快清新的湖蓝色。在此后50年中，湖蓝色一直成为南京公交车的标志性主色调。抗战前夕，江南汽车公司达到它的鼎盛期，共拥有车辆300多台，员工1 600名。全面抗战爆发后，公司迁往西南大后方，属下车辆甚至跨越国境，冒着敌人的炮火，构筑了一条打不断的战地运输线。

南京沦陷期间，日伪设立"华中都市公交南京营业所"，有39台车运行两条线路。抗战胜利后，当江南汽车公司于1946年4月带48辆旧车重返南京，续办市内公共汽车业务时，当地已有一家首都汽车公司正在营运。首都公司的客车系由向美国克莱斯勒公司订购的T234型道奇牌货车改装而成，车身漆色上呈淡黄，下为朱红。江南公司客车则由雪佛兰、斯蒂贝克、福特等品牌汽车改装，车身上下分别漆有乳白、天蓝两色。自1947年9月起，两公司共同经营南京市区线路，出现了两种色调的车辆竞争营运的状态。1949年9月首都汽车公司被军管会接管，更名为南京公共汽车公司。

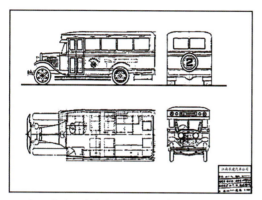

20世纪30年代江南汽车公司汽车车身图纸

当年江南汽车公司所做报刊广告

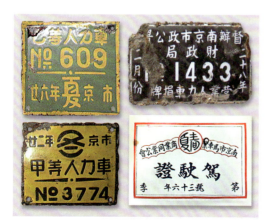

民国南京人力车牌搪瓷牌照与马车车夫袖标均带有编号，按不同季节或月份发放

南京振裕汽车公司于1930年和南京公共汽车公司合并。图为公司女售票员

1937年江南汽车公司车队，公司屋顶写有"准备牺牲，共赴国难"字样

民国旅馆前等待接客的人力黄包车

1940年代建康路上的人力三轮车夫

民国建筑遗存寻踪路线图

浦口至下關线

寻访《背影》的背景：津浦路30号浦口火车站

朱自清（1898—1948），中国近代散文家、诗人、学者。1928年出版了他的第一本散文集《背影》

朱自清这个名字对于民国首都南京而言，不单单是一名步履匆匆的时光过客，更是为之写有数篇散文佳作的近代散文大家。1923年8月初的某个傍晚时分，朱自清和好友俞平雁船同游南京秦淮河，"领略那晃荡着蔷薇色的历史的秦淮河的滋味"，之后相约各写一篇同题散文《桨声灯影里的秦淮河》，在民国文坛上被传为佳话。1934年他根据之前自己在南京的10天游历，专门作文称赞南京是值得留连的地方，"逛南京像逛古董铺子，到处都有些时代侵蚀的遗痕。你可以摩挲，可以凭吊，可以悠然遐想"，向游览者推荐到鸡鸣寺豁蒙楼食素品茗，登台城观看玄武湖湖景，至清凉山登扫叶楼怀古，文中还描述了莫愁湖、夫子庙、贡院、明故宫、明孝陵、雨花台、燕子矶等旧景，以及中山陵一带新名胜、江苏省立图书馆（原江南图书馆）、中央大学梅庵等文教场所。

朱鸿钧及其儿孙们，后排左二为朱自清

散文名篇《背影》写于1925年，记叙了1918年冬朱自清19岁那年，与年近半百的父亲在南京浦口火车站话别场景。朱自清以质朴无华的文字，白描出父亲为给儿子买橘子而穿越铁道、努力攀爬月台的艰辛动作，那个青布棉袍黑布马褂的蹒跚背影令他泪目，也深深打动了一代又一代读者。一千五百字的短文蕴藏着感人至深的力量，被选作中学语文教材而历久传诵。在众多中学生心目中，朱自清早已同这篇文章成为不可分割的一体，以至于又将父亲对儿子所说的"我买几个桔子去。你就在此地，不要走动"那句演成了一段梗，一百年后那堆饱含父爱的朱红桔子依然散发出脉脉余香。

1931年从浦口码头看浦口火车站，两者相距不过百余米，可谓水陆联运，无缝衔接

这个温情暖人的父爱故事就发生在与南京城隔江相望的浦口火车站，中国曾经最长也是最繁忙的铁路大动脉——津浦铁路的终起点，民初投入使用后即成为南北交通枢纽和兵家必争之地，在中国铁路百年史及至中国近代史上占有重要地位。1919年春，毛泽东送湖南留法学生去上海途中，在车站丢失一双布鞋而陷困顿，幸遇老乡方解燃眉之急，孙中山则于同年在《实业计划》中将此地列为重点建设；1927年郭沫若

由此中转渡江,到南昌寻找革命同志;1929年5月28日,孙中山灵柩运达南京时在这里举行迎榇仪式,稍作停靠便经浦口码头运往中山陵……车站大楼坐落于浦口江边,扼大江南北之咽喉要道,远眺下关,平吞江濑,蔚为壮观。20米高的3层站屋极具英伦风情,拥有米黄色外墙、红色陡峭屋顶、高窄门窗以及62间房,建筑面积达4 800平方米,曾经历三次大火的洗劫却还巍然矗立。车站站台呈纵列式三座,高高的月台、简单雕饰的立柱、微微拱起的顶部充满民国气息。一根根立柱从主楼延伸直通月台,形成伞状长廊,与轮渡码头的拱形雨廊蜿蜒相连,为远行羁旅们遮风挡雨。

一座浦口火车站,半部中国近代史。时光梭行,百年来火车与轮船交织的汽笛声在耳畔交替回响,这里挤满和迎送过无数南来北往提箱歇担的旅客,定格下许多难忘的历史性时刻,承载并见证了人世间太多的悲欢离合。然而随着各路交通迅速发展,昔日摩肩接踵、人声鼎沸的繁华车站日渐没落,如同精彩绝伦的戏剧终告落幕,舞台的帷幕缓缓拉上。纵横交错的铁轨,废弃的绿皮车厢,寂寥人稀的站台,一度成为《情深深雨濛濛》《金粉世家》等民国影视作品的外景基地,也是文艺青年体验小清新的必到打卡处。1985年这座民国老站更名为南京北站,2004年10月永久停止营运,2013年被列为全国重点文物保护单位,并于2017年3月起开始系统改造,2020年将修缮完毕。朱自清父亲当年翻越的铁道、月台以及候车大楼、售票房、电报房、寄存处、雨廊、职工宿舍等车站主体及配套建筑都被原汁原味地保存下来,浦口火车站作为国内唯一完整保留晚清民初历史风貌的百年老车站,与北京延庆的青龙火车站、辽宁旅顺白玉山的旅顺火车站、云南蒙自的碧色寨火车站、山东青岛火车站等并称为中国九大最文艺车站。

民国津浦铁路火车票

津浦线开通时外籍人士留影

奉安大典时孙中山子女家属孙婉、孙科等步出浦口火车站

1927年浦口火车站大楼南立面旧影

南京浦口火车站全景

浦口火车站长廊远景

为迎中山灵柩而建：中山北路643号中山码头

中山码头栈桥旧影

中山码头位于南京长江南岸、中山北路643号，又称下关码头。南京现代轮渡运输始于1910年，随津浦铁路贯通由浦口市场局在民间筹资开办，航线为下关至浦口的"关浦线"。

1928年为举行奉安大典，国民政府决定在下关江边重建码头，专以迎接中山先生灵柩。1929年5月28日，孙中山的灵柩到达下关江边码头（即今中山码头），由挹江门进入南京城内。1933年，南京铁路局改建中山码头，建造了百米长的趸船一艘、钢制栈桥3座以及候船室；同时拓宽码头至挹江门的马路，修建大型停车场。

灿烂迷人的中山码头之夜，该建筑为2014年仿民国建筑而新建

1936年3月15日，中山码头正式定名为津浦铁路首都码头，附属候船室及公交车站启用。

新中国成立后，中山码头于1957年扩建，1990年新建成具有"中山"建筑特色的"山"字形候船大楼，2014年在新一轮滨江开发大潮中又进行了现代化改造与建设。

1925年的下关码头

1936年中山码头东西立面上均有"津浦铁路首都码头"字样

1929年5月28日，运送孙中山灵柩的威胜舰徐徐驶抵下关码头

1949年从中山码头仓皇溃退的国民党军队

中山码头趸船

中山码头二等候车室

民国首都的眼睛：江边路1号首都电厂

陆法曾1928年任电厂总工程师，后任首都电厂厂长

1936年10 000千瓦新厂全景

民国首都电厂旧址位于南京市鼓楼区江边路1号、大唐电厂西侧长江岸边。

清宣统二年（1910），金陵电灯官厂在南京西华门建成发电，这是我国第一家官办公用电厂，输电线路集中在下关江边的轮船码头与火车站，大马路和商埠街的繁华地段夜晚仍是漆黑一片，千余家商铺生意及生活起居大受影响。经省城商会下关商董联名呈请，省立南京电灯厂下关分厂于1920年建成，购备1 000千瓦汽轮发电机自行发电。1928年4月，国民政府建设委员会接管电灯厂，更名为首都电厂，1930年底开始一期厂房扩建工程，1932年2月正式发电，原西华门发电所停止运行，全市电力由首都电厂统一供电。1935年二期成倍扩容扩建中，又安装两台西门子10 000千瓦汽轮发电机组和蒸发量50吨/小时的美制锅炉，电气及其他附属设备则采用英国茂伟等多家制造公司的产品。

空中俯瞰首都电厂遗址公园

1929年南京特别市市政府拨款2.3万银元,由首都电厂沿中山大道安装路灯200多盏,无奈路灯损坏严重,有的地方甚至"一盏皆无",既妨碍了"都市观瞻",治安交通也受到很大影响。1931年8月22日,市政府、首都建设委员会会同警察厅、工务局和电厂组成首都路灯委员会,明确由工务局办理日常事务,电厂负责设计施工,在市区街巷逐年装设路灯。据《南京市志》记载,抗战前夕南京共有路灯7 714盏,装灯范围东至孝陵卫,南至京芜路,西至上新河,北至燕子矶。

民国首都电厂有"全国模范电厂"之誉,与杭州闸口电厂、上海杨树浦电厂共称江南三大发电厂。1937年9月25日,电厂遭日军定点轰炸,电气控制室几近炸毁,蒸汽锅炉亦被击中,电厂以临时设备维持发电并紧急抢修损毁线路。12月初日军逼近南京,厂方应马超俊市长的要求,由徐士英副工程师带领84名员工留守电厂坚持发电,直至12月13日凌晨6时大批难民涌入厂区避难,才关闭厂门停止发电,最后有45名工人被日军押至煤炭港惨遭杀害。

1949年2月上旬,下关发电所中共地下党接上级指示,要求尽可能保留吨位大、性能好的船只,一旦解放军发起渡江作战,能立即运载渡江部队攻占南京。电厂工人以运煤发电需要为由,将该厂"京电"号小火轮留在下关码头。4月23日地下党组织通知黄兴发等6名船工将船驶往北岸,载送解放军35军103师侦察连60余名战士登陆下关码头。在解放南京的渡江战役中,"京电"号共运送1 400余名解放军指战员过江,为解放南京做出了突出贡献,4月25日总前委领导人邓小平、陈毅都是乘坐该轮过江的。这艘"渡江第一船"作为镇馆之宝,现正陈列于南京渡江战役纪念馆广场。

1932年,首都电厂下关发电所安装有两台德国西门子公司制造的5 000千瓦汽轮发电机

20世纪30年代电厂发电机组

接应解放军渡江的首都电厂"京电"号小火轮,现珍藏于南京渡江战役纪念馆

1936年锅炉操作室工作台

延伸到江水中的公园雕塑生动再现了工人们当时装货与卸货情景

下关江边繁华商埠：大马路民国建筑

大马路位于南京市沿江下关地区，南北走向，北到江边，南接商埠街，集中有数座精美的民国建筑。自晚清开始，此地因毗邻商埠码头而成为南京最繁华的商区之一。1913年2月28日，交通银行在下关大马路设浦口分行，为下关第一家近代银行。同年，江苏省警察厅在此设下关商埠警察署。1916年，法国天主教会在路西一带的天光、天保、天祥等里弄兴建住宅房屋群。江苏邮务管理局则于1918年在大马路62号兴建新局大楼，地上三层、地下二层的钢筋混凝土结构，建筑面积达4 545平方米，由时任邮局帮办、英国人睦兰主持建造，1921年竣工。

到1919年，这一地区"已有烟户万余家，商户数千户"。此后二马路（今下关米厂附近）、三马路（今营盘街一带）街市相继形成，浴室、茶楼、旅馆、戏院、成衣店、绸缎庄、钟表店、钱庄银楼等商号林立。据1931年《最新首都指南》记载："首都繁华街市分为城内与下关两部，下关以鲜鱼巷、龙江路、惠民桥、大马路、二马路等处最为热闹……凡至三牌楼以南者，皆就下关购买物品。夜市常延至11时半。"有老者回忆，当时大马路有家鞋帽洋货店，但凡新货上市，都会吸引城里的时髦太太小姐蜂拥而至。

20世纪30年代下关大马路的繁华景象

1937年8—12月间，日机多次轰炸下关沿江地带，大马路、商埠街、鲜鱼巷等商业繁华区遭严重破坏

1954年落成的大马路21、22号下关候船厅虽非民国建筑，但无论外观还是内部都沿袭了浓郁的民国风

建造于1923年的中国银行南京分行旧址正立面

今日大马路街景。正在整修的民国建筑将以崭新面貌示人

中国银行南京分行旧址历经近百年风雨,依然气势盎然,6根粗壮石柱岿然耸立,顶部石台的花纹简约精美

江苏邮政管理局建筑顶部细节。建筑正面外墙有"1918"字样,立柱厚檐,平屋顶上建有一座圆顶二层塔楼,可供人登临远眺

下关大马路民国建筑上的水泥装饰纹样

沿江民国建筑林林总总

江边路24号南京招商局旧址

旧址位于南京市鼓楼区下关江边路24号，中山码头与老江口码头之间，邻近下关车站。由著名建筑师杨廷宝设计，建筑外观仿船形，坐东朝西，为钢筋混凝土框架结构的四层楼房，建于1947年，兼作候船厅和办公楼，其中底层作为售票、候船及库房，中部两层为业务办公用房和宿舍，顶层为电报、电话及俱乐部。

南京招商局旧址状如船房，故称"船形"大厦

老江口57号南京铁路轮渡栈桥

旧址位于下关老江口57号，建于1933年，是中国最早的火车轮渡，长江南北通道的咽喉，跨越长江，将大江南北的津浦线和京沪线连接起来。南京铁路轮渡是亚洲第一条铁路轮渡，曾被评选为1927至1937十年间中国"十大工程"之一。日本《读卖新闻》曾称赞其"美轮美奂，东亚无双"。1968年10月，南京长江大桥建成通车后，昔日繁华热闹的火车轮渡从此变得萧瑟而沉寂。

今日下关轮渡栈桥。当年火车被拆分成几节，从下关乘轮渡到对岸后再行组装

1933年下关铁路火车轮渡

1933年下关铁路轮渡栈桥

龙江路8号南京下关火车站

南京鼓楼龙江路8号的下关火车站,始建于清光绪三十一年(1905),时称沪宁铁路南京车站,是沪宁铁路起点和终点站。

1930年3月,因车站过于老旧,已不适应当时的运输环境,国民政府铁道部重建南京下关站,站屋为中间3层、两侧2层的建筑,中部为椭圆形车站大厅。1947年又对下关车站进行扩建,新建车站大楼面积1.87万平方米,可容纳4 000名旅客。新车站由杨廷宝设计,平面呈U形,钢筋混凝土排架结构,建筑规模为全国之冠。车站更名为"南京车站"并由于右任题写站名。

上图:1930年代下关火车站　下图:1947年重建后的下关车站

民国京沪线的头等车厢内的乘客

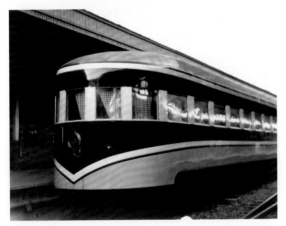

民国京沪线的头等车厢外景

民国京沪线的头等车厢内景

1949年，国民党撤离南京时炸毁站房等设施，车站中央大厅遭到毁坏。人民政府拨巨款修复被炸毁的车站，命名为南京站，重建候车大厅、贵宾室和行李房等。

20世纪30年代南京下关火车站与现今停止运营的南京西站对照

下关影像今昔组照

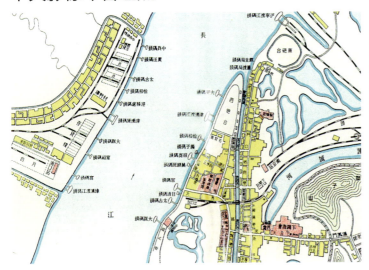

1927年的下关及浦口地图

1926年下关江面旧影

1936年下关惠民河岸旧影

下关宝塔桥和记洋行是南京开埠后外国资本家在下关开办的第一家工厂,图为南京长江大桥下的和记洋行厂长楼

津浦铁路首都车站小红楼始建于1928年,时为孙中山奉安大典临时指挥部,后移交津浦铁路局,抗战胜利后划归首都电厂

胸纳万里长江如虎：狮子山今昔

东晋建武元年（317），晋元帝司马睿因北方"八王之乱"渡往金陵，渡江时见此岭似北方卢龙寨，遂赐名"卢龙山"。明洪武六年（1373）9月，明太祖朱元璋驾临卢龙山，更其名为"狮子山"，翌年春下诏在城西北狮子山麓兴建楼阁，并亲撰《阅江楼记》，但在建楼工程所用地基平砥完工后又突然停建。狮子山人文景观和历史遗迹众多，其中以阅江楼为主要标志，山巅有孙中山阅江处、古炮台遗址；山坡有徐达将军庙、玩咸亭、碑廊（亭）；山麓有静海寺、三宿岩、天妃宫、古城墙、八字山等景点。

狮子山上设有炮台，现山上矗立阅江楼

狮子山炮台旧影

左图为1930年代从八字山远眺挹江门及狮子山景象，与右图今昔对比令人感慨万千

民国狮子山彩色老明信片

2001年南京市人民政府建阅江楼，结束了600多年有记无楼的历史。共计7层51米高，总建筑面积5 000多平方米，成为现今狮子山标志性仿古建筑。登临此楼，畅观金陵紫气，吞万里长江，忆风云际会英雄圣贤，悟十朝都会文脉气场，乃快意人生也。

辉煌耀目一雄楼

天际云色览雄楼

不知天上宫阙,今夕是何年

石峰突兀,如燕凌空:"长江第一矶"燕子矶

　　燕子矶居长江三大名矶之首,素有"万里长江第一矶"之誉。其海拔仅36米,但山石形似燕子展翅欲飞,且直立江上,三面临空,显得气势不凡。康熙、乾隆二帝下江南时均在此停留,乾隆还书有"燕子矶"碑。"燕矶夕照"为清初金陵四十八景之一,附近有弘济寺、观音阁等建筑。民国教育家陶行知曾用木板写了两块劝诫牌,带领学生立在燕子矶山头临崖处。一块木牌上面是"想一想,死不得"六个大字,另一块木牌上写有一段劝诫语:"人生为一大事来,应当做一大事去,你年富力强,有国当报,有民当爱,岂可轻死。"又云:"死有重于泰山,轻于鸿毛,你与其为个人的事投江而死,何不从事乡村教育,为中国三万万四千万农民努力而死呢?"劝诫牌不知感化劝导了多少失意轻生者。1993年,公园刻字立碑,将两块木牌上的文字分别刻于正反面,重新立于原处,以儆后者。

劝诫石碑

民国初年燕子矶

1928年蒋介石、李宗仁等国民政府要人游览燕子矶　　燕子矶今貌

明城墙砖砌就欧式古堡：宝善街2号扬子饭店

20世纪20年代的扬子饭店

扬子饭店坐落于距离长江不远的下关宝善街2号，是法国人法雷斯于1912年打造的一座欧式古堡建筑，也是南京作为通商口岸正式对外开放后最早一家由西方人（英国人柏耐登）经营的宾馆。整幢建筑用明城墙砖砌就，方底台式屋面，铁皮斜屋顶，拱形窗棂，外观宏伟朴实，内部迂回曲折。作为下关地区为数不多的高档饭店，它被指定为国民政府外交部招待各国专使、政要的定点饭店，宋庆龄、张学良、熊希龄、顾维钧、潘汉年等名人均曾下榻于此。

关于扬子饭店城墙砖的来历说法不一，有说取自浦口城墙，也有来自明皇宫之说

扬子饭店经全面修缮于2017年9月重新营业

扬子饭店皆由明城墙墙砖砌就，砖上明代制砖铭文仍依稀可见

穿过拱形大门步入饭店，内装奢华而不失优雅

深藏居民小区的民国城门：新民门

新民门两侧混凝土门柱上的梅花装饰图案

新民门位于新民路西端的护城河西侧，介于钟阜门、金川门之间，为民国时期增辟城门之一。南京城北金川门通道改建成宁省铁路小火车轨道后，为方便城内百姓进出，1932年在金川门西侧约1华里处的明城墙处打开豁口，但因资金不足未建城门。1933年6月市政当局投资修建新式简易城门，新民门于次年竣工建成并保留至今。"文革"期间，连接此门的城墙被附近居民拆扒建房，现已荡然无存，牌楼式城门却以其牢固的混凝土结构而得幸免，现被建宁新村住宅楼包围其中。新民门与武定门、汉中门同属牌坊式城门，也是南京唯一保存至今的牌坊式城门。

从1948年南京地图上可见新民门、兴中门（仪凤门）、挹江门、小东门（钟阜门）的位置及这一带城墙呈几字形走向

新民门旧影，东西立面门头上"新民门"三字出自时任市长马超俊之手

俯瞰位于建宁新村道路上的新民门，城门上有护栏与通道

新民门东立面

从"有凤来仪"到"振兴中华":兴中门

  仪凤门是南京明城墙中13座内城门之一,与钟阜门相对而建。"仪凤"取"有凤来仪"之意,两翼城墙皆依山顺势而建,城门正好处在北侧狮子山与南侧绣球山山坳之间。1931年国民政府改仪凤门为兴中门,取振兴中华之意,"兴中门"三字则由时任国民政府主席谭延闿题写。城门1971年在席卷全国的拆城运动中被拆除,但两侧城墙尚存。2006年,南京市人民政府复建仪凤门。

仪凤门今貌。为便于交通,重建后的城门辟有三个门洞,与昔日大不相同

1931年的兴中门

民国初年仪凤门旧影

兴中门外日侨集中营管理所大门题字为时任市长马超俊所书

1929年下关一带航拍与今日航拍对比。标注点1为静海寺,2为狮子山,3为仪凤门

空中俯瞰仪凤门今貌

扼由北入城交通孔道：挹江门

挹江门位于仪凤门西南方，最初是附近居民为进出城方便而在城墙上挖开的一个门洞，称作土城门。下关商埠局帮办金鼎顺应民意，倡议增开城门，填平洼地，修筑马路，南京地方当局在时任江苏省民政长韩国钧支持下，于1914年5月破墙动工，新开单孔城门一座，同时从城门内八字山取土修筑城门口到江边码头的道路，大大便利了下关地区的交通。因韩国钧系泰州人，泰州古称"海陵"，故城门正式得名海陵门。

1928年7月，国民政府将海陵门易名为挹江门，当时南京各大城门易名的还有：改朝阳门为中山门，仪凤门为兴中门，神策门为和平门，丰润门为玄武门，聚宝门为中华门，正阳门为光华门，石城门为汉西门，太平门为自由门。1929年为准备孙中山奉安大典，将挹江门改为三孔多跨连拱的复式券门，并建两层城楼，成为南京城第一个三孔券城门，国民政府考试院院长戴季陶为城门题写匾额。民国期间挹江门作为由中山码头、下关车站入城的交通要道，三个城门券都安装有厚木料制作的门扇，并设关卡检查来往行人和车辆。

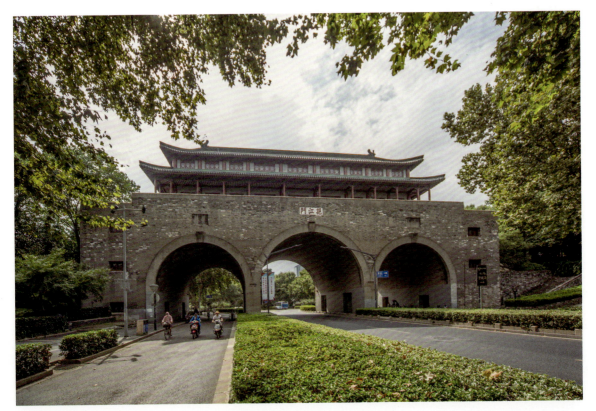

今日挹江门雄姿

1937年12月南京保卫战中挹江门城楼被日军炸毁,至今城墙上仍留有当年的累累弹痕。随军拍摄的寺田与之助曾回忆道:"这座漂亮的瞭望塔楼也在空袭或炮轰中被摧毁了,连形状都看不到了。"

1929年为准备奉安大典而改造挹江门

1938年挹江门彩色明信片

1931年九一八事变后,挹江门中门悬挂东三省形势地图,提醒民众勿忘国耻

挹江门亦为保卫战中守城军民撤退求生的"命门"：1937年12月12日下午，东、西、南三面守军几万人马辎重准备撤离，为出城渡江皆集中于挹江门，但由于卫戍司令部发布的撤退令没有传达到位，驻守此门的中国守军第36师坚决不予开门，结果造成撤退军民大量聚集拥挤，混乱中多人在踩踏事故中死于非命。

抗战胜利后重修城楼，1946年完工，南京临时参议会决议改名凯旋门，并立碑纪念，1947年后又恢复挹江门的名称。1949年4月24日，中国人民解放军从此门入城，解放南京。

1946年修竣的挹江门旧影，城楼上有座双檐翘角庑殿式敌楼

穿越挹江门

1949年4月24日，人民解放军主力部队由挹江门入城场景

挹江门城墙上至今留有南京保卫战的枪弹痕迹与碉堡射击口，内有一段深不可测的暗道，堪称南京城墙中最神秘的抗战遗迹

挹江门今昔对照,时间在这里走过了整整90年

1930年代挹江门旧影可见城门外一片空旷广场,现已辟为雪松花坛

马吉记录屠城血证：中山北路108号基督教道胜堂

美国传教士约翰·马吉（John Magee，1884—1953）。侵华日军南京大屠杀期间，马吉担任国际红十字会南京委员会主席和南京安全区国际委员会委员，参与了对20多万中国难民的救援

道胜堂为美国圣公会差会1915年所建传道、礼拜之所，取意"以道胜世"。首任牧师约翰·马吉在南京大屠杀期间与拉贝、魏特琳等外籍人士组成南京安全区国际委员会保护难民，还用摄像机记录下日军暴行影片，成为远东国际军事法庭审判日本战犯的有力证据。道胜堂旧址今位于南京市第十二中学内，现有四座中西合璧式建筑均保存完好。

约翰·马吉先生曾经传教的道胜堂旧影

南京市第十二中学图书馆以约翰·马吉名字命名，用以纪念马吉牧师的义举

近代医疗卫生建筑：江边路30号民国海军医院

位于下关的民国海军医院占地面积约6万平方米，院落内栽种的法国梧桐形成回字形林荫大道。尽管1930年建成时的医院总体格局尚在，但部分配套设施已不复存在，如今仅存矩形南楼和U字形北楼两栋主体建筑，是全国现存为数不多的近代医疗卫生建筑中极具价值的一处。

20世纪30年代海军医院

2014年修缮后的海军医院旧址

造型独特的弧形牌楼：
中山北路346号民国海军总司令部大门

1929年4月国民政府明令将海军署扩充为海军部，当年6月1日正式成立，下置总务厅及军衡、军务、舰政、军学、军械、海政六司

盐仓桥广场附近有座牌楼造型独特，颇引人注目。牌楼圆弧状立面均匀分布着10根装饰门柱，正中顶部设有斜向两侧的五层退台，其上装饰富有动感的曲线旋涡花纹，为典型的巴洛克建筑风格。牌楼正中辟有一个拱形门，上刻"海军部"三字。

组建于1929年6月1日的民国海军总司令部，其前身是清朝光绪年间曾国荃在南京创立的江南水师学堂，占地面积6 000多平方米，建筑面积近2万平方米，共有房屋72幢461间。1898年4月，18岁的鲁迅考入管轮班就读，同年11月因体育成绩不好，又出言讽刺一名教员，遭到学堂严厉处分，加之他还对学校不良校风与等级门户观念极为不满，于是愤而退学。后来曾在回忆录中如此描述这段经历："总觉得不大合适，可是无法形容出这不合适来。现在是发现了大致相近的字眼了，'乌烟瘴气'，庶几乎其可也。只得走开。"

富有巴洛克风格的海军部牌楼

百万雄师过大江：解放南京

从1949年3月底开始，人民解放军对长江北岸各桥头堡阵地进行扫荡，将长江南岸国民党军队的江防阵地置于炮兵射程之内。中国人民解放军二、三、四野的百万雄师则源源南下，云集于长江北岸，枕戈待旦，准备南渡长江，对企图凭借长江天险作垂死挣扎的国民党政权予以最后一击。4月20日，南京国民政府拒绝接受中共代表团提出的《国内和平协定》，国共和谈破裂。翌日清晨，新华社播音员将毛泽东、朱德发布的《向全国进军的命令》通过电波传遍大江南北，二野、三野共120万大军在中国人民解放军总前委统一指挥下，发起了史无前例的渡江战役。

进军的号角声中，民众支持中国人民解放军渡江

在江南民众及群众游击武装大力支援下，英勇的人民解放军在西起江西湖口、东至江苏江阴长达千余里的茫茫江面上，以木帆船为主要航渡工具分西、中、东三路进发，在炮兵、工兵配合下一举突破敌军苦心经营三个多月的长江防线，接着挥戈南下，迅速向纵深进发。曾经身临其境的郭化若将军以一首《菩萨蛮·渡江之夜》描述了这一波澜壮阔的渡江场景："素帆百万飞如箭，乘风顷刻敌前现。碧水静无波，疏星夜转多。弹飞如急雨，难阻雄师路。天险说长江，功成夜未央。"

在轮渡、公路上全线溃退的国民党军队

1949年4月23日午夜时分，解放军强渡长江成功后立即进入南京市区，向国民党统治中枢作钳形穿插。最先渡江的第35军104师一个加强营以及两个团的部队，从南京城左侧迂回前进，迅速占领紫金山天文台、紫金山四四六最高峰和中山陵等地，从东面控制了南京城；担任二梯队的103师自浦口上游渡江后，从南京右翼直插清凉山、水佐岗、五台山等制高点，从西侧控制城西和下关江面，以保证后续部队渡江安全；105师则从浦口渡口渡江，直插南京市中心，占领了从新街口到中山门一线的市区。南京全城宣告解放。

战前动员誓师大会

4月24日凌晨,作为解放南京第一梯队率先渡江的三野第七兵团第35军104师312团率先穿过挹江门,急行军到达鼓楼广场一带,占领北极阁、狮子山等制高点。先头部队在起义警察带领下兵分四路,顺中山路分头占领总统府及水利部、空军司令部、社会部等附近重要机关,特别是"总统府"上高扬的红旗召告了一个崭新中国的诞生,历史从此掀开新篇章。人民解放军占领总统府的时间是4月24日凌晨,但进入南京城的时间是4月23日深夜,所以1949年4月23日被定为南京解放纪念日。

解放军战前预备

24日下午,解放军大部队由下关经挹江门沿中山大道浩荡进城,受到南京市民的夹道欢迎:只见满城红旗飘舞,街道旁边挤满了人,不少人从楼房的窗口探出头来,挥手欢呼。有的市民举着"天亮了""解放了"的标语牌,许多工人、学生跑上前同战士热情握手,还有一支支学生队伍举着旗帜,打着腰鼓,扭着秧歌,尽情表达着欢庆解放的愉快心情。4月25日出版的《南京日报》以"百万市民夹道欢呼——解放军进入南京 学生工人们高呼解放军万岁"为题,生动报道了中国人民解放军入城盛况:"中国人民解放军从二十三夜十二时起进入南京,国民党反动势力统治二十二年之久的南京已被解放,反动派势力已被消灭,反动政府宣告瓦解。解放军进入市中心区新街口时,市民夹道欢迎,'解放军万岁'的呼声响彻云霄,部队严守纪律,市民莫不举手称快。"

中国人民解放军进入南京城并占领总统府

下關至鼓樓綫

国民政府办公第一楼：
中山北路252、254号铁道部、行政院

国民政府行政院旧址现位于南京市中山北路252、254号（今为国防大学政治学院北院），当年有中国传统宫殿式建筑12座、西式楼房13幢。仿古建筑群如今尚余坐东朝西的3栋及坐北朝南的2栋办公楼，皆为重檐翘角，庑殿覆顶，绿色琉璃瓦屋面上正脊兽吻俱全，斗拱梁枋门楣处加施彩绘，配以紫红砖墙、朱红圆柱、白色大理石台阶，室内装饰石膏藻井、雕门镂窗及水磨石拼花地面，正门前立一对威武石狮，一派府衙森然的景象，被称为国民政府办公第一楼。

1937年前此处为国民政府铁道部所在地，1946年国民政府还都后行政院迁入办公

时任铁道部部长孙科网罗国内建筑大师赵深、陈植、范文照等担纲设计，在萨家湾附近购地近7万平米兴建铁道部办公大楼，以期实现其父发展铁路之宏愿。建筑群由上海华盖建筑事务所承建，1929年奠基，1933年竣工，总建筑面积8 537平方米，其中孙科办公室就位于主楼三层右侧。院内北端还有幢红瓦黄墙花园式别墅，孙科曾居住于此。

抗战后铁道部西迁，1937年南京沦陷前一度成为首都卫戍司令长官部，蒋介石亲临这里召集师级将官开会，委任唐生智为司令长官指挥南京保卫战。1940年3月汪伪行政院进驻该建筑群，抗战胜利国民政府还都，因铁道部已于战时撤销，时任行政院院长宋子文便将行政院迁往原铁道部建筑群主楼办公。1947年4月、1948年5、11月，先后就任行政院院长的张群、翁文灏、孙科分别在此楼进行权力交接。1949年1月21日蒋介石下野，代总统李宗仁宣布重开国共和谈，孙科秉承蒋意将行政院南迁广州，形成院府之争，经李宗仁联合立法、监察两院迫使其重返南京。3月23日何应钦任行政院院长之职，因办公地点距长江过近，遂东移至中山东路的励志社。不久人民解放军渡江占领南京，迅速接管了该建筑群。

1946年还都后的国民政府行政院旧影

数幢造型相同的两层小楼为办公人员宿舍楼

行政院二楼入口及天花彩绘

行政院主楼石狮

行政院一楼大厅

行政院楼道与门厅

行政院二楼门厅

1946年还都后的国民政府行政院旧影

行政院主楼建筑之彩绘

行政院主楼背立面

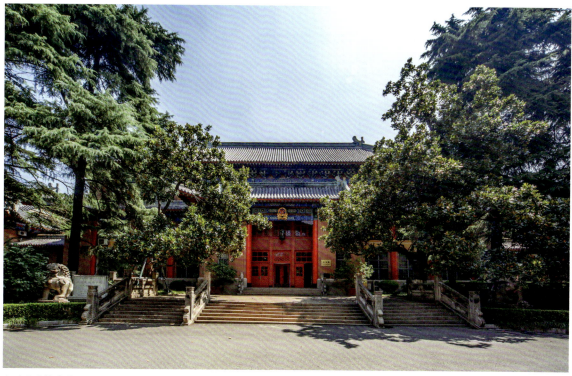

行政院主楼建筑正立面

行政院司长办公楼

民国南京城最漂亮建筑：
中山北路303、305号国民政府交通部

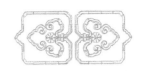

1935年国民政府交通部，可见当年交错的歇山顶样式

1936年国民政府交通部大楼正门，具有浓郁的传统宫殿式建筑风格

1947年国民政府交通部外景

1948年1月，全国公路交通安全促进委员会成员在交通部大楼中庭合影

　　南京国民政府交通部旧址位于中山北路303、305号，现为国防大学政治学院。1927年5月16日成立的国民政府交通部，直隶于国民政府，负责经营路政、电政、邮政、航政，并监督民营交通事业。孙中山曾有"交通为实业之母，铁道又为交通之母"的言论，为加强铁路建设，国民政府于1928年10月23日正式成立以孙科为首任部长的铁道部，由交通部将原有铁路行政权力移交该部管理。尽管民国时期的铁道部只存在短短十年，就因战事影响重新撤并交通部，其办公楼却更早矗立于中山大道上，且处处雍容气派，令人驻足企望，连时任交通部部长朱家骅也颇觉眼红，决心建成一座更壮观的办公大楼来。

　　国民政府交通部部址初设新街口附近慈悲社，不久在中山北路萨家湾建设新址，与马路对过不远处的铁道部办公楼东西相望，呈分庭抗礼之势。新址以邮政专款建设的邮电部大厦为名，有房屋21幢405间，钢筋混凝土仿木结构，人字形屋顶，水泥圆柱，立面采用西方古典建筑常见三段分法，在檐壁及门廊处又添加民族风格的装饰构件、传统线脚和浮雕彩绘。此外拱形门券，中式立柱，门前仿效北平故宫前金水桥设计，更给人威严肃穆之感。现存办公大楼、庭院及小桥由上海协隆洋行俄籍建筑师耶朗设计，辛丰记营造厂承建，大楼1930年7月动工，其间历经地基变更、洪灾兵燹等诸多波折，才于1934年底竣工建成。1937年侵华日军进攻南京时，这座耗资110多万的大厦不幸被炮火击中，正如英国《曼彻斯特卫报》驻华记者廷珀利在报道中所写："南京最漂亮的建筑——交通部大楼及其富丽堂皇的礼堂都在大火中燃烧。"大楼屋顶损毁，灰黄色砖石墙面一度露出斑驳痕迹。抗战胜利后，国民政府无力原样修葺，就在现存楼层上直接加盖屋顶，从而使整栋大楼的建筑风格为之大变。2001年该楼被列入全国重点文物保护单位。

交通部饭厅旧影

交通部部长办公室旧影

交通部大礼堂旧影,圆形天花上悬挂一盏巨型铜制大吊灯

大礼堂内景东面墙面装修后与民国时期有很大不同

天井东入口今貌

交通部大楼屋顶被日军炸毁前,礼堂圆屋顶上有一八角亭

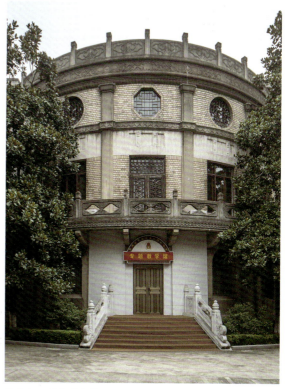

礼堂与一层外观今貌

交通部圆形礼堂天花彩绘富丽而堂皇

俯瞰现今大楼平面呈"日"字形，原屋顶1937年12月毁于日军炮火，战后改为平屋顶　　　　大楼窗饰

交通部成立于1927年5月，直隶于国民政府，1928年改隶行政院。图为交通部大楼正门今貌

拱形长廊

交通部门厅

中庭西立面

豺狼当道，安问狐狸：
中山北路105号国民政府立法院、监察院

1938年4月24日，伪维新政府"督办南京市政公署"成立

1939年3月改为伪南京特别市政府，后改隶汪伪国民政府

1946年国民政府还都南京后的立法院

国民政府立法院、监察院旧址位于南京鼓楼区中山北路105号军人俱乐部内，建筑面积约6 797平方米。始建于1935年的主楼为中国传统宫殿式建筑风格，彩画及细部装饰保存完好。抗战前为国民政府法官训练所，1938年大汉奸梁鸿志建立伪中华民国维新政府后，这里变更为"督办南京市政公署"。1940年汪伪国民政府建立，又改为汪伪南京特别市政府，直到战后国民政府还都才易为立法院办公地点，抗战期间西迁的监察院也于战后迁此，与立法院、行政法院同在一处办公。国府五院独占其二，这在反映首都职能的众多中央级建筑中并不多见。

国民政府立法院、监察院的设置是孙中山"五权分立"政治构想的实施产物。1927年8月国民党二届五中全会上，蒋介石宣布自会议之日起依照总理遗教实施"五院制"，五院各自独立，相互制衡。其中立法院作为民国时期国家最高立法机关，有议决法律案、预算案、大赦案、宣战案、媾和案、条约案及其他重要国际事项的职权，由胡汉民、林森、孙科等人历任院长。至于五院中监察院的设置，孙中山认为是五权宪法超越西方三权分立的独特之处。然而在国民党一党专政的时代，只能有限度查处腐败、惩治官吏的监察院根本无法成为独立有效的监督机构，正如首任监察院院长蔡元培所说，在"豺狼当道，安问狐狸"的民国政局下，监察院何来真正独立的监察职权呢！

1929年8月底蔡元培辞职后，第二任监察院院长赵戴文迟迟未到任，次年召开国民党中央三届四中全会改推于右任兼监察院院长。于右任为人忠厚正直，不满于国民党内争权夺利、贪污腐化等丑恶现象，上任伊始便努力开展创建监察机构、制定监察制度、划分各监察区以及清理监察积案等工作，并提名多个敢于耿直谏言的老同盟会员担任监察委员，形成一股有相当震慑力的监察力量。对于社会上有关监察院"只拍苍蝇，不打老虎"的传言，于右任回应说："一个蚊虫，一个苍蝇，一个老虎，只要它有害于人，监察院都要过问。"尽管1933年就有6名省主席被"打"，但位高权重者实际很难被弹劾，行政院院长汪精卫更于当年中央政治会议第416次常委会上提出修订、补充弹劾办法，企图限制监察院对重大案件的弹劾权。于右任对此绝不接受，认为各院院长不得借口干涉监察权之独立行使，当即辞职并返回陕西老家以示抗议。

1947年国民政府五院院长会集，右起为行政院长宋子文、立法院院长孙科、司法院院长居正、考试院院长戴季陶、监察院院长于右任

于右任在办公

立法院、监察院旧址正立面

俯瞰今南京军人俱乐部所在地

民国大案要案终审地：
中山北路101号国民政府最高法院

民国最高法院旧影

中山北路101号国民政府最高法院旧址由拱门、喷水池、办公大楼组成，2001年7月被公布为全国重点文物保护单位。现存建筑为钢筋混凝土结构，外观西方现代派风格，其主楼原高3层共276个房间，附地下室，建筑面积9 600多平方米。

最高法院成立于1928年10月，是国民政府最高审判机关，初在汉中路附近一所教会学校遗址办公，1932年在中山北路购地建楼，由过养默设计、东南建筑公司承建，1933年5月落成。中共早期领导人陈独秀"危害民国"案二审、国民政府军委会组织高等军事法庭审理张学良案，以及战后缪斌、陈公博、梅思平等汪伪汉奸死刑终审均在此作出复审判决。

最高法院建筑整体呈三段式，正视或俯瞰皆呈"山"字形，寓意法律威严如山

民国最高法院旧影

广场屹立一莲花碗状喷水池，寓意一碗水端平

现今最高法院旧址大门

国民政府最高法院鸟瞰图

抗战胜利后二号汉奸陈公博在江苏高等法院受审场景，后经最高法院复审判处死刑

建筑内部正中上方设抹角天窗，层层相套，寓意明镜高悬

建筑内部侧殿的木楼梯颇为精致

饰有菱形花纹的天井二楼护栏，环廊八字边，每面辟券门，华美而高贵

1935惊天刺汪案发地：湖南路10号国民党中央党部

1911年12月29日，已独立的17省代表在原江苏咨议局经两轮投票，选举孙中山为中华民国临时大总统。图为选举会合影

南京湖南路10号江苏省军区大院屹立着一座建造于1909年的历史建筑，它就是由端方奏请、孙支厦效仿法国文艺复兴时期建筑样式设计的江苏咨议局。大院总占地6 300平方米，有前后两进及东、西厢房组成的四合院，建筑面积达4 600平方米。这座建筑里曾经发生过中国近现代史上许多重大事件。

辛亥革命爆发后，全国宣布起义的17个省推举45名代表，于1911年12月10日在此共商组织临时中央政府大计，29日又推举孙中山为临时大

俯瞰湖南路10号国民党中央党部大楼旧址

国民党元老张继（1882—1947）

张学良（1901—2001）

陈公博（1892—1946），早年参加中国共产党，是中共一大代表，脱党跻身国民党行列后演变为反蒋的代表人物，但不久又与蒋合流。最后他追随汪精卫成为第二号大汉奸

总统。其后这里成为中华民国临时政府参议院院址，曾经诞生中国历史上第一部资产阶级宪法《中华民国临时约法》。1912年4月1日孙中山辞去临时大总统后，参议院又改为国民党中央党部办公地。1929年奉安大典时，中山先生灵柩从北京迁至南京，曾在大厅（"文革"期间被拆除）停厝公祭。1935年11月1日这里曾响起三声清脆的枪声，汪精卫被刺，事件迅速轰动全国。

1935年11月1日至6日，国民党中央委员会四届六中全会在南京举行。1日晨中央委员会成员到中山陵拜谒完毕，返回中央党部大礼堂举行会议开幕典礼，由汪精卫发表强调国难严重和攘外必先安内方针的演说。开幕式后，与会者皆到礼堂外拍摄集体照，蒋介石却迟迟未到。会议工作人员连催两次，蒋已上楼，推托不参加合影，于是汪精卫、张学良、阎锡山、张继等都站在第一排中央。当拍摄完毕人群开始散去时，一个身着大衣的年轻人突然从摄影机旁快步上前，用西班牙制6发左轮手枪对汪精卫连放三枪，一颗子弹击穿其左肺留在脊椎骨中，另一颗击中左面颊，第三颗击穿左臂，鲜血顿时涌了出来。

刹那间会场如炸锅般乱作一团，在场的军政巨擘都被吓破了胆，丑态百出。正当人们惊魂未定之际，站在一旁的国民党元老张继冲上前去，从背后死死抱住行刺者，与此同时张学良冲上来猛踢一脚，行刺者应声倒地，近旁一个卫士这才缓过神来，连忙掏出手枪连开数枪，刺客肺部被击中两枪，顿时不省人事。张学良后来对那个卫士的开枪行为大为光火："都抓住他了，还给他几枪。我非常怀疑这个人，要查处这个人。都要活捉了，还打他干什么？"

据张学良回忆，汪精卫被刺倒地后，其妻陈璧君极为镇静，"我倒觉得她了不得……事情完了，把铁门关上，大家都跑进去。汪先生他受了伤，满脸都是血，脸上耷拉着血，就在那个柱子边上的地上坐着……汪精卫跟她说：我完了！我完了！我要死了！她说：你刚强点儿好不好？"另据曾在现场的陈公博回忆："后来又听到两声枪响。我眼见大厦门首空地上睡着一人，警察还要拿驳壳枪打他。我急步上前止住警察：'不要再打，我们还要问口供。打死了，哪里得凭据！'汪精卫斜睡在地上，面上许多血，身上的西装和内衣全染透了鲜红的血。汪夫人屈一只腿跪在汪先生的身旁把脉搏。蒋先生也屈了一条腿在汪先生的右边，把着右手只说：'不要紧，不要紧。不要多说话。'陈璧君对汪精卫说：'四哥，你放心吧。你死后，有我照料儿女。这种事，我早已料到。'"

1912年孙中山、黄兴等在原江苏咨议局大楼前合影

1927年4月20日,南京国民政府在大楼前举行成立典礼

1929年十八国公使晋京递交国书及参加奉安大典,此照系在中央党部门前留影

中央党部礼堂举行孙中山灵柩安放暨公祭仪式,蒋介石、张静江、戴季陶、吴稚晖、杨铨、孔祥熙、蔡元培、谭延闿、古应芬等参加公祭,林森主祭

　　汪精卫很快被救护车紧急送往中央医院。随后现场警卫倾巢出动,断绝交通,戒严搜查,由首都警察厅厅长陈焯与宪兵司令谷正伦现场指挥。奄奄一息的刺客过了许久才被送往医院。经调查,刺客孙凤鸣持有南京晨光通讯社记者证,曾任十九路军排长,行刺时年32岁。警方从其口袋中搜出毫洋六角、西洋参两支、口香糖一块,还有准备吞服自杀用的鸦片烟泡一枚,由此判断孙凤鸣此行已做好誓不生还的准备。

　　案发20分钟后,晨光通讯社遭彻底搜查,但早已人去楼空。孙凤鸣受审时坚称此次行动完全是他一人所为:"你们看看地图,整个东北与华北,那半个中国还是我们的么?……我是个老粗,不懂得什么党派与主义。要问行刺主使,就是我的良心。"他被注射兴奋剂后一度苏醒,称自己头痛得厉害,次日清晨便死去了。由此可见,暗杀事件实际上是针对九一八事变后国民党当局对日不抵抗政策。

　　面对日本侵略步伐的不断紧逼,国民政府一味屈辱退让。其时掌控军事的是蒋介石,由政治对手汪精卫任行政院院长,主持对日外交,其对日妥协态度遭到全国各派抗日力量的反对,监察院院长于右任更怒斥汪为"卖国贼"。由于蒋、汪之间有过矛盾,更巧合的是蒋正好未参加拍照,所以陈璧君当面质疑暗杀主使是蒋介石,蒋则是哑巴吃黄连百口莫辩,遂令戴笠尽快查出刺杀事件的幕后指使。戴笠不敢懈怠,经一番调查终于查出暗杀活动策划人王亚樵。王亚樵是曾追随孙中山的资深革命者,后来决定以暗杀来实现自己的主张,于是在上海组建斧头帮,专门从事暗杀活动,号称民国"暗杀大王"。1931年6月14日他在庐山谋划刺杀蒋介石未果,同年7月23日又在上海北站枪击财政部部长宋子文,一·二八事变期间组织铁血锄奸团刺杀汉奸日寇,1932年4月29日暗杀日本派遣军司令白川义则。

　　王亚樵一直反蒋,无奈重点暗杀对象蒋介石平时护卫森严,几次策划暗杀行动均以失败告终。此番王得知国民党将在南京召开四届六中全会,蒋介石届时肯定会参加,便制订了一套周密计划,甚至让华克之专门成立"晨光通讯社",由孙凤鸣持63号记者证进入会场。谁知蒋介石生性狐疑,见当日会场秩序异常混乱,加之谒陵车队前曾出现可疑车辆,就临时取消了合影。因暗杀头号目标缺席,孙凤鸣于是将枪口转向现场二号人物汪精卫。1936年10月20日,戴笠经过周密安排与设计,将王亚樵暗杀于广西梧州大东路大东中街某号屋内。毛泽东曾这样评价王亚樵其人:"杀敌无罪,抗日有功。小节欠检点,大事不糊涂。"

然而仅三年后,那个当年在狱中写下"慷慨歌燕市,从容作楚囚。引刀成一快,不负少年头"著名诗句的汪精卫竟然从重庆叛逃,公开投敌了。为此,张继愤慨地逢人便讲:"我当时悔不该将孙凤鸣抱住,就该让他打死汪精卫。"冯玉祥将军则如此评价义士孙凤鸣:"孙凤鸣打了汪精卫三枪,足见这个青年有先见之明,我们真应该为他铸一个铜像来纪念他!"

王亚樵(1889—1936),号称民国暗杀大王

刺汪混乱的现场

1935年11月13日汪精卫在南京中央医院内疗伤

1935年11月1日,国民党四届六中全会在南京中央党部召开,行政院院长汪精卫致词,此后不久汪即遭孙凤鸣刺杀

遭枪击后的汪精卫

被乱枪击倒的刺客孙凤鸣

国民党中央党部大楼旧址南立面

见证诡谲外交风云：
中山北路32号国民政府外交部

民国外交部大楼旧照与今日省人大办公楼对照

南京市鼓楼区大方巷附近的中山北路32号大院，现为江苏省人大常委会所在地。整座大院呈三角形，从门口往内看，左侧有一气势夺人的褐色贴砖大楼，简洁而不失庄严，这就是原国民政府外交部旧址，2001年7月被公布为全国重点文物保护单位。国民政府外交部成立于1927年5月，设部长一人，政务和常务

俯瞰外交部大楼建筑平面呈T字形

王正廷（1882—1961），1928年6月任外交部部长，1931年10月因国民政府"不抵抗政策"而呈请辞职

1927年，国民政府外交部颁发的护照

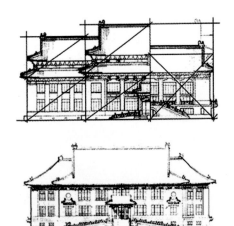

1930年杨廷宝设计的古典宫殿式外交部大楼方案，因工程造价过高被放弃

次长各一人，其主要职能是办理国际交涉、管理国外华侨以及居留中国的外侨之一切事务。1931年，外交部长王正廷筹建该楼，然而尚未竣工，王即因学潮被殴辞职。

1931年九一八事变发生不久，全国即爆发爱国学潮，抗议政府当局奉行"攘外必先安内"政策。9月28日上午，千余名中央大学师生冒雨整队赴国民党中央党部请愿，将正在那里出席纪念活动的中央大学校长朱家骅揪出，要其带领大家去外交部请愿。朱家骅见学生态度激烈，怕滋生纷扰，遂带领学生去了外交部。时任外交部部长的王正廷刚到外交部，便被高喊"打倒卖国贼"的学生们团团围住，当作中央"不抵抗政策"的替罪羊而遭殴打。《申报》报道了其间细节："部长王正廷初拟派代表接见，学生等大愤，乃相率至楼上部长办公室，向王正廷严重质问，言语间发生冲突，学生等因不禁痛愤，竟以拳足相加，王头部略有受伤，当赴鼓楼医院疗治。外部职员于秩序纷扰之中亦有被殴打者，部中会客厅什物稍有毁坏，旋经军警极力劝阻，始告平息。"

事发后，南京鼓楼警察第九局局长万宁和朱家骅先后提出辞职。蒋氏夫妇、于右任、邵力子等人前往医院探望王氏，见其"小腹有皮鞋踢伤，见青紫。头部系铁器伤，见血，系室中置人员履历之铁架子伤。面部有拳伤，共三处"。中央大学师生则声称王正廷挨打主要是因其躲着不见学生，据学生回忆："站在面前的一位同学一怒之下，随手抓起办公桌上的红蓝墨水瓶，朝王正廷迎面掷去，溅得他满脸满身红一块青一块，大家都围着他动起手来……他们刚下楼梯没几步，一位同学端起搁在楼梯扶手转弯处方柱上的一大盆花，居高临下，朝王正廷头上丢去，刚好落在王的头上。大概是瓦盆底壁较薄，花盆顿时四分五裂。"学生暴打外长后即公开提出八项要求，其中之一就是要政府撤办王正廷。上海工界也推出22名代表赴南京请愿，要求"惩办王正廷及其他失职官吏"。王正廷则很快提交辞呈，称"窃正廷迩来精神疲弱，体力益衰，深维外交一职事繁责重，际此内外交迫之秋，尤恐衰病之身多所贻误，恳鉴下忱，惟予辞职，遴员接替，以资休养"。

王正廷称病挂冠而去数年后，其任上（1931年3月）即行筹建的外交部办公大楼，终于在行政院院长兼外长汪精卫任内建成。大楼建筑最初由天津基泰工程司建筑师杨廷宝设计，建筑物平面呈"工"字形，采用重檐歇山顶、琉璃瓦屋面的传统样式,细部饰以清式斗拱彩画,天花藻井,但这一方案因政府紧缩经费而被废止,上海华盖建筑事务所赵深、童寯、陈植设计"经济实用又具有中国固有形式"的新民族建筑方案最终胜出,由姚新记营造厂承建,1934年3月开工,次年6月竣工。整座大楼有着现代建筑的简单立面造型、西式平屋顶,中国传统建筑的精美细部装饰,一至四层分别为办公室、会客室、会议室、档案室。民国年间出版的《中国建筑》杂志评价此楼"为首都之最合现代化建筑物之一,将吾国固有之建筑美术发挥无遗,且能使其切于实际,而于时代所要各点无不处处具备"。

1935年国民政府外交部大门旧影

1935年外交部大楼航拍旧影

1934年6月8日晚,在外交部大楼落成典礼上,国民政府招待各国驻华大使、公使、代办与外交人员的宴会刚结束,却发生了一起轰动世界的外交事件。当时日本驻华公使有吉明宴会后准备去火车站,总领事馆人员争相为之送行,副领事藏本英明也想借机套个近乎,谁知汽车座位有限,根本容不下他,只得眼睁睁看众同僚簇拥着公使一路绝尘而去,马路上就留下他一个人。回想自己已42岁,每日工作勤勤恳恳、兢兢业业,到头来只混了个副领事,现在居然连拍马屁的机会都没有,他内心几近崩溃绝望,索性叫来一辆黄包车出中山门直达中山陵,循山路登上紫金山顶,回看南京城内灯火辉煌,准备自杀以了此生。

1936年双十节,张群部长在外交部宴请各国外交使节

次日上午10时,日本驻京领事来到国民政府外交部,口头照会藏本失踪,下午4时又为此递交了备忘录。日本官方报纸更是火上浇油,推波助澜。6月12日《每日新闻》称:"现在我总领事馆已认定藏本系被何人杀害,不论证据之有无,以藏本氏失踪之俨然事实为根据,决定正式抗议。"6月13日又煞有介事地声称:"由领事馆至藏本宅,其间有四十丈之距,一边为荒野,一边为桑园,犯行之地大概在此。据当局之推定,藏本通过此地时,由背后现出一穿中山装之巨汉,或将藏本绑去,或予以不意之打击,而使之倒地,并巧妙地将一切形迹湮灭。该处常有宪兵站立,关于此事,宪兵决无不知之理……"

1937年12月,日军占领国民政府外交部,此楼成为冈村宁次中国派遣军总司令部所在地

日本外务当局则声称"此次事件系'拳匪事件'杉山书记官被杀以来最重大之事件"。除向中国政府交涉外,日方陆续派舰队驶往下关江面,炮口对准城内进行武力威胁。此时蒋介石正在江西全力"剿共",南京城兵力空虚,在京主持事务的汪精卫如坐针毡,下令首都警察厅厅长陈焯全力侦办。

警备司令部一面在南京各报刊登大幅广告悬赏寻人,一面命所属警局全员加紧巡查,先在市内人口稠密区及外国人经常来往处仔细搜索,又向四郊及中华门外通往芜湖的公路、沿江地带分头搜查,复兴社特务处处长戴笠亦指派赵世瑞等特务全力查找。然而藏本仿佛泥牛入海,踪迹全无。

直至6月13日清晨5点多钟事件才发生转机,住在明孝陵附近的总理陵园管理处工头张燕亭突然发现门外有一蓬头垢面的陌生人,身穿沾满灰尘的德尔西装,见面便要水喝。联想起近日报载日本副领事"失踪"报道,他顿时警觉起来,见此人喝水道谢后向山上走去,立即叫陵园工人魏青宗等跟踪上山,自己则打电话通知警察厅。上午11点多钟,警方在明孝陵后山经过照片比对,总算找到疲惫不堪的藏本,其"失踪"真相随之水落石出——藏本在紫金山山林里绝食两天后身乏无力,第三天因饥渴难忍,下山到茶馆里吃了些茶,第四天又来到明孝陵顺兴亨号茶馆吃茶,吃了碗火腿面,买了一包大英牌香烟和瓜子,直到下午四五点钟才离去,临走时又买啤酒一瓶。此时他身上并无现金,故将西装上一副金纽扣解下作抵押,离开茶馆后就在明太祖墓后山上一个小洞里藏身栖息。

下午4时,藏本经反复劝说被送至中国外交部,随后由须磨领事领回日本领事馆,稍事休息后由领事馆派人送回阴阳营62号住宅,与其夫人丽子会面,夫妻二人抱头痛哭。藏本事件真相大白后,日方因捏造谎言被戳穿而陷入尴尬境地。次日须磨进见汪精卫,诡称过去疑云

藏本英明

跟踪藏本的陵园工人魏青宗

宪兵正在盘问发现藏本的经过

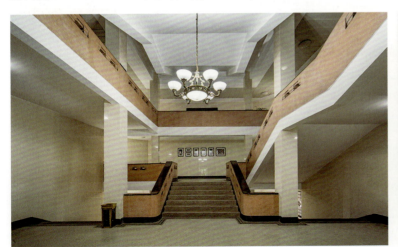
二楼楼梯

门厅灯具

已一扫而空,两国邦交益见好转,提到藏本时则以"一时神经衰弱"加以搪塞。6月15日清晨,须磨把藏本英明送往上海,然后在日警保护下送回日本国内,从此藏本再未公开露面,真正从人间蒸发失踪了。

会客厅

内会客厅

外交部大楼休息厅

一楼门厅及彩绘

休息厅大门

民国外交最后挽歌：各国驻中华民国使领馆综述

民国时期在南京颐和路、宁海路、江苏路等路段，曾大大小小分布约50余个外国大使馆、公使馆或总领事馆，形成了颇具规模的使馆区。不过在1936年以前，除美、英、日、法、苏、德、意、荷等国在南京建有使馆外，其他多数外国使馆馆址仍设于北平、上海两地。1946年5月5日国民政府还都后，与之建立外交关系的各国使领馆陆续随迁南京，面对战后城市满目疮痍、房地荒芜的景况，又纷纷选择在颐和路一带原高级住宅区内租用现房办公，而外观宽敞、内部实用的摩登花园小洋楼尤受欢迎，遂成外国使领馆首选。1949年4月，随着国民党政权在大陆统治的土崩瓦解，外国驻南京使馆人员相继撤离。1950年2月18日美国外交官培根最后关上了南京使馆的大门。

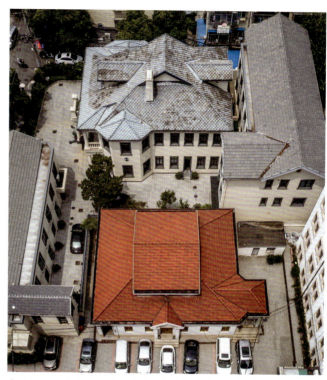

高云岭56号法国大使馆为两幢法式风格的花园楼房，实际位于文云巷内、凤凰广场西侧

北京西路19号法国驻中华民国大使馆建筑于1937年，原系国民政府交通部行政司司长李景潞公馆，1946年租借给法方

高云岭56号法国驻中华民国大使馆旧址，1937年由国民政府军委会办公厅主任贺耀组建造

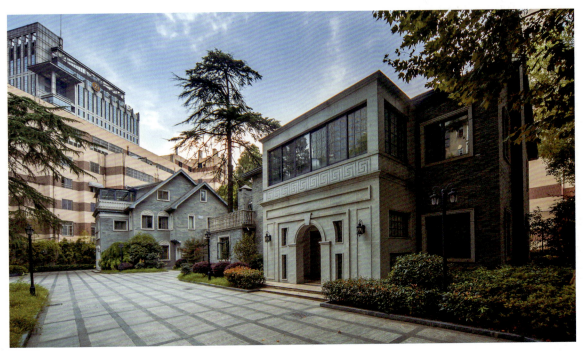

中山北路178号土耳其驻中华民国大使馆旧址

土耳其驻中华民国大使馆旧址

北京西路9号埃及大使馆旧址

位于高楼门42号的比利时公使馆旧址。房主黄庭光于1936年将房产租赁给比方使用

赤壁路5号多米尼加公使馆旧址,国民政府外交部常务次长刘锴1937年购建,1946年10月租为馆址

司徒雷登滞留南京：
西康路33号美国驻中华民国大使馆

美国大使馆旧址内一座当年留下的西式基督教祭台

美国驻中华民国大使馆坐落于西康路33号（原18号，现西康宾馆），由三幢造型、规模相当的西式楼房和三座随员、仆役所住平房构成，均依山坡地势而建。每幢楼房建筑面积936平方米，馆舍平面呈凹字形，四面坡式屋顶，正立面中部为门廊、阳台，屋脊两侧及后部还建有取暖所用壁炉烟囱。1946年7月出任美国驻华大使的司徒雷登在此仍保留了传教士的习惯，大使馆主楼外广场西侧就砌有一处水泥抹面祭台。

美国大使馆旧址，现西康宾馆

司徒雷登（John Leighton Stuart,1876—1962）,1946年7月至1949年8月出任美国驻华大使

1937年12月，日军扯落美国大使馆的星条旗

美国大使馆旧址后新加盖一层，现为南京市第二幼儿园

1948年7月3日，司徒雷登与国民政府外交部部长王世杰签订《中美关于经济援助之协定》

1930年1月詹森任美国驻中华民国特命全权公使时，将公使馆设在三牌楼；1936年9月他升格为首任大使后，将使馆设在上海路82号；1946年4月，美国大使馆由重庆迁至南京西康路18号，是当时外国驻中华民国使领馆中占地面积最大（4万余平米）、人员最多（438人）的一家。关于新的大使人选，马歇尔曾在某个非正式新闻会上宣布对原盟军中国战区参谋长魏德迈的任命计划，后者接替史迪威并深得蒋氏信赖。有人把消息透露给周恩来和共产党的合作者，他们立即用最强烈的言辞表示：魏德迈将不会为其接受。经一系列磋商，燕京大学校长司徒雷登被任命为美国驻华大使。1946年7月22日《时代》周刊发表题为《对外关系：如此快乐》的报道，称司徒雷登这位年迈消瘦的中国通与蒋氏夫妇、宋子文院长、共产党谈判代表周恩来等人关系都不错，可获中国各方信任。

司徒雷登1876年出生于杭州一个美国传教士家庭，1908年应聘到金陵神学院任教11年，学得一口地道的南京话，自诩为"半个中国人，半个美国人"。他后来被任命为燕京大学校务长，北平沦陷期间支持学生游行罢课反日。1941年12月8日日军偷袭珍珠港，美国对日宣战，司徒雷登在天津遭逮捕，囚禁将近四年，直至日本投降。南京解放前夕，司徒雷登拒绝国民政府外交部部长叶公超要其南迁广州的请求，坚持"滞留"南京。其他一些国家的使馆人员在他影响下也选择留了下来，只有苏联使馆撤离。

据中共党史出版社出版的回忆录《南下干部在玉环》记述，1949年4月24日中国人民解放军占领南京的当晚，第35军104师311团1营教导员王孔孝、3连连长毛顺友和通讯员在山西路为部队寻找住宿地，看房子时闯入美国大使馆。因为下雨，他们脚上都是泥，踏着红地毯就上了楼。司徒雷登看到他们后用流利的中国话说："这是美国大使馆，我是司徒雷登大使。"王孔孝教导员以胜利者的口气回答："我不知道这是你住的地方。既然你是美国驻国民党南京政府的大使，我顺便告诉你，我军在淮海战役、渡江战役取得了伟大胜利，你们美国援蒋反共的政策是彻底失败了。过去你们是蒋介石的运输大队长,现在这里是解放了的南京,是中国人民解放军占领的市区,今天进来看看。"说完就下了楼。后来还有驻扎在大使馆对面、颐和路汪精卫公馆内的解放军第35军103师307团1营营长谢宝云、教导员王怀晋等人,4月25日晨为部队寻找食宿,也误入美国大使馆。谢宝云营长带着通讯员上楼,司徒雷登正在洗脸,见两个解放军闯入非常诧异,大声吼道:"这是美国大使馆!我是美国大使司徒雷登。你们进入大使馆,就是侵犯美国,必须立即退出。"谢营长听后也火了,立即大声回敬说:"我们不知道这是美国大使馆,也没有承认你们美国大使馆,这是中国的领土。凡是中国的地方,我们中国人民解放军都要解放。"跟进来的营教导员急忙有礼貌地道歉退出。事后,美国报纸立即刊登"中共军队已'搜查'美国大使馆"的消息。中央军委严肃批评了贸然进入大使馆事件,将第35军调离南京,保护外侨与处理外交事宜等12条纪律随即传达给各地入城部队。

司徒雷登"滞留"南京的71天里,曾与中共方面代表开展秘密外交。南京军管会外事处主任黄华受命以学生身份前往司徒雷登住处进行私人会晤,向其转达中共中央希望美国政府在平等互利条件下承认新政权的意见。美国国务卿艾奇逊则于5月13日致电司徒雷登,提出承认新政权三项条件。尽管双方分歧很大,但均未做出断绝接触的决定,此间,美、苏两国间实际也正进行一场争夺中国的"暗战"。1949年6月30日毛泽东为纪念中国共产党成立28周年发表《论人民民主专政》,明确提出向苏联社会主义阵营"一边倒"的政策。美国政府最终决定放弃与新中国建交,在当时冷战的国际格局下中、美双方都错过了实质性谈判机会。

1949年8月2日司徒雷登离开南京,那也是他逗留大陆的最后一日。早晨南京市军管会即派三名工作人员到机场监督放行,"人和行李上完之后,机舱门打开,由解放军登机查验护照后,下机挥手示意放行,司徒雷登送到机舱门口,向我方人员招手道别,我方人员背手站立,直视司徒雷登,不予理睬。司徒雷登讨了个没趣,讪讪地回身进舱,飞机关上舱门,飞上蓝天"。司徒雷登离华三天后,美国国务院发表《美国与中国的关系(1944—1949)》白皮书,毛泽东写下著名的《别了,司徒雷登》一文。1950年2月18日最后一名美国外交官培根离馆回国,大使馆即告关闭。

1948年12月南京,由海军陆战队守卫的美国大使馆

特别"招待所"俗称AB大楼：
北京西路67、65号美国军事顾问团公寓

1935年，国民政府在北京西路和西康路口征地24 000多平方米，由华盖建筑事务所童寯、赵深、陈植设计，建造两幢四层钢筋混凝土结构的大楼，作为励志社总部所辖南京第一招待所。该项工程因抗战爆发而暂停，直至抗战胜利后才竣工。马歇尔来华"调处"期间，蒋介石要求设立美军顾问团，意在以美式装备武装国民党军队，为打内战培养训练作战部队。美国驻华军事顾问团于1946年3月在南京正式成立，由1 000名美国陆海军将校军官组成，直接控制南京国民政府陆、海、空各军司令部，直到1949年1月26日美国总统杜鲁门宣布将其撤回。

美军顾问团公寓主体楼分为A、B两幢，呈一字形东西排列，平顶屋面，造型简洁新颖。每幢大楼建筑面积15 000平方米，从外观到内部全部使用钢架、玻璃和预铸构件，在建筑形式上表现出更为彻底的现代派手法，彻底颠覆了复古主义严谨对称的三段式原则，摈弃繁复的传统装饰，代之以抽象的几何体建筑单位组合，是南京近现代建筑史上最具代表性的现代派建筑样本。

1949年中共南京市委在此办公，1950年改由华东军区第三野战军司令部招待处接管，作为军区主要招待单位。因苏联军事顾问团团部一度驻扎于此，故又称苏联专家招待所，曾接待过周恩来、邓小平等领导人以及西哈努克、金日成等外国元首。AB楼1991年被列为南京市文物保护单位，现分别作为华东饭店和西苑宾馆使用。

俯瞰AB大楼。励志社总部所辖南京第一招待所俗称AB大楼，1946至1949年间供美军顾问团官员及家属居住

北京西路67号A楼现为华东饭店所在

北京西路65号B楼与A楼并排，现为西苑宾馆主楼

小白楼英伦范十足：
虎踞北路185号英国驻中华民国大使馆

英国公使馆旧影

英国驻中华民国大使馆位于虎踞北路双门楼18号，即今虎踞北路185号双门楼宾馆。占地面积约2万平方米，建有砖木混凝土结构英式两层楼房9幢17间，西式平房10幢56间，以及中式平房、简易房、白铁房等，共计房屋253间。相关建筑始建于1916年，1924—1925年扩建为英国公使馆，1935年6月升格为大使馆。民国时期英国在南京的势力主要集中在下关太古洋行一带，因此使馆就建在城北，以便与英国侨民及工商企业联系。

英国驻中华民国大使馆小白楼为英式古典建筑风格

双门楼之夜

英国大使馆小白楼北侧的小红楼颇具欧洲乡村别墅风情

双门楼宾馆外廊

英国大使馆旧址楼梯仍保留当年风貌

豪华考究的英国大使馆旧址一楼廊道

中式风格气派雅致：
老菜市8号荷兰驻中华民国大使馆

  荷兰驻中华民国大使馆旧址坐落在老菜市8号（原老菜市29号十字街100号），房产实际拥有者为国民党中将萧之楚。此地建筑面积上万平米，有砖木混凝土结构荷式三层楼房、两层楼房各一栋，7栋西式平房外加1间简易房，共计71间。1947年4月建成不久，荷兰驻华外交机构即从萧氏夫妇手里购得房产，使馆也于6月从南祖师庵壳牌公司办公楼临时办公点迁出入驻。这里成为荷兰驻华大使馆，直至1949年9月22日使馆人员撤离南京。

荷兰大使馆旧址今影

荷兰驻中华民国大使馆旧照

1949年荷兰大使馆

老菜市8号荷兰驻中华民国大使馆内景

1949年9月22日，荷兰使馆人员撤离前在使馆门前留影

国府"舞会外交"场所：中山北路259号国际联欢社

1935年国际联欢社旧影

中山北路259号、现南京饭店所在地，民国时期为隶属于国民政府外交部的国际联欢社社址。大楼立面的柱套、门套选用磨光黑色石材贴面，墙面以檐口线和窗腰线等横向线条为主，门厅设置超大豪华的铜质玻璃转门。

国际联欢社成立于1929年，是一个以各国驻华外交使团成员为主，有中国外交界人士参加，旨在联络国际人士感情的联谊组织。其最初活动场所设在三牌楼将军庙，后因参加人数增多，原址不敷使用，美国驻华使馆参事兼总领事裴克倡议另择新址，除向社员筹集资金

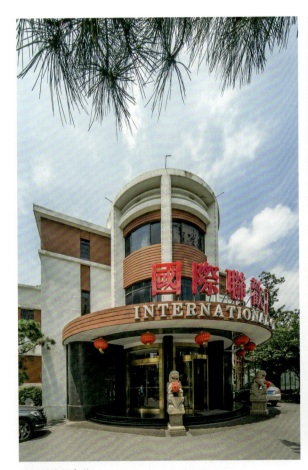

国际联欢社今貌

今日南京饭店内景

和向外国商人募捐外,又请求国民政府外交部参与合资兴建。时任行政院院长兼外交部部长的汪精卫于1935年6月具文向国民政府申请拨款12万银元,建造国际联欢社。同年12月在三步两桥附近的中山北路沿街购地17.05亩,由基泰工程司建筑师梁衍设计,裕信营造厂承建,工程造价约16万银元,1936年完工。这里从此夜夜笙歌,成为国民政府施展"舞会外交"的重要场所。

抗战初期南京沦陷,国际联欢社被日伪占用,改名"东亚俱乐部"。1940年3月20至22日,业已叛国投敌的汪精卫在此召开伪中央政治会议,参会的有陈公博、周佛海、褚民谊、梅思平、王克敏、梁鸿志等30余名汉奸,上演了一出跳梁小丑沐猴而冠的闹剧。会议决定以"还都"名义定都南京,并通过"国民政府"成立大纲案,以原国民政府考试院作为办公地点。3月30日,汪精卫在明志楼大礼堂宣读《国民政府还都宣言》后,汪伪群奸正式粉墨登场,国际联欢社竟成为这个傀儡政权的所谓创建"圣地"。

1939年9月悬挂东亚俱乐部门牌的国际联欢社

抗日战争胜利后,国民政府外交部收回国际联欢社并进行扩建,工程由基泰工程司著名建筑师杨廷宝主持设计,华业营造厂承建,于1947年8月竣工。国际联欢社扩建后建筑面积达5 129平方米,占地面积11 054平方米,扩建部分的餐厅及附属用房与原有建筑衔接处以一扇形门厅过渡,在材料、色彩及细部处理上尽量做到新旧建筑协调一致。

抗战胜利后,国民政府外交部收回国际联欢社并加以扩建

1946年10月15日,国民政府经济部部长王云五在国际联欢社举办酒会,对抵京的英国商务访华团表示欢迎;同年11月8日中苏文化协会在此开酒会,庆祝苏联国庆;12月17日北京大学48周年校庆晚宴亦在这里开办。1947年4月30日,新任行政院院长张群在国际联欢社设宴款待300余位中外记者。1948年3月30日孙科更在社内大摆筵宴招待400余名国大代表,为其竞选副总统造势。1949年3月12日,代总统李宗仁在此召集300余名立法委员举行茶话会,通报行政院改组情形,图谋与中共"划江而治"。另据女高音歌唱家喻宜萱回忆,她1947年应邀在此首次演唱了《康定情歌》,这首著名的采风民歌从此开始唱响全国。

国际联欢社附属小洋楼

中苏文化协会在此成立：中山北路81号侨务委员会招待所

中山北路81号江苏议事园宾馆，原为国民政府侨务委员会招待所，建成于1933年。其建筑高三层，庑殿顶，外墙立以混凝土仿中式立柱，入口设卷棚顶抱厦。1935年10月25日，中苏文化协会成立大会在此召开，200多名中外来宾出席。协会由孙科任会长，蔡元培、于右任、陈立夫、鲍格莫洛夫、颜惠庆、卡尔品斯基任名誉会长，为国民政府"联苏制日"策略做出

俯瞰侨务委员会招待所旧址

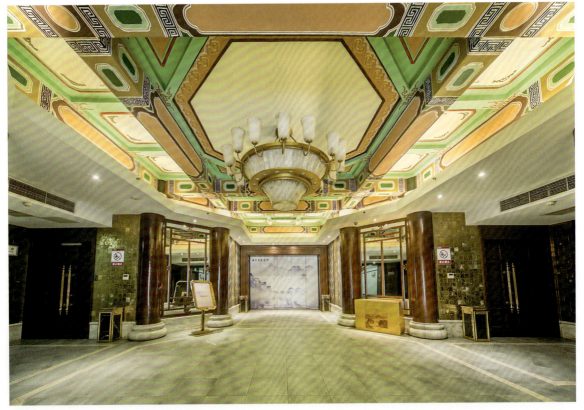

侨务委员会招待所旧址，现江苏议事园宾馆

侨务委员会招待所旧影

南京沦陷期间此处为汪伪中央党部所在地

积极贡献。南京沦陷前这里曾免费接待过不少留日归国学生,沦陷初期则是南京国际安全区难民收容所之一。南京沦陷后第4天,侵华日军从在此避难的难民中强行搜捕所谓疑似军人,将5 000余人押往中山码头,用机枪射杀后弃尸江中。1945年8月27日至9月9日,国民党军前进指挥所进驻此地,为筹备中国战区日本投降签字事宜做前期准备工作。1947年华侨招待所改作对外营业性机构,成为民国首都著名宾馆之一。

侨务委员会招待所旧址入口

民国南京最豪华之宾馆：中山北路178号首都饭店

民国时期的首都饭店

首都饭店旧址曾为南京最豪华的宾馆，民国军政要员及外宾多下榻此处。空中俯瞰饭店平面呈不对称"7"字形，由华盖建筑事务所童寯设计，大华复记建筑公司和联合成记营造厂始建于1932年，1933年竣工。

首都饭店今貌，现为华江饭店

专助于民国文教交通业：
山西路124号中英庚款董事会

山西路124号鼓楼区政府大院内，临街矗立一幢黄墙褐瓦、四面坡顶的双层中廊式仿古建筑，在周边高楼环绕下更显得特立独行。这就是中英庚款董事会办公楼旧址，底层为会客、秘书及杂务用房，二层为正副董事长室、会议室和贮藏用阁楼，1934年建成后，有关英国退还庚款的款项保管、分配、监督和使用等运作多在此进行。

1900年为农历庚子年，八国联军以剿灭义和团为名合力侵华，攻陷北京，次年强迫清廷签订《辛丑条约》，向列国交纳巨额赔款，此即庚子赔款的由来，其中英国获赔5千万两白银约合76万英镑，仅次于俄、德、法三国。第一次世界大战爆发后，为争取中国加入协约国参战，英国政府表示愿效仿美国退还庚款，巴黎和会后又由该国驻华公使通知中方："以后中国应付逐期庚款预备悉数退回，作为两国互有利益之用。"双方经多次交涉，专为管理英国退还庚款而设的中英庚款董事会于1931年4月在南京成立，朱家骅任董事长，副董事长为英国人马锡尔，所设基金除大部分投资南京浦口铁路轮渡，粤汉、平汉、沪杭甬铁路等交通运输业外，还有相当部分用于文教事业补助，比如共资助7期留英学生148人，拨款建设中央图书馆（南京图书馆前身）、中央博物院（南京博物院前身）以及垫付故宫文物西迁所需运费等。

1936年"管理中英庚款董事会"办公大楼旧影

庚款董事会办公大楼与大门旧影

中英庚款董事会办公楼由杨廷宝设计，使用庚子赔款于1934年建造

入口门饰

梧桐深院中的神秘身影：颐和路公馆区

1936年山西路建设的第一住宅区

　　梧桐绿荫下的颐和路公馆区寂静清幽，远离喧嚣，很难想象在距今不到一个世纪之前，这里是民国权贵公使云集之地，南京国民政府的所谓精英社区。2014年底，有"民国建筑博物馆"之誉的颐和公馆区凭借其鲜明丰富的民国文化特质，由联合国教科文组织授予文化遗产保护奖，被列为继故宫午门、上海外滩18号等项之后中国第15个亚太地区文化遗产。2015年又与南京梅园新村历史文化街区一起，入选第一批中国历史文化街区。

公馆林立的颐和路

20世纪30年代,位于江苏路、宁海路、北京西路、西康路和宁夏路之间的颐和路一带不仅成为达官新贵买房置地的首选,也成为年轻的海归建筑师们开始设计尝试的处女秀场。自1933年以来各种建筑流派在此竞相登场,古典复兴式、仿罗马风、西方现代派、欧洲折衷主义、欧美装饰主义、西班牙式、法国孟莎式、英国都铎式、北美乡村别墅式建筑鳞次栉比,交相辉映,287户宅院几乎没有一家风格雷同,因为每幢建筑均按业主喜好"度身定制"。高端住宅新区服务对象非富即贵,颐和路公馆区依照《首都计划》对于高级住宅示范区的实施要求,在空间布局、道路尺度、院落划分、内外绿化等方面均做出严格规定。1935年国民政府即投资2.6万美元,在江苏路建成完善的下水道工程,早早就实现了雨污分流。区内除拥有先进的供排水系统,每个临街庭院警卫室、车库、水电、冷暖和卫生设备齐全,周边学校、商店、银行、邮政局、电报局、娱乐场所、菜市场、警察局等配套设施完备。道路两旁绿化以法桐和枫杨为主,间植青桐、杞柳、香樟、国槐,公馆院内则广种松柏、枇杷、广玉兰、石榴等绿植,户均建筑面积约400平米的独门独院,庭院绿化率就高达65%。即便从当今人们的视角来看,有近百年历史的颐和公馆区仍堪称现代人居之典范。

颐和路公馆区总面积约69万平方米,区内规划整饬,路网严密,整体布局如八卦迷宫一般。区内交通自成系统,汇集有宁海路、江苏路、扬州路、苏州路、山阴路、仙霞路等六个环交广场。其中位于公馆区东缘、宁海路同江苏路相交的三角地块,周边道路全以风景名胜命名,琅琊路、牯岭路、赤壁路、珞珈路、灵隐路、天竺路、普陀路、莫干路、宁海路、西康路、江苏路等街巷纵横交错,以颐和路作中轴骨架呈方格网和对角线分布,将公馆区自然分隔成大小不等、形状不一的12个地块,26幢民国别墅置身其中,按单双号门牌分列于道路两侧。

1940年4月江苏路39号建筑作为侵华日军宪兵司令部的旧影,道路旁悬挂推行奴化教育的宣传标语

江苏路39号南京特别市第六区区公所旧址。该楼主体高4层,建于20世纪30年代中期,日据期间曾为侵华日军宪兵司令部

颐和路民国风情

颐和路公馆第12片区

这些样式新颖、风格别致的花园洋房犹如精致舞台,车来人往、觥筹交错间不时上演着角色更替、剧情错综的民国大戏。公馆区内除著名的颐和路38号汪精卫公馆外,还有"小委员长"陈诚(原住灵隐路4号)与宋美龄干女儿谭延闿之女谭祥联姻后入住的普陀路10号婚房、"山西土皇帝"阎锡山1949年国共谈判期间只住过7天的颐和路8号(原18号)暂居地、军统特务头子毛人凤珞珈路3号寓所、京沪卫戍司令兼首都警备司令长官汤恩伯以妻子名义购得的珞珈路5号别墅等名人宅邸,"总裁文胆"陈布雷(江苏路15号),民国元老于右任(宁夏路2号)、邹鲁(颐和路18号)、邵力子(琅琊路8号),学者从政官位最高者翁文灏(琅琊路17号)、抗战名将薛岳(江苏路23号)、蒋家二公子蒋纬国(普陀路15号)、"黄埔八大金刚"之首顾祝同(颐和路34号)、空军司令周至柔(琅琊路9号)、陆军总司令部副总参谋长冷欣(西康路58号)、国府"特勤总管"黄仁霖(宁海路15号)、中统局局长朱家骅(赤壁路17号)、江苏省主席钮永建(赤壁路3号)、南京市市长马超俊(颐和路1号)、原广东省政府主席吴铁城(颐和路9号)等冠盖京华的人物也都在此置办房产,留下一段或深或浅的个人印迹。

解放初始,人去楼空,颐和路公馆区的花园洋房多成无主之地。人民政府接管修葺后,部分分配给军政官员居住,另一部分改造成为江苏省省级机关办公用地。这些昔日藏龙卧虎之地、翻云覆雨之所如今大多铁门紧锁,或有卫兵守卫,绿荫掩映、藤萝攀援之下,深藏于浅黄或青灰色院墙内的世界神秘而又寂寥,吸引无数文青流连徘徊于此,探寻梧桐深处民国老宅及其背后的传奇故事。

陈布雷抗战前的旧居。陈布雷被称为蒋介石"文胆",素有国民党第一支笔之称

珞珈路48号竺可桢旧居

陈诚(1898—1965),历任台湾省政府主席、中国国民党副总裁等职

普陀路10号陈诚故居

民国陆军一级上将阎锡山(1883—1960),长期执掌山西军政大权,1949年赴台湾

阎锡山在南京时间虽短,但其公馆有三处之多,现仅存建于1936年的颐和路8号公馆,此处之前为汪精卫公馆

国学大师胡小石(1888—1962),兼为文字学家、文学家、史学家、书法家、艺术家

天竺路21号胡小石旧居建于1935年,主楼两层,属西班牙建筑风格

美髯公于右任（1879—1964）

宁夏路6号于右任故居

熊斌（1894—1964），曾任陕西省政府委员兼省政府主席

江苏路27号熊斌故居内景

"招待将军"黄仁霖（1901—1983）

宁海路15号黄仁霖故居外景

汤恩伯（1900—1954），曾任国民党陆军副总司令、南京警备司令等职

保密局局长毛人凤（1898—1956），与戴笠、徐恩曾、李士群并称为民国四大特务

抗战名将薛岳（1896—1998）

薛岳手迹

珞珈路5号（左）是汤恩伯1946年购建的住所，3号（右）为毛人凤旧居

江苏路23号修复后薛岳故居外观

薛岳公馆修缮前旧貌

薛岳有抗日"战神"之称,被认为是抗战期间歼敌最多的国民党将领

江苏路23号薛岳故居内部楼梯

薛岳故居现被辟为薛岳抗战史料馆

蒋纬国身世之谜

蒋纬国（1916—1997），号念堂，蒋介石次子

蒋介石有两个儿子蒋经国和蒋纬国。长子蒋经国，由其母毛福梅抚养。而关于蒋纬国的身世，一直存在多种说法，虽然现在已经有很多证据证明蒋纬国是蒋介石的养子，但是蒋介石似乎从来没有这样看，在日记中也从未流露过任何有关蒋纬国的身世谜底。出于对前段包办婚姻的不满，蒋介石对原配毛福梅极为冷淡，对蒋经国也并不十分喜爱，然而对蒋纬国就不同了，他觉得聪明调皮的纬国更像幼年的自己，所以从不隐讳对其疼爱。蒋纬国一直由侍妾姚冶诚抚养。蒋纬国成年之后，也曾探寻过究竟谁是自己的父亲，后来在戴季陶去世之后，蒋介石带他去奔丧，蒋纬国终于明白戴才是自己的生身父亲。

在日本留学期间，蒋介石、戴季陶常到"黑龙社"的场所与孙中山会晤。在"黑龙社"里，他们邂逅了当时只有18岁的津渊美智子。戴季陶很快与她产生恋情并生下蒋纬国，但戴季陶早已娶妻，妻子钮有恒出身世族大家，比他年长四岁，个性强悍且性情暴烈。戴季陶平素十分惧内，他在会议上发言时往往慷慨陈词，讲话时间很长，主持人就笑着友善地提醒说："你姐姐来了！"他的发言便戛然而止，足见其对妻子的惧怕。为避免家中风暴，戴季陶最终将这个儿子送给义弟抚养。而蒋介石不仅在感情上视纬国如己出，还将纬国的名字写入族谱，并立下遗嘱将家产平分给经国与纬国。

蒋介石与蒋经国、蒋纬国于重庆合影

普陀路15号蒋纬国公馆

巨奸汪精卫的穷途末路：颐和路38号汪精卫公馆

汉奸汪精卫（1883—1944）

上图：1941年汪精卫宅邸旧照 下图：汪公馆院落内如今树木茂密，很难辨识建筑物外观

大汉奸汪精卫在南京颐和路、琅琊路、西康路的几处寓所中，以颐和路38号汪公馆（其西开门处门牌号为西康路46号）最为有名。该处系有汪伪"总管家"之称的褚民谊转赠，是汪精卫1940至1944年出任伪国府主席兼行政院院长时所住别墅：主楼是一幢钢筋混凝土结构洋楼，底层为会客室和办公室，二层中间设会客厅，周围布置有四间卧室，三层用作主人卧室，院内另有部分西式平房以及可停3辆汽车的车库。

这里平时铁门紧闭，四周警宪岗哨环伺，不远处就是颐和路21号汪伪特工总部所在地，且靠近江苏路39号日本南京宪兵司令部，俨然汪伪政权的又一衙府。据传1941年除夕，公馆门前所贴一副"立民族民权民生之宏愿，开为党为国为民之大业"春联，一夕之间竟被人添改为"立泯族泯权泯生之宏愿，开伪党伪国伪民之大业"，对这帮自我标榜为三民主义信徒的民族败类极尽辛辣嘲讽之能事，同时也暗示着戒备森严的汉奸巢穴实则危机重重，景况日下。1942年5月4日汪精卫在宅中过六十大寿，伪警察总监苏德成别出心裁，手捧"汪主席"石膏像上门祝寿，却失手将塑像摔碎在地，正所谓"声名俱裂"之兆。汪精卫见状不禁顿足捶胸，嚎啕大哭，众汉奸则面面相觑，不知所措，原本喜庆的寿宴变成了一出哭丧闹剧。果不出两年，汪精卫便旧伤复发，不得不离家赴日疗治，最后客死他乡，其妻陈璧君战后被解押回宁，以汉奸罪羁于宁海路25号军统局临时看守所内。汪公馆作为逆产由国民党战地服务团接收，因距美国驻华使馆颇近，一度改作美国军官俱乐部使用。

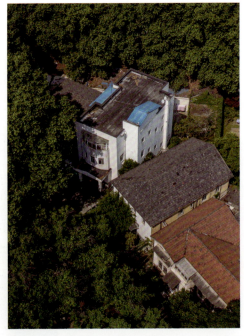

颐和路38号暨西康路46号为汪精卫1940—1944年所住别墅，与旧照片对比，其外立面装饰发生很大变化

马歇尔来华调停"歇马"处：宁海路5号马歇尔公馆

马歇尔（George Catlett Marshall, 1880—1959），二战时期表现出卓越的组织和谈判才能

1947年1月，美国总统特使马歇尔乘机抵达南京，执行调停使命

宁海路5号马歇尔公馆是一座重檐歇山、花墙漏窗的江南古典园林式建筑，楼前有宽敞庭院绿地，以及用红、黑、白三色鹅卵石铺就四种动物图案的小径。公馆1935年由金城银行委托著名建筑师童寯、赵深、陈植设计建造，初为该行董事长兼总经理周作民私人别墅，1937年初出售给中央信托局南京分局，后又被外交部部长张群购作宅第，南京沦陷前交由拉贝任主席的南京安全区国际委员会使用，抗战胜利后换成杜鲁门总统特使马歇尔来华调处国共冲突时的住所，亦为国共两党和谈重要场所，蒋介石、周恩来曾多次登门拜访。1946年7月内战全面爆发，马歇尔宣布"调处"失败，并于1947年初黯然离开南京，自嘲其来华完成的唯一任务就是替副官同一名金陵女子文理学院学生主婚。

南京安全区国际委员会总部当年住满难民。为防空袭，院中草坪上铺着安全区区旗

南京安全区国际委员会成立大会于1937年11月22日在宁海路5号召开，决定建立安全区并选举拉贝为主席

"低调俱乐部"的不归路：西流湾8号周佛海旧居

周佛海（1897—1948），曾是中共一大代表，后脱党成为国民党中委。抗战期间他附逆日人，成为汪伪政权的骨干。1946年11月被南京高等法院判处死刑，后改判无期徒刑

周佛海早年是中共一大代表，1924年9月以后脱党，成为蒋介石翼下得力干将。1931年九一八事变爆发后，各政治利益集团间展开新的纷争，此时在蒋汪重组的南京合作政府中地位陡升的周佛海，相中位于中山北路中段东侧的西流湾8号地皮，建成二层及三层西式洋房各一幢（共22间屋）以及6进28间平房一座，于1932年底偕夫人杨淑慧举家迁入。周公馆名曰"恒庐"，设计考究，装修豪华，庭院内池柳竹林宛若图画，花坛下面还未雨绸缪地建有地下防空洞，就连达官显贵们看后都啧啧称羡。

1937年抗战全面爆发后日军飞机时时空袭南京，顾祝同、熊式辉、胡适、陈布雷等纷纷跑到西流湾8号地下室躲避空袭，而与周佛海交往甚密的陶希圣、梅思平、高宗武等人则长住周家聚商"抗战前途"，他们视抗日为玩火烧身，称要求全面持久对日作战是"高调"。周佛海对外声称："在当时抗战到底的调子高唱入云的时候，谁也不敢唱和平的低调。所以我们主张和平的

西流湾8号周佛海旧居

这一个小集团便名为'低调俱乐部',而这个雅号就是胡适给取的。"西流湾8号由此成为"低调俱乐部"大本营、妥协降日政策的策源地,其成员后来大多走上投敌叛国的不归路。

1940年春汪伪傀儡政权在南京成立,伪廷新贵周佛海甫回南京,就下令将西流湾8号整缮一新,再现周公馆昔日辉煌。然而1943年新年刚过,公馆竟突发大火,损失惨重,周佛海全家只好搬进原铁道部内孙科公馆暂住,"建筑虽胜于旧居,然究不若旧居之安适",直到1944年5月才得以迁回。周佛海在其日记中对此次官邸失火有过记载,自称"十年来朝夕与共之宅第付之一炬,损失尚在其次,未免有恋恋之意",而事实真相可追溯到1940年夏汪伪特工部门破获的一架军统地下电台,该电台在周佛海控制下沿用原呼号密码与重庆方面保持联络、互通"情报"竟达一月之久,直至军统方面发现破绽才停止工作。一贯骑墙的周佛海为了给自己今后留存后路,于9月11日亲拟一措辞诚恳的电文,请戴笠向蒋介石转达效忠之意,戴笠当时正急需在汪伪政权中物色一重要人物作为争取对象,双方一拍即合。周佛海遂将电台由扬州路迁往自己西流湾8号官邸的地下室,尽管他与重庆方面联系最初是得到日本侵华当局默许的,但后来竟背着日汪在所控特务系统里另搞一套,这是日汪始料不及的。1942年以后,周佛海除电台往来外还和戴笠秘密互派使节,重庆、南京间往来过密,已然引起日本特高科的怀疑与监视,军统身份的日语翻译彭盛木曾将这一情况透露给周佛海。原本万无一失的电台成了烫手山芋,周一面不露声色继续来往应酬,一面暗中布置军统电台工作人员撤离,再以官邸无意失火为幌子焚毁电台。于是乎一把大火半小内便将二楼三楼烧了个精光,既保全了周的身份地位,又烧掉了日本人怀疑的祸根,可谓是"烧得其所"了。火灾过后,周佛海对外声称家藏史可法绝命书手卷等文物均化为乌有。1993年底海外传出石破天惊的消息:失传已久的史可法绝命书手卷在美国旧金山出现,经专家鉴定为真迹。然而,近百年来各地出现的"史可法绝命书"不下七八件,扬州和苏州古玩界民国时期便有人以复制临摹或造假古代字画的本领出名,大汉奸周佛海手中的史可法绝命书长卷,究竟是真迹还是赝品已无从考证。

抗战胜利后,西流湾8号作为敌产被没收,改造成国民党高级将领招待所。1947年春,蒋介石命令将周佛海死刑减为无期徒刑。周死里逃生,自然喜出望外,但庆幸之余,环顾铁窗外秋风萧瑟,黄叶遍地,想起周公馆的往昔繁华,不胜凄楚之至,写下题为《忆西流湾故居》的七律一首,诗曰:"柳映池塘竹映窗,月华依旧白如霜。深宵步月人何在?空负残花院角香。月明人静柳丝垂,彻耳蛙声仍旧时。底事连宵鸣不住,伤心欲唤主人归。"

1946年10月21日,首都高等法院在朝天宫文庙大成殿公审周佛海,旁听席上座无虚席,创下审判汉奸以来最高记录

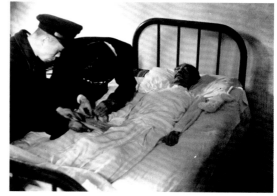

周佛海病死狱中

文脉深厚、名人荟萃之地：
傅厚岗、百子亭沿线民国名流住宅区

王世杰（1891—1981），1945年当选国民党中央监察委员，并出任外交部部长之职

鼓楼东北面数百米的百子亭及傅厚岗沿线有17幢民国小楼，其中的数幢公馆因主人声名显赫而特别引人注目：傅厚岗4号画家徐悲鸿纪念馆，6号傅抱石故居，15号英国驻华大使馆旧址，16号原中央大学校长段锡朋宅第，30号（原68号）李宗仁任国民政府副总统、代总统期间官邸，66号南开大学校长张伯苓公馆（西安事变后因国共合作，被租借为八路军驻京办事处）；百子亭18号是青海省主席马步芳一处宅邸，19号为时任国民党海军总司令桂永清的公馆，33号则是国民政府外交部部长王世杰公馆。此外吴贻芳、林散之、钱松喦等文化名家也在这一带工作生活过。

1929年《首都规划》将鼓楼傅厚岗一带划分为放射状分布的行政片区，这里从30年代起便成为当时文化精英、社会名流、政府要员云集之地，民国建筑相对集中，可与梅园新村片区的历史建筑群相提并论。傅厚岗原为一岗阜，东起百子亭，穿过中央路与湖北路相接。明代府军后卫曾驻于此，故称"府后岗"，后误作"傅厚岗"。傅厚岗一带倚山临湖，景色宜人，民国时期毗邻立法院、监察院、外交部、中央党部等行政机构。自20世纪30年代起，不少军政要员、文化人士相继在此购地建房，渐成规模。经过几十年的城市变迁，许多旧式公馆不复存在，但仍有一些当年的华宇佳构矗立原址，无声地诉说着曾经楼主的显赫声名和风云故事。

桂永清（1900—1954），中华民国海军总司令，国民政府国防部参谋总长

南京鼓楼区傅厚岗32号是一座西式花园别墅。该官邸房产权系曾任首都警察厅厅长、中统局副局长的陈焯所有。据吴韶成回忆，1934年夏他全家租住在五台山村，其父吴石常带吴韶成到傅厚岗陈焯家做客。人们一度以为该官邸是国民政府外交部部长王世杰所有，而实际上王世杰只是租

百子亭19号桂永清故居南立面（左）与东立面（右）

用,此房由陈焯以其妻张韵初之名于1934年兴建。该官邸地处鼓楼中心,东邻28号钱大钧和30号李宗仁公馆,北部为傅厚岗66号八路军驻京办事处旧址。官邸院广宅大,气派非凡,公馆主楼在院之北部,为南北向的西式三层洋楼,北欧风格,屋顶陡峭带老虎窗,总建筑面积537平方米。

鼓楼百子亭地区拥有多栋历史建筑,民国时期为国民党高级官员与商业名流住宅区。国民政府起初在做首都规划时并未将百子亭列入其中,但这里地处鼓楼附近,交通便利,有几位将军慕名而来投资搭盖洋房,渐渐成为军界人士扎堆落户的地方。目前百子亭民国建筑群正在进行大规模修缮改造,这里今后计划用作文化类展馆,旁边还将新建一较大规模城市综合体,打造成步行街对公众开放。

傅厚岗32号陈焯故居

傅厚岗32号陈焯故居一楼

百子亭33号王世杰故居

致力于壮大我党我军力量：
青云巷41号八路军驻京办事处

1937年8月中旬，周恩来和国民党代表张冲在南京八路军驻京办事处合影

博古（中）、叶剑英（左）、李克农在办事处楼前合影

八路军驻京办事处位于鼓楼东北角青云巷41号（原傅厚岗66号），是一幢两层砖木结构楼房，原为南开大学校长张伯苓公馆，张老先生出于同周恩来的师生之谊，将自己在南京的住房租赁给八路军驻京办事处使用。

1937年8月，蒋介石迫于抗战全面爆发的严峻形势在南京召开国防会议，中共中央和红军代表周恩来、朱德、叶剑英应邀参加。红军主力被改编为国民革命军第八路军，以朱德、彭德怀为正副总指挥，组建八路军办事处。1937年8月9日至19日，周恩来在南京停留十天，在此期间会见了冯玉祥、白崇禧、刘湘等国民党要员，商讨合作抗日事宜。他还和八路军驻京代表叶剑英到南京"首都反省院"看望被关押的革命同志，经与国民党当局交涉，这些同志陆续出狱。通过艰难曲折的谈判，第二次国共合作终于形成，为全民族抗日战争的胜利奠定了基础。8月下旬中共中央指派李克农从上海到南京担任办事处处长，主要任务是继续同国民党当局谈判，营救被关押的"政治犯"，接待失去组织关系的党员和要求参加革命的爱国青年，恢复建立长江流域与华南各地党组织，以及为陕甘宁边区和八路军采办军饷、军械、医疗药品等。同年11月中旬鉴于时局紧张，办事处撤离南京，在其存在的三个多月里做了大量工作。这是我党我军在国民党政府首都设立的第一个公开办事机构，为宣传抗日主张、巩固壮大抗日民族统一战线作出不可磨灭的贡献。

1937年八路军驻京办事处旧影与今照

代总统身陷暗杀险境：傅厚岗30号李宗仁公馆

李宗仁（1891—1969）

1948年5月20日李宗仁当选副总统后向支持者挥帽致谢

傅厚岗李宗仁公馆

桂系首脑李宗仁是民国史上赫赫有名的人物。1948年国大竞选中，他经过台前幕后的运筹帷幄，战胜孙科而当选副总统。傅厚岗30号公馆始建于1934年，原为首都警察厅厅长姚琮所有，1937年8月9日周恩来等中共代表应邀到南京参加国防会议期间，朱德、叶剑英就暂住于此。1947年李宗仁及其随员入住之前，公馆曾先后出租给捷克大使馆、励志社招待美军使用。这是一幢带阁楼和地下室的法式楼房，共有房间22间，宅院坐北朝南，轩敞明亮，屋内安装木质地板，钢制门窗。楼后建有两座平房，有走廊与主楼相连，另有门房一座。院内有精巧别致的水池假山，参天蔽日的松树林木，颇具风情。

蒋介石对于"仗恃桂系武力，心怀异志"的李宗仁十分忌恨，自他入住公馆后，就密令保密局局长毛人凤筹划刺杀行动。后因三大战役连遭败绩，蒋决定暂时隐退，由李宗仁在南京代理总统，收拾残局，于是改命特务如李在南京以外，可不待命令随时实施暗杀，李在南京时为避免惹人猜疑，必须由自己亲自下令方可行动。毛人凤则派出几十名精干特工严密监视李宗仁行踪，伺机下手。由于李宗仁几乎天天都要从住所去总统府办公，他们就在傅厚岗马路拐角处开设了一个旧书摊，书箱内藏一挺汤姆生机枪与数枚炸弹，又布置两名特务扮成电灯公司电工，可借修理变压器为名，占据制高点用机枪向李公馆精准扫射，还在通往机场、火车站、宁杭公路等必经之地设置监控点，以摆烟摊、开杂货铺和修车行作掩护实施日夜监控，一旦接到指令便可将李宗仁一举击杀。

不过桂系方面决非等闲，李宗仁副官和警卫长在傅厚岗住宅附近秘密安插警卫部队骨干，监视可疑人员，一遇异常立即行动。在打探到保密局已部署好暗杀计划的情报后，李宗仁更是不敢掉以轻心，迅速从安徽蚌埠调来一个半团的精锐部队，驻扎在鼓楼、云南路以及太平门外白马村一带，并配备了美式军车，专门负责保卫傅厚岗官邸至总统府的行程安全。毛人凤一伙见桂系防范严密，加之时局发展过快，最后决定终止暗杀计划。李宗仁于1949年4月22日离开傅厚岗30号后，直到1966年才在周总理安排下重回南京，得以同袍泽故旧一道回忆17年前的惊险往事。

艺术大师的"慈悲之恋":傅厚岗4号徐悲鸿故居

孙多慈(1913—1975)

蒋碧薇(1899—1978)

徐悲鸿(1895—1953)

民国时期女画家孙多慈,原名孙韵君,安徽寿县人,祖父孙家鼐是清末重臣,母亲汤氏也是名门望族出身。多慈天资聪颖,从小就受到良好的家庭教育,喜爱文学,更痴迷于绘画。1930年,18岁的孙韵君从安庆赶到南京投考中央大学艺术系,第一次在课堂上见到系主任徐悲鸿,便被艺术家卓尔不凡的气质所吸引,大师则对这位新来旁听生的才艺颇为欣赏,多次邀请孙多慈到家中当绘画模特。在赴莫干山写生的旅途中,他们日久生情,浓烈绵长的情愫在徐悲鸿心中潜滋暗长,不仅替她改名叫多慈,还在定情戒指上刻下两人的名字:大慈、大悲。徐悲鸿的妻子蒋碧薇对于徐孙恋情在回忆录中写道:"最令我难堪的是,他会在酒席上趁人不备,抓些糖果橘子放在口袋里,后来我知道,这些也是带给孙韵君的。碰到他这样做的时候,我只好装作视而不见。"

蒋碧薇一如当初与大师私奔时的绝烈与剽悍,她找到孙多慈恶语相向,没收了大师为多慈所画《台城月夜》,将此事告到校方主管并在校园内张贴侮辱性海报,还写信给孙父让他严加管教自己的女儿。简单清纯、涉世未深的孙多慈被蒋的激烈举动吓坏了,不敢再贸然接近导师,同他若即若离。徐悲鸿却依然执着,不遗余力地帮孙多慈张罗画展,到处推销她的画作,不惜卖掉自己的画为学生筹资印制画册《孙多慈素描集》。1935年他四处奔走,想为多慈争取庚款留学的名额,但这一愿望最终被现实击得粉碎。

徐悲鸿在中央大学画室进行创作

徐悲鸿笔下的孙多慈

1936年国立中央大学艺术科人体素描课场景。模特身后为徐悲鸿,右为吴作人,前排右下孙多慈

徐悲鸿受聘在南京任教后,便聚积卖画所得,在傅厚岗4号购筑了一幢精巧别致的西式两层小楼,画室高大轩敞,完全按照大师绘画所需设计。乔迁时正值九一八事变发生周年有余,国难当头,民不聊生,徐悲鸿将新居命名为"危巢",取居安思危之意。"危巢"之"危"也不幸言中了徐蒋之间的情感与婚姻。徐悲鸿曾有过一段包办婚姻,蒋碧薇当年抛弃一切与之私奔,东渡日本。自从住进傅厚岗公馆后,夫妻俩尽管生活安逸稳定,却已嫌隙渐生:徐悲鸿不爱社交,喜欢潜心创作,生活简朴,而蒋碧薇平素穿着时髦讲究,更喜出风头讲排场,爱慕虚荣。孙多慈俨然取代蒋碧薇成为大师心中新的缪斯女神,她曾千里迢迢从安庆购买百株枫树苗,送给老师点缀庭院,蒋碧薇知道后大为恼怒,令人将树苗拔光并折断烧毁。徐悲鸿心痛不已,怒而将公馆与画室更名为"无枫堂",并刻下一枚"无枫堂"印章作为纪念。抗战期间他只身西去,与蒋长期分居,从此再未回来居住。

爱人如流沙,攥得愈紧却流逝愈快。蒋碧薇最终没能拉回大师,徐悲鸿毅然绝情地登报与之脱离关系。同样是事与愿违,大师托友提亲也遭到孙父严词拒绝。"急雨狂风势不禁,放舟弃棹匿亭阴。剥莲认识中心苦,独自沉沉味苦心"是对徐、孙二人当年分手时痛苦心境的写照。1938年孙多慈在父母主张下,无奈地嫁给了时任浙江省教育厅厅长许绍棣。许前妻因病去世,身边带着几个女儿,还是郁达夫与王映霞夫妇婚变的第三者。1949年孙多慈随许绍棣去台湾后,在台湾师范大学当教授。

徐悲鸿1945年再度登报和蒋碧薇断绝关系,此番是为了另一个小他28岁的女学生廖静文。蒋碧薇则在与徐悲鸿渐行渐远之际,同一直暗恋自己、仕途得意的张道藩关系微妙。她在索取大量字画、高额生活费以及南京寓所后,终于与徐离婚,与张正式同居,并于1949年移居台湾,直到十年后才分开。1953年,54岁的蒋碧薇在画展现场遇到40岁的孙多慈,只说了一句话:徐先生前几天去世了。孙多慈闻言顿时泪如泉涌,无法自已,自此在家守孝三年,她的初恋与牵挂也随恩师而去。

位于傅厚岗4号的徐悲鸿故居无枫堂

合群新村6号张道藩旧居。张曾任国民党中央宣传部部长

璀璨夺目的金陵明珠：玄武湖

1937年钟山脚下玄武湖暨今日影像

　　玄武湖古名桑泊、后湖、北湖，是金陵四十八景之一。此湖距今已有2 300年的人文历史，最早可追溯至先秦时期，六朝期间辟为皇家园林，明朝设有黄册库，均属皇家禁地，直至清末举办南洋劝业会时，两江总督下令开辟丰润门（今玄武门），为玄武湖公园之滥觞。据《新都胜迹考》记载，丰润门开通后，游湖者无需从太平门绕道，即可由此门游览玄武湖这一郊游胜地。

　　玄武湖与杭州西湖、嘉兴南湖并称为"江南三大名湖"。宋欧阳修曾云："金陵莫美于后湖，钱塘莫美于西湖。"散文家朱自清则这样描绘玄武湖："一出城，看见湖，就有烟水苍茫之意。这里的水是白的，又有波澜，俨然长江大河的气势，与西湖的静绿不同。最宜于看月，一片空蒙，无边无界。若在微醺之后，迎着小风，似睡非睡地躺在藤椅上，听着船底汩汩的波响与不知何方来的箫声，真会教你忘却身在哪里。"玄武湖方

迷人的玄武湖之夜

圆近五里,湖内五洲最初分别被称为老洲、趾洲、长洲、新洲和麟洲。1928年8月19日,玄武湖公园正式对外开放,南京市首任市长刘纪文在开幕典礼上宣布,未来规划将玄武湖打造成南京最善最美游乐园。不久玄武湖公园更名五洲公园,五洲之名改作亚洲、欧洲、美洲、非洲和澳洲。刘纪文对此释称:"南京必将为全球文化中心之所在。国家之界既破,人我之见胥忘,于是以湖中五洲作世界五洲也可,即举世界五洲作湖中五洲观,亦何不可之有哉!"1934年4月,公园名称重新改回玄武湖公园,洲名也易为环洲、樱洲、梁洲、翠洲、菱洲,并一直沿用至今。玄武厅、诺那塔、淞沪抗战纪念塔等一批知名建筑,也在那一时期先后落成,更为公园的湖光山色增添了几多人文色彩。

　　民国期间,玄武湖一直免费供游人游览,举办展览会、游艺会、音乐会等活动时才酌情收取入场费。据《市政公报》记载,玄武湖经常"游人如织,高楼门道上冠盖相望,玄武门边途为之塞"。1948年1至5月,游客日均入园人数约2 000人,4月4日当天游客量更暴涨至89 470人,可见民国时期玄武湖公园已成为当时南京市民及外地游客休闲游览的首选之地。

20世纪30年代国民政府航空测量队拍摄的玄武湖照片与今日航拍对照。一湖烟水,青山依旧,其间沧桑变迁令人感叹

1944年所摄环洲喇嘛庙和诺那塔旧照与今景。1937年柏文蔚等人为纪念藏传佛教大师诺那活佛而建此景观

20世纪30年代五洲公园游春图

五洲公园的悠闲假日时光

民国五洲春茶社旧影

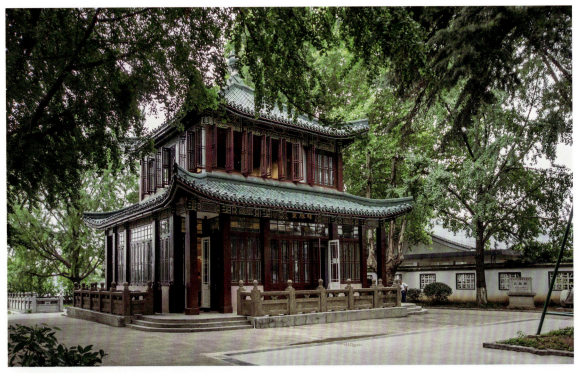

今日玄武湖揽胜楼

清晚期在靠近劝业会会场的城墙上开辟丰润门，标志着玄武湖正式成为近代历史意义上的公园。上图为民国30年代航拍下的玄武门，右图为今日玄武门

1941年汪伪在梁洲北部临水地修建涵碧轩，作为"专供上宾游览休息之所"，1947年更名为玄武厅。建国后改名友谊厅，曾先后接待过毛泽东、邓小平等国家领导人以及金日成、西哈努克亲王等外宾

每逢节假日园内汽车来往驰奔,市政府于1947年9月起饬令不许车辆驶入及使用自行车

玄武湖公园翠洲内的留东同学会旧址始建于1935年,又称留日海陆空军同学会。抗战结束后由励志社接收为翠洲招待所

民国玄武湖彩色风光明信片

2019年国庆70周年,玄武湖上一场焰火秀将湖面装点得绚丽缤纷

历史与现代在此交汇：鼓楼之旧貌新颜

位于南京市中心鼓楼岗上的鼓楼，与东北方向的钟楼遥相对应，成为旧时南京城晨钟暮鼓的报时中心。鼓楼始建于明洪武十五年(1382)，城楼后遭战火焚毁，清代一度仅剩城阙，1923年这里被辟为城市公园，后曾建有测候所和儿童娱乐园。1928年8月中山大道开筑后，五条主干道在此交汇，形成环岛交通枢纽，中山大道也由此往南折向新街口。如今在中山北路与中山路的节点耸立着高450米的南京地标建筑紫峰大厦，其下为古老的鼓楼，历史与现代两相交汇，碰撞出一曲璀璨华章。

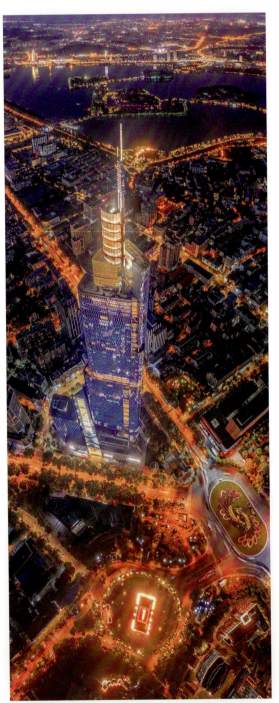

入夜时分，鼓楼公园旁耸立的南京地标建筑紫峰大厦辉煌壮观

1940年代空中俯瞰鼓楼，图片上方为日本领事馆

2019年鼓楼之夜

20世纪30年代鼓楼的不同影像

1935年大钟亭旧影

1949年4月24日人民解放军经过鼓楼广场,身后背景为中央银行(现紫峰大厦所在位置)与大钟亭

今日大钟亭

现北京西路4号有座二层小楼,中国幼教之父、东南大学教授兼教务主任陈鹤琴1923年秋在这里创办中国最早的实验性幼稚园——鼓楼幼稚园,台湾作家三毛童年曾就读于此

医者仁心，博爱济世：中山路321号鼓楼医院

清光绪十二年（1886），加拿大籍传教士兼医学博士马林到南京行医传教，在鼓楼附近和城南花市大街（今长乐路附近）设堂，附设诊所。美国基督教会决定为其集资建教会医院，由景维行捐鼓楼南坡地作为院址，1892年建成1幢两层楼房，命名为"基督医院"，是南京第一座西式医院，又以院长马林之名俗称"马林医院"。1911年美国基督教会所办金陵大学增设医科，医院成为医科实习医院，1914年易名金陵大学鼓楼医院。1917至1924年，医院扩建病房、手术室、办公楼等西式建筑。1918年10月正式开办四年制高级护士学校，也是南京历史上最早的护校。

1927年4月国民政府接收医院，更名为南京市立鼓楼医院，华籍专家张逢怡、美籍医生谈和敏先后出任院长。南京大屠杀期间，鼓楼医院作为南京城内唯一开诊的医院救治了大批平民和

20世纪20年代医院旧影与今貌

如今鼓楼医院已发展成为集医教研为一体的大型综合性三级甲等医院

1913年中国红十字会颁发给马林的特别会员凭照

骑马出诊的马林。每年免费收治的贫困患者占住院总人数三分之一

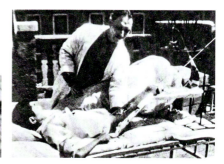
南京大屠杀期间医院唯一的外科医生罗伯特·威尔逊正在医治被日军击伤的14岁少年

民国初年马林医院使用的手术床旧影

马林医院检验室旧照

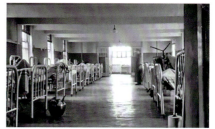
位于南京安全区内的鼓楼医院病房区

马林医院检验室旧照

鼓楼医院建于1917年的大门东立面,现已不存

1917年落成的鼓楼医院门诊、药房、化验室用房旧照

伤兵,威尔逊、鲍恩典等20余名医务人员坚守岗位,承担起整座危城的医疗救助、卫生防疫重任。1941年12月日本人强占医院,一度改为日本同仁会南京诊疗班鼓楼医院。日本投降后,美国教会将医院收回。2007年鼓楼医院将百余年前的医院旧址修建成国内第一家历史纪念馆,用以传承马林"博爱、仁慈"的办院理念。

今鼓楼医院新大楼马林广场上的马林出诊雕塑

与天话语的知识圣山：北极阁2号气象台

中研院气象研究所所长竺可桢（1890—1974）是我国著名气象、地理学家

南京城鼓楼东面的北极阁，又名鸡鸣山、钦天山，因形似鸡笼又名鸡笼山，南朝时为皇家苑囿之一。刘宋时期山顶上建立了日观台，是为南京第一个气象台。明代开国皇帝朱元璋在此建观象台，又名钦天台，洪武十八年（1385）又在观象台设置铜铸浑天仪、简仪、圭表等天文仪器。清康熙皇帝曾登台远眺，后建万寿阁、御碑亭于其上，因阁、亭位于明代万真武庙的后上方，故称北极阁。

南京北极阁堪称中国近代气象发祥地，在中国气象界和世界气象界都有举足轻重的地位。山顶所设中国第一家气象专业博物馆，由中国近现代气象宗师竺可桢创建于1927年。1921年竺可桢从美国学成归国后，先在东南大学教授气象与地理，编写了国内第一部气象教材，后为国立中央研究院气象研究所选址建气象台，见北极阁地势高耸开阔，堪当绝佳科研场地。经过精心规划设计，研究所、

如今观象台下立有竺可桢铜像，以纪念他在中国气象研究方面的卓越贡献

气象台连同地下承台的地震观察室、北侧二层图书馆以及上山道路等附属设施，耗时三年方告完工，设计师为卢树森，由中央研究院院长蔡元培为之题字。

1929至1937年这里共举办四期气象学习班，培养近百名气象学员，当中有相当一部分成为气象业务骨干，胡焕庸、涂长望、吕炯、程纯枢、赵九章、黄厦千等著名气象专家都曾在研究所任职或从事气象科研工作。1948年北极阁召开第一届院士大会，竺可桢当选中国首位气象地理学科院士。此后北极阁又相继走出6位气象学院士。

中央研究院院长蔡元培
（1868—1940）

1932年蔡元培为气象研究所题写的楹联

气象研究所图书馆今昔对比

北极阁上的国立中央研究院气象研究所大门

观象台今貌

民国最高学术研究机关：北京东路39号国立中央研究院

国立中央研究院大门旧址

北极阁山下有一处国立中央研究院旧址，位于中科院南京分院、江苏科学技术厅、南京地质古生物研究所等科研、行政单位办公大院内，由建筑泰斗杨廷宝设计的三座仿明清宫殿式建筑分别是当年中研院总办事处大楼、地质研究所和历史语言研究所。1928年6月蔡元培等人倡导成立中研院，直属于国民政府，是民国时期中国最高等级的学术研究机构。全面抗战爆发前，它下辖物理、化学、工程、地质、天文、气象、历史语言、心理、社会科学以及动植物等10大研究所，除物理、化学、工程三个研究所在上海外，其余均设置于南京。

1938年拍摄的中央研究院

傅斯年、胡适、陈省身、赵元任、董作宾、任鸿隽、叶企孙、萨本栋、杨杏佛、丁文江、王世杰、李济……民国期间几乎所有文、理、工诸科学术巨擘都曾进出过这一院落，从而在中国近现代科技史上留下浓墨重彩的一页。

中央研究院地质研究所旧址

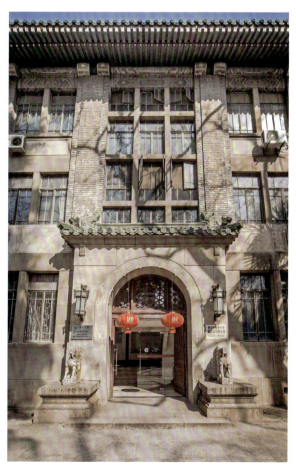

中央研究院历史语言研究所旧址

中央研究院物理研究所1948年4月由上海迁往南京，大楼旧址位于现北京东路71号南京土壤研究所院内

国舅爷宅邸别具一格：
北极阁1号宋子文公馆与"囚张楼"

宋子文（1894—1971）

　　鸡笼山顶北极阁1号宋公馆位于鼓楼东侧，耳畔古刹钟声悠扬，周边城墙蜿蜒环绕，山色旖旎湖光浩淼，是寓山林野趣于都市繁华的风水宝地。公馆始建于1933年宋子文任国民政府财政部部长期间，现所存平面呈曲尺形三层建筑系抗战胜利后重建。"茅草屋"屋顶为公馆最出彩处，颇具田园农舍风情，其实是用进口白水泥拌黄沙在八卦洲所产芦荻上铺盖而成，上下共三层，每层厚约2厘米，最上一层做成蜂窝状，这种特殊处理方法具有隔热保温、防火防渗之效，就连宋美龄当年也常来此聚会避暑。公馆室内装饰富丽堂皇，摆设既有西式布置，又有中式陈设，地板木料及沙发均是舶来精品，还备有先进的冷气装置及机械化开关的百叶窗。

　　宋公馆入口处设在二楼西北面，底层为侍卫人员住房、厨房及辅助用房；二楼有会客室、餐厅、书房；三楼是宋子文夫妇及其子女的居室、浴室、盥洗室。1936年12月12日，张学良、杨虎城发动西安事变后，这里高官集会频频，形成以宋氏兄妹为核心的主和派政治集团，与以何应钦为首的讨

位于鸡笼山北极阁1号的宋子文公馆始建于1933年，1946年重建

伐派分庭抗礼。同年12月20、22日，宋子文两赴西安，与蒋介石面晤并积极斡旋，最终促成西安事变和平解决。

宋公馆东北面数十米处，有一座古典式双层建筑与之石阶相连，是当年蒋介石囚禁爱国将领张学良的地方，俗称"囚张楼"。西安事变和平解决后，张学良护送蒋、宋一行返回南京，蒋介石一下飞机即背信弃义，将张学良囚禁于此。据时任南京复兴社特务处书记长的张严佛回忆，12月24日戴笠从西安回南京，当晚9时在鸡鹅巷53号召集张严佛和军统局特务队队长刘乙光，告知"张学良将于明日送委员长到南京来，我已经和宋（子文）部长商量好了，张学良一下飞机，就由我与宋部长接到北极阁宋部长公馆去，软禁起来，不让他接见任何人"，又吩咐从特务队挑十几个机灵可靠、仪表好的人，统一穿蓝色中山服，佩二号左轮手枪，到宋公馆隔壁去看守。据说心怀愧疚的宋氏兄妹常移步于此探望被囚友人，宋子文也曾当着宋美龄的面怒斥蒋介石言而无信，陷自己于不义，但客观来讲因为有国舅一旁照应，对改善张学良境况还是有所助益的。

南京国民政府倒台前夕，宋子文不愿再与妹夫共事，便径直去美国当寓公，直到77岁死于旧金山。

张学良、宋子文二人私交深厚，西安事变之前经常一起结伴游历

1940年代后期，宋子文、张乐怡夫妇与三个女儿合影

宋子文公馆东北不远处，图下方绿荫掩映中的仿古建筑便是当年"囚张楼"

南朝古刹设战时电台：民国鸡鸣寺

1929年台城、鸡鸣寺与武庙航拍旧影

鸡鸣寺位于南京市玄武区鸡笼山东麓，又称古鸡鸣寺，始建于西晋，是南京最古老的梵刹之一，自古就有"南朝第一寺"之美誉。明洪武二十年（1387）朱元璋命人督工重建寺庙，建筑规模达到鼎盛，清咸丰末年寺庙毁于战火，乃于同治六年（1867）重修，但规模远逊于前。

鸡笼山东北端豁蒙楼是寺内登临望景绝佳处，可览钟山紫气、九华塔影、城墙逶迤。此楼系1904年两江总督张之洞为纪念其门生杨锐而建，以杜甫诗句"忧来豁蒙蔽"命名，并题额作跋。

风雪古刹鸡鸣寺

1934年在豁蒙楼举行的重阳登高诗会上共有103人参与赋诗,约70位诗人到场,成为晚清以来盛况空前的一次诗坛雅集。1936年5月,鸡鸣寺西北部被当局征用作防空司令部,设置电台,修筑地下指挥所。1937年12月南京保卫战中该寺又被守军部队征为全城通信中心。

民国时期鸡鸣寺,当时寺庙前并无一株樱花树

古鸡鸣寺之夜。每逢重大节日,药师佛塔便开灯呈现光塔印湖的景观

每逢三月鸡鸣寺前樱花大道上游人如织,形成南京一大景观

钟鸣鸡唱，考选拔才：
北京东路41、43号国民政府考试院

国民政府考试院东门旧影

北京东路41、43号现今南京市政府大院内最古老的建筑为始建于明洪武年间供奉武圣关羽的武庙，太平天国时遭战火焚毁部分，民国时期为国民政府考试院所在。1928年10月筹备、1930年1月成立的国民政府考试院，是掌理国家官员、政府公职人员与各部门专业人员考试选拔的最高考试机构，也是对孙中山"五权分立"思想的具体实施。经首任院长戴季陶亲选院址，留法建筑师卢毓骏主持设计，在鸡鸣山下方圆约10万平米的地方，也是明朝培养儒学士子的最高学府——国子监所在地，形成一片庭院深深、清幽雅致的庞大建筑群，既有近代官府格调，亦具浓郁的封建衙署风格。

1933年前后这里陆续建成多幢飞檐翘角、雕梁画栋的古典式建筑，按东、西两条平行轴线有序分布：东部由南到北依次为泮池、东大门、昭忠祠（清代为表彰文臣武将的忠烈祠，考试院时期设为议政堂）、武庙大殿、宁远楼（考试院办公大楼及院长起居处"待贤馆"所在地，汪伪时期曾作为汪精卫办公楼。1996年拆除后建有一幢二层仿古建筑，用作南京市委办公楼）、华林馆、图书馆书库、宝章阁等，西部分别是西大门、问礼亭（亭中央原竖有戴季陶1933年从河南运来装饰考试院的千年文物《孔子问礼图》碑，碑亭今已无存，图碑则移放于夫子庙大成门内）、明志楼（考选委员会办公楼衡鉴楼原与明志楼连为一体，1997年拆除后在原址上建成南京市人民政府办公大楼）、公明堂（典试委员会评阅试卷处，1998年被拆除并在原地建南京市人大办公楼）等。该建筑群基本格局样式保存较好，1991年被列为全国近代优秀建筑，2001年国务院公布为全国重点文保单位，目前有20多个市级机关单位在此办公。

1940年代初考试院航拍全景，考试院、武庙、问礼亭历历在目

考试院旧址今貌

戴季陶（1891—1949），长期担任国民政府考试院院长之职，有蒋介石"国师"之称

戴季陶办公照

考试院院长戴季陶签署的考试院文件

汪伪时期东大门有"和平建国"篆书横额，两重檐间挂着竖写的"外交部"牌匾

戴季陶，名传贤，字季陶，早年留学日本，加入同盟会，追随孙中山参加二次革命和护法战争，先后担任黄埔军校政治部主任、国立中山大学校长、国民党中央宣传部部长等职，有国民党理论大师之称。戴季陶可说是集儒、释、道于一身的思想杂糅体，早期受传统儒学浸淫，后迷信黄老学说，更是九世班禅的佛门弟子，办公室、会客室里摆满佛经、佛像，被考试院工作人员呼作"戴佛爷"。前几届高等考试中，戴季陶以《天下之事，天下之贤人理之》《国奢示之以俭，国俭示之以礼》《孔子四教论》《德当其位，功当其禄，能当其官》等古旧文题作国文试题而招致责难，后虽提倡文字革命有所改进，却以"现代青年全无读文言文修养，提倡白话文必致文言文无人问津"为由，坚决反对白话文。他书法家承深厚，中山陵广场前的孝经鼎铭文、国民党党员守则十二条、"新生活运动"倡议书均出自其手笔。

戴季陶从1928年国民政府组织五院起，37岁即担任考试院院长，且20年稳居其位，直至1948年张伯苓接任，也是南京国民政府时期最年轻的五院院长。考试院在"戴古董"的长期主持下封建复古气息浓厚，当年门卫既非警察亦非宪兵，而是身着古装、佩戴宝剑的武士，显得与众不同。武德楼内长年供奉武圣关帝、岳飞神位，并以张飞等二十四人从祀，传统节俗之日，戴院长即率众僚属焚香致祭。每逢庆典不用军乐奏乐，而用笙、箫、琴瑟、大胡、二胡合奏。考试程序则延用清代科举入闱、扃闱、弥封、入场等制度，分一试、二试、三试三个阶段，前一场考试通过后方能进入下个阶段，类似于科举考试中的乡试、会试和殿试。发榜名单由主考官戴季陶朱笔点定，一如旧朝科举考试中皇帝亲笔圈榜。发榜时，戴院长身着蓝长袍黑马褂，手捧白绢泥金洒制而成的黄榜，率全体典试、襄试、监试委员鱼贯出闱，鸣炮奏乐送榜，由两名赞礼官张榜于门口照壁之上，全体委员再向金榜行鞠躬礼，以示尊贤爱才之意。放榜后，戴又率员举行授证典礼，由榜首考生致答词，礼毕后率领全体典试、襄试、监试委员及考试中榜人赴中山陵谒陵并致祭告词。谒陵归来即赐宴待贤馆——时人称作"待贤宴"，颇有些科举礼制中琼林宴的味道。

1940年汪伪国民政府西门旧影。此门为三开间传统牌坊式建筑,柱头饰有云纹图案

考试院大门今貌。1998年经改造,大门两侧增建两个出入口,形成现在的五开间格局

议政堂，原清代昭忠祠

考试院东大门正南方有传统半月形泮池

武庙大殿又名武德楼，民国期间内部被改建成双层，楼下是考试院大礼堂，楼上则是铨叙部办公室

位于华侨路81号的戴季陶故居建于1929年，系其任考试院院长时的官邸

明志楼屋顶鸱吻与瑞兽细节

明志楼建于1933年，仿明清宫殿式建筑，钢筋混凝土结构，屋面覆盖绿色琉璃瓦，斗拱、檐椽、梁枋处所施彩绘均保持原貌

图书馆书库。戴季陶每月捐出十分之一薪水,又从考试院办公经费中拨出固定数额作为图书购置费用

戴季陶就任院长后将其多年收藏的上万册图书捐赠给考试院,并于1934年在院内修建华林馆藏书

考试院档案库宝章阁建于1934年,其最大特点是平屋顶,屋顶正中建塔楼,立面呈西方现代派建筑风格

六角古碑问礼亭旧影,该建筑今已不存

执民国国立大学牛耳：
四牌楼2号国立东南大学、中央大学

20世纪30年代中央大学校门

从现今东南大学四牌楼校区正门进去，是一条绿阴遮蔽的梧桐大道，左侧为图书馆，右侧是一片草地。正中则通向涌泉池和大礼堂，由国立中央大学首任校长张乃燕筹款兴建，英国公和洋行设计，新金记康号营造厂承包建造，后由建筑系教授卢毓骏主持续建，1931年竣工。

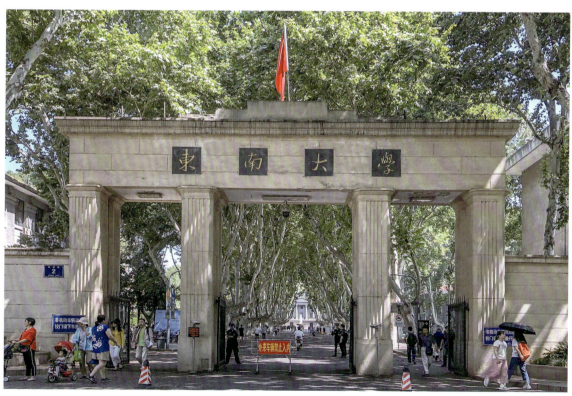

东南大学校门

大礼堂矗立在校园中轴线上，以其雄伟稳重、别具一格的造型成为校内标志性建筑与学术圣殿。礼堂共三层，建筑面积4 320平方米，属欧洲文艺复兴时期的古典式建筑风格。门厅立面为四根爱奥尼亚式列柱，顶部为八角形钢结构穹窿顶，34米的跨度为当时中国之最，所覆青铜薄板盖由自然锈蚀的铜绿形成一层保护膜，在灰白色的建筑主体映衬下分外耀眼。这一庄严恢宏的建筑落成不久，即迎来南京国民政府时期第一届全国代表大会的召开，同年7月轰动一时的民国首届高等考试亦在此举行。

1929年国立中央大学航拍，中心空地为即将开工建设的大礼堂

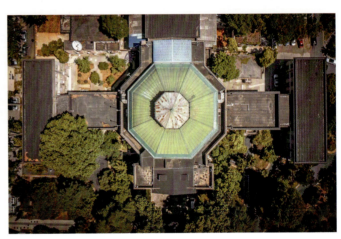

中央大学礼堂穹顶俯瞰

今日东南大学航拍

1937年10至11月间学校西迁后腾出的大礼堂及各大场馆宿舍，被中国红十字总会改建成抗战初期最大的伤兵医院——首都医院，救治了3 000多名来自淞沪前线的中国伤兵及两名日军俘虏。

校园西北角的体育馆外观简洁朴素，柱头方正，无一丝修饰，明显受西方建筑史上复古思潮影响。入口处有两根光洁高大的圆柱，西式扶梯双路上下，拱形窗、两个小尖顶以及尖顶旁装饰的烟囱，无一不采用突显入口、强调对称的古典复兴手法。体育馆建筑面积达2 317平方米，内部设施俱全，一楼为解剖室、举重室、乒乓球室、浴室及锅炉房，二楼可进行篮球、排球、体操、羽毛球等多项运动，四周建有可容纳2 000名观众的看台，三楼是长约160米的室内环形跑道，供学生雨天上课之用。1924年4月20日，印度文豪泰戈尔来校演讲，著名诗人徐志摩担任翻译，这场轰动全城的演讲就是在刚落成的大学体育馆内举行的。

将近一个世纪过去，这座南京最老的现代体育馆依旧巍然屹立，仿佛在诉说着延绵不朽的体育精神。

20世纪30年代，国民政府经常在大礼堂召开国民会议

国立中央大学大礼堂1930年3月28日动工兴建后因经费困难一度停工。朱家骅任中央大学校长时获国民政府拨款，由卢毓骏教授主持续建并于1931年4月底竣工

大礼堂前方的纪念和平涌泉池，寓意师生对父母养育之恩、母校培育之恩、社会协助之恩当涌泉相报

位于大礼堂西南侧的中大图书馆由法国人帕斯卡尔设计，1924年建成，1933年又在两翼扩建，基泰工程司关颂声、朱彬、杨廷宝设计

中大老图书馆现为东大行政办公楼，图为南立面柱饰

国立中央大学校徽中心图案六朝松，位于现东南大学出版社门前，与梅庵毗邻，相传为梁武帝手植，明朝国子监就建于其所在的南朝宫苑旧址上。民国初年又在此建立两江师范学堂，现已成为东大文化的精神图腾

校园内另一著名景点梅庵，紧挨着古老的六朝松，是一座历史更加久远的民国建筑。1915年，原南京高等师范学校校长江谦为纪念两江师范学堂监督李瑞清，于此筑茅屋三间，取名"梅庵"。1933年采用中西合璧的建筑风格，改建为砖混结构平房，至今仍保存完好。它也是南京党史上一处重要地标，因为这里是南京市共青团组织的诞生地，也是中国社会主义青年团第二次全国代表大会会址所在。1923年夏，毛泽东作为湖南党、团组织创始人到梅庵参会，并在会上做了关于传达中共三大提出的国共合作政策以及阐述党、团关系的专题报告。

1935年梅庵旧影

1936年中央大学艺术系张书旂老师教授弟子作画

梅庵位于现东南大学西北角，1915年为纪念清末教育家、书画家李瑞清（号梅庵）而建，改造后作为国立中央大学音乐教室。

教育家郭秉文(1880—1969)

国立中央大学准关防印章

国立中央大学校徽

学校前身为南京高等师范学校,1921年正式挂名东南大学,1928年改名国立中央大学。祖籍南京江浦的郭秉文校长堪称当时国际舞台上最活跃的中国教育家,曾连续三度被推举为世界教育会副会长,1915年即以35岁韶华执掌南高师,直至1925年被北洋政府解职离开东大,十年间为学校留下许多宝贵财富。郭秉文早年就在欧美留学生中广揽人才,为办学奠定了上乘师资,并促成拥有多名精英的中国科学社迁来南京。他主张学术自由,延揽国内外名流学者来校讲学,发表政治主张,从事学理研究。校方率先仿造美国模式建立董事会,将实业巨头张謇、教育泰斗蔡元培、当时的外交部部长以及上海银行总经理等政学界、工商业著名人士囊括其中。在全国教育经费异常缺乏的民国早期,该校非但能做到十年不欠薪,建起图书馆、科学馆、体育馆,还发展成为一所规模庞大、科系设置最全的综合性大学,被社会公认是学风纯正、学氛浓厚的南方教育重镇。当年中国最高学府中号称北有北大,南有东南,两校分执中国国立大学之牛耳。

这一时期大学学府最惊世骇俗的事当属男女同校。1919年底南高师校务会一致通过陶行知有关"首破女禁"的提议,决定于1920年夏正式招收女生。其破禁力度与同期招考仅收录9名旁听女生的北京大学相比大了许多,不但直接录取8个正式名额的女生,还允许招收50名女旁听生。风气一开,势不可当,中国女性由此迎来一个新时代,南高师亦成为中国第一所男女同堂上课的高等学府。

1920年,南京高等师范学校首开女禁招收八名女生:李今英、陈美宝、黄叔班、曹美恩、吴淑贞、韩明夷、倪亮、张佩英

科学馆建于1927年,由上海东南建筑公司设计

国立中央大学生物馆建于1929年,由李宗侃设计,初为两层,1933年重修,将大门外移,加建为三层

中央大学旧址中大院楼南立面爱奥尼亚柱装饰门厅

东南大学建筑学院楼

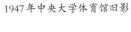

1937年6月9日，国立中央大学成立十周年军训卧射训练　　1947年中央大学体育馆旧影

体育馆外景今貌　　体育馆内景今貌

1915年南京高等师范学校工艺实习场　　南京高等师范学校工艺实习场，现为东大校史馆　　东南大学校史馆内景

民国最高教育行政机关：
成贤街43号国民政府教育部

东南大学附近、成贤街43号大院内的国民政府教育部旧址，现为南京多家市级单位办公地。民国初年，全国各地教育事业百废待兴，曾任南京临时政府教育部部长的蔡元培出任国民政府教育部部长之职，他在任上除弊布新，正名实学，积极筹建国立中央研究院，聘请国际知名学术专家主持各研究所，还组织召开第一次全国教育会议。其后，蒋梦麟、蒋介石、朱家骅、王世杰等人先后执掌该部。

抗战期间教育部随国民政府西迁，原址被汪伪工商部占据。图为1941年大门旧影与今貌

原教育部部长办公楼始建于20世纪20年代，原为两层，现有三层，系20世纪70年代加盖

民国最好的教会大学：
汉口路22号金陵大学及其名人宅邸

北大楼民国旧影

东大楼民国旧影

1927年的金陵大学

北极阁上看金陵大学旧影

南京大学鼓楼校区内原金陵大学建筑群建于20世纪10至30年代，其中由美国建筑师司迈尔、建筑大师齐兆昌分别设计建造的北大楼（塔楼）、东大楼（科技馆）、西大楼（裴义理楼）是当时南京城内与鼓楼平峙的最高楼，三楼嵯峨鼎立，围造出金大规整恢宏的中心场景。此外还有大小礼堂、老图书馆、宿舍楼等十余座建筑，充分利用地势的自然起落，由北向南顺坡而下，与周围环境浑然相融。它们是最早期融入西方风格的中国传统建筑群，将中式造型与装饰、西式材料和构架糅合起来，以北大楼为中心呈不完全对称布局。2006年金陵大学旧址被列为全国重点文物保护单位。

北大楼作为其中标志性建筑，已成为今天南京大学的象征。大楼主体建筑两层，歇山式屋顶，灰色筒瓦，青砖厚墙，设有小窗，五层塔楼则为四面歇山顶，高耸突兀，顶脊饰有小兽，是中国传统建筑最复杂的屋顶样式。大门踏道两侧立有抱鼓石，门厅绘飞鹤图案、挂水晶宫灯，门前草坪规整，四周绿树掩映，墙体则爬满茂密藤蔓，更为雄浑古朴的大楼平添了生机与活力。曾经巍然独立，如今高楼簇拥，绿藤附墙的北大楼始终以一种超然威严之姿肃立于城市中心，为莘莘学子在喧嚣闹市中守望着一方净土。

鼓楼校区还有好几处民国名人宅邸，如坐落于南苑的孙中山居所中山楼、小粉桥1号拉贝故居，以及北园的赛珍珠故居和何应钦公馆。

南园中山楼。1912年元旦,孙中山先生到南京参加临时大总统就职典礼,中山楼是他其中一处居所

金陵大学礼拜堂20世纪30年代旧影与今貌。由美国芝加哥建筑事务所设计,1917年陈明记营造厂营造,外墙用明城墙砖砌筑

1929年金陵大学鸟瞰图

今日南京大学北园

1938年3月校园内的难民

20世纪40年代金陵大学校门旧影。图中可见烫发的女大学生们，高跟鞋搭配短裙是当时最时尚的装束

金陵大学图书馆旧址

今南京大学东南楼

金陵大学北大楼与东、西大楼是校园内三座标志性建筑

绿色校园

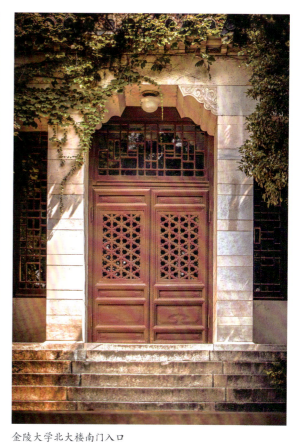

金陵大学北大楼南门入口

小礼堂建于1916—1917年,由民国著名建筑师齐兆昌、美国费洛斯与汉密尔顿建筑师事务所共同设计

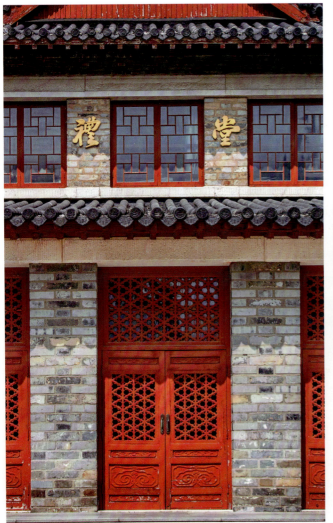

金陵大学礼堂东大门

金陵大学礼拜堂山花蝙蝠砖雕细节

历史铭记"中国辛德勒":小粉桥1号拉贝故居

约翰·拉贝(John H. D. Rabe,1882—1950)

拉贝故居位于广州路和珠江路交界口的小粉桥1号,由一幢两层洋楼、楼后一排小平房以及数百平米院落构成。1932年夏,金陵大学农学院将校园内刚建好的这幢西式花园别墅出租给德国西门子公司驻南京商务代表约翰·拉贝,他将这里作为办公室兼住宅,和家人在此生活将近6年,直至1938年才奉调离开。

1937年8月,日机开始轰炸南京,拉贝从北戴河避暑地赶回南京,在自家院子西北角设计避难防空洞并带人加固改造。南京沦陷后,拉贝在小粉桥1号院内密密麻麻收容了630多名中国难民,并竭尽所能予以奉养救济,由他发起和负责的南京安全区国际委员会更是为20余万人保全了性命。这位南京人心目中的活菩萨还用长达2 400多页的日记详尽记录下当时情况,成为揭露侵华日军南京大屠杀暴行的有力证据。

1996年12月《拉贝日记》在美国纽约的公布,使得拉贝故居重回公众视野。2005年12月南京大学与西门子公司在原址合作建立"拉贝与国际安全区纪念馆",绿树掩映下的拉贝故居永远闪耀着正义和人道的光辉。

1937年12月15日南京安全区国际委员会部分委员合影。从左至右为福斯特、米尔斯、拉贝、斯迈思、费奇

1938年2月21日送别拉贝回国的人群

小粉桥1号拉贝故居与拉贝铜像

拉贝故居史料陈列展

赛珍珠与徐志摩文学之缘：平仓巷3号赛珍珠故居

赛珍珠（1892—1973）

1934年，好莱坞米高梅公司拍摄赛珍珠的作品《大地》，在南京街头取景，引起民众围观

位于南大北园西墙根处的平仓巷3号是一幢独院白色西式洋楼，坐西朝东，赭红坡屋顶上留有老虎窗，大门入口处有由四根圆柱支撑的西式门廊，上承二楼露台。这里是美国女作家赛珍珠在南京的旧居，她时任金陵大学外文老师，和金大农学院教授丈夫带女儿在此度过十多年的辰光，并写下处女作《放逐》以及后来获诺贝尔文学奖的《大地》等诸多作品，使西方世界对中国人民有了更多的理解与尊重。1998年10月18日，美国前总统乔治·布什在参访南大次日上午便特意拜访此地，声称自己像千千万万美国人一样，当初对中国的了解及至产生向往，就是受赛珍珠影响，从读她的小说开始。

美国著名女作家赛珍珠，一生中有40年的时光在中国度过，著译过107部关于中国社会的著作，最终凭小说《大地》等"对中国农村生活所作丰富多彩而真挚坦率的史诗般描绘，且在传记方面有杰出作品"而成为唯一一位同获普利策奖和诺贝尔奖的女作家。

1924年4月，受孙中山邀请，诺贝尔文学奖获得者、印度诗人兼哲学家泰戈尔从印度乘船东来。民国浪漫诗人徐志摩因精通英文、法文，此次为泰戈尔充当翻译并照顾其起居。4月20日，泰戈尔前往南京东南大学讲学，徐志摩的精妙翻译让台下听众如痴如醉，赛珍珠也由此结识了年仅28岁的徐志摩。此时徐志摩已出版两本诗集，还翻译了泰戈尔、叶芝等世界著名诗人的大量作品。赛珍珠则在金陵大学、东南大学教授英国文学，正住"在南京一所旧砖瓦房里，房子四周是一座她喜欢的大花园，她和丈夫在那里种树栽花，培植蔬菜，在花园里工作，夏日进餐，同朋友们带孩子一起在此游憩"。

与徐志摩接触并长谈后，相同的兴趣爱好激发出赛珍珠对文学与生活的热爱，徐志摩和她相约书信来往，共同探讨感兴趣的翻译问题。徐志摩当时刚从日本回来，爱上陆军少将王庚的妻子陆小曼，铺天盖地为之奉上情书，在中国文学史上占有重要地位的诗歌集《翡冷翠的夜》以及散文集《爱眉小札》由此诞生。赛珍珠也将徐志摩的影子融入自己的小说创作中，于1925年将一对异族青年男女的恋爱故事写成短篇小说《一个中国女子的话》。

1926年徐志摩和陆小曼举行婚礼,随后搬到上海生活。但陆小曼很快迷失于十里洋场的灯红酒绿,爱上了鸦片和时装,这一切让徐志摩有些招架不住,爱情也开始幻灭。与此同时,由于美国出版社对中国题材的小说越来越感兴趣,1928年赛珍珠开始着手翻译《水浒传》。她在动笔前给正在复旦大学任教的徐志摩去函探讨翻译细节,因为《水浒传》有关书名和书中人物名字的处理问题一直困扰着她,书中有许多人物同时兼有多个名字与诨号,直译会让外国读者如坠迷雾。二人几番研讨斟酌之后,赛珍珠将《水浒传》译作《四海之内皆兄弟》,得到徐志摩的由衷赞赏。

两人因此通信频繁,赛珍珠在书信中谈及《水浒传》里的女人和她们的爱情,以及《水浒传》中为何没有一段英雄美人生死缠绵的情节。而此时徐志摩出于对陆小曼情感的失望,释称这是梁山好汉们看透世事的通达,世间只有"情"字最累人,所以才能"大块吃肉,大碗喝酒",最后了无牵挂地驰骋疆场。1931年11月19日,徐志摩在南京搭乘飞机赴北平听林徽因演讲途中失事罹难,年仅34岁。次年赛珍珠获普利策文学奖,1938年又获诺贝尔奖殊荣。

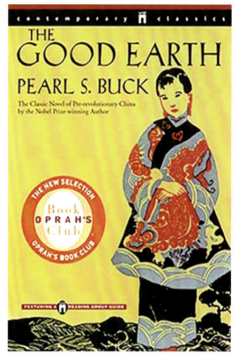

《大地》三部曲1931年出版后在美国好评如潮,成为全美畅销书并很快被译成德、法、荷、瑞、丹、挪等国文字出版

赛珍珠故居。1917年春赛珍珠夫妇到南京定居,双双在金陵大学任教,就住在这座小洋楼里。赛珍珠在此开始文学创作,传闻徐志摩曾到此拜访

赛珍珠故居雕像

达官麇集的风云际会地：斗鸡闸4号何应钦公馆

何应钦（1890—1987）

南大北园中大路西侧雪松林中一幢米黄色小洋楼为斗鸡闸4号公馆，是原国民党一级上将何应钦在南京多处公馆中保存最完好的一处。该馆始建于1934年，由建筑师沈鹤甫设计，辛峰记营造厂承建，抗战中大半毁于战火。1945年底何应钦以夫人王文湘名义在原址重建，次年3月竣工。1949年初，何应钦女儿将公馆大部分租给美国使馆，但未等到期就成为中国人民解放军三野司令部驻地。解放后这里住过粟裕、萧劲光、钟期光将军和南大校长匡亚明等不少名人。

公馆四周原砌高大砖石围墙，东侧主门设两扇大铁门，供汽车出入时启闭。主楼米黄色水泥拉毛粉刷外墙，立面朝南阴角处砌弧形封闭阳台，全组建筑共31间，构思精巧，装潢考究。一楼是宽敞的会议室，二楼为何应钦夫妇及其子女卧室，水暖电卫俱全，陈设现代气派，三楼是来宾临时居室和用作贮藏室的阁楼，四层为方形瞭望台。出于备战应急所需，院子里还建有一座坚固的地下暗堡。如今，公馆大院围墙、地堡及另两栋房屋早已拆除，仅存这座拱圈门窗的西班牙风格别墅，而蓝色琉璃瓦覆坡屋顶、中部方亭式塔楼，又显示出不折不扣的中国范。此楼现为南京大学外事办公用房，四周广植花木，中间绿草如茵，门前7株合抱雪松据传为何氏当年所植。

宅主何应钦在民国军政界地位显赫，这栋米黄色小楼因而也曾达官麇集，风云际会。1932年淞沪战事爆发不久，宋希濂、刘安祺等国民党将领先后夜闯何公馆，请缨抗日；1937年8月13日以后，周恩来经常到何公馆同何应钦商谈抗战大计，敌机首次轰炸南京这天就在何家地堡内躲避空袭。西安事变期间，何公馆更一度成为世人瞩目之地。作为国民党军中二号实力人物，何应钦在公馆内成立临时办公处代军委会行使职权，并以"讨逆军总司令"名义指挥大军，准备讨伐张、杨。坊间传言，宋美龄从上海直奔斗鸡闸何公馆，大骂何应钦想借武力讨伐害死蒋介石，反被后者嗤讽为妇人短见。不过并无确凿史料证明宋、何间曾发生过如此骂战。

斗鸡闸4号何应钦故居一带，南北朝时为达官贵族斗鸡寻欢之地

至暗时刻的诺亚方舟：
宁海路122号金陵女子文理学院

1923年植树节，金陵女子大学校园内正在植树的大一新生

1934年，蒋介石夫妇访问金女大，与校长吴贻芳、马吉牧师在校园合影

金陵女子文理学院小难民，其背景近处400号楼现为社会发展学院，远景为100号楼

  南京师范大学随园校区，是中国第一所女子大学——金陵女子大学（1930年立案改名金陵女子文理学院，简称金女大）所在地。它与汉口路上的金陵大学均起源于教会学校，两校相隔不远，男女同学相互来往甚至谈恋爱的现象司空见惯，故金陵大学通常也被称作金男大，用以呼应其位于宁海路的芳邻。在那个国人教育程度普遍偏低的年代里，女性能够读书认字已属不易，上大学的更是凤毛麟角，精英中的精英。从1919年到1951年，金女大毕业生人数正好是999人，这"999朵玫瑰"绽放在多个行业领域内，令母校为之倍感自豪。

  随园校区内有多座民国仿古建筑，但见红墙飞檐掩映在绿树丛中，形成多幅优雅怡人的画卷。建筑群由中西方建筑大师联手设计，陈明记营造厂承建，1923年建成100号会议楼、200号科学馆、300号文学馆以及顺序编号为400至600号楼的三幢学生宿舍；1924年建成700号学生宿舍；1934年又建成图书馆和大礼堂，均采用西方先进的钢筋混凝土材料与结构，中国传统宫殿式外观造型，中西方建筑风格在此有机地统一起来。建筑物间又以古色古香的廊道相连，是金女大校舍有别于周边学府的特色所在。校园整体建筑则充分利用自然地形，以宽阔的大草坪为中心，按东西向轴线错落分布，讲究布局工整，平面对称，处处体现出雍容典雅的气派，一种知性之美。

  在金女大发展史上，学校首届毕业生兼首任华籍校长、"智慧女神"吴贻芳无疑影响至深，而另一位伟大女性、美籍教务主任明妮·魏特琳（中文名华群）之名亦被永远铭记——学校内迁时她自愿留守南京，于侵华日军恐怖屠城之际将金女大校园打造成暴风雨中的诺亚方舟，收容庇佑了成千上万的妇孺免受兽军荼害，成为难民们的守护神、救苦救难的"观音菩萨"。南京陷落后的四个星期时间内，由于日军暴行不断升级，大批难民纷纷涌入金女大难民所避难，挤满了校方提供开放的会议楼、科学馆、大礼堂及所有宿舍的角角落落。上万名难民汇集于此，每天光吃喝拉撒睡就成为空前难题，金女大各大皇宫式房子由此也增添了几多别样的色彩：小孩子随处小便，窗上树上挂着晒的衣服、铺被和尿布，校内池塘成了洗衣服甚至刷马桶的地方……

80多年过去了,如今这座"东方最美校园"一派祥和安乐景象,满目芳草茵茵,到处花木扶疏,但那段艰难惨痛的苦难岁月连同义薄云天的救助场景,仍深深印刻在金女大校史上,留存于金陵女儿往昔记忆中。

金陵女子大学中轴线构图

今日南京师范大学航拍

南京沦陷前金陵女子文理学院内处处可见青春靓丽的女学生。场景显示为300号楼西北角与100号楼前道路,而左侧100号楼一角早已为花木掩映

金陵女子文理学院会议室即今日100号楼一楼会议厅

1935年金女大学生

1948年5月1日金女大体育舞会

组织女难民进行宗教活动的金女大委员会合影,前排左三魏特琳,右二程瑞芳。其背景今为600号楼(社会发展学院)北门前

金陵女子文理学院难民所部分难民合影与现今200号楼(今国际文化教育学院)西正门近影

100号、300号楼之间校园今昔对照

校园旧影

在金陵女子文理学院内避难的女难民趁天气转暖洗晒衣物场景,与200号楼东南角参照

200号楼入口门楣处的精美装饰

昔日莘莘学子就读的校园一度成为众多难民栖身场所。图为100号楼二楼会议厅内景今昔对照

隐匿深巷的名流宅邸：陶谷新村民国建筑群

陈裕光（1893—1989），
中国化学家、教育家

位于上海路与青岛路之间的陶谷新村建成于1920—1930年，这里有何应钦的弟弟何辑五私宅、金陵大学校长陈裕光旧居、陶谷新村17号金大农学院教授郝钦铭住宅、陶谷新村18号珠算研究专家华印椿旧居、上海路88号楼桐荪寓所、上海路82-1号工务局局长马轶群旧居、上海路82-4号行政院政务处处长徐道邻旧居等多幢民国建筑。

汉口路71号陈裕光旧居。陈裕光于1927年出任金陵大学校长后居住于此，1988年捐赠给爱德基金会

青岛路33-1号为何应钦四弟何辑五于1928年购置，战时为冈村宁次寓所，战后租给励志社招待所使用

青岛路33-2号司徒雷登公馆旧址原系何辑五宅邸，经彻底维修后高价卖作美军司令部俱乐部

邵力子（1882—1967），近代著名爱国民主人士

剑阁路27号邵力子故居。其东侧为邵力子夫妇1946年创办的南京力学小学

校名从创始人邵力子、傅学文名字中各取一字而成

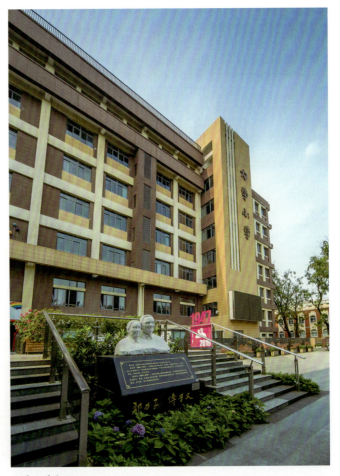

力学小学今貌

钟楼回音穿越百余年：中山路169号金陵汇文书院

1910年汇文书院时期建筑群，右起依次是图书馆、礼拜堂、钟楼、口字楼

金陵中学标志性建筑汇文书院钟楼始建于1888年，是基督教在南京建造的现存最古老学校建筑，也是南京第一幢三层"洋楼"，当时全市最高建筑。正因如此，其名气很大，"三层楼"就成了钟楼的代名词，当时行人问路、雇车，如果找汇文书院不知，找"三层楼"却都能知晓。130多年来，它屡屡出现在金陵中学刊物、校徽、标牌、请柬、纪念册乃至校服上，2006年5月更被列为全国重点文物保护单位。

中山路169号汇文书院钟楼今貌，与老照片里的钟楼外观略有差异

钟楼平面图呈"申"字型，占地面积约330平米，外观简洁古朴，砖木结构，青砖砌筑，是较典型的北美殖民时期府邸风格建筑。钟楼主体原为三层，1917年顶层失火被毁，修复后就改成二层及顶部钟亭的现有样式。四坡形屋顶由水泥方瓦铺设，其上还有两个壁炉的烟筒，半拱形门窗以及地板、楼梯均为木质结构。此楼曾经作为中国教育电影协会的高级会议室，由于房间内装有一套美制电暖风系统，而当时南京绝大多数建筑都未安装取暖设备，20世纪20—30年代蔡元培、徐悲鸿等大师就定期在这里举行"温暖聚会"。南面顺台阶直上是正门门廊，北面从两侧顺台阶而上是后门门廊。一楼内北侧楼梯下面则是地下室入口，1938年初划为难民区的金中校园内住满难民，为免遭日寇蹂躏，其中40余名妇女就藏匿在这个地下室里被保护起来，由工友暗中为她们送饭送水。

　　当年金中附近很空旷，每次大钟一敲，钟声即响彻十几里，半个南京城都能听到。20世纪80年代使用电铃前，这口大钟一直履行着职责，学生上课、下课均以钟声为令。如今钟楼就像一位慈祥长者伫立校园俯视着过往学子，逢周年校庆才会敲响大钟，不过为保护文物，登上钟亭后是用硬质木锤直接敲响，钟声悦耳不减当年。

钟楼见证了中国学校施行现代教育的历程，现在是南京教育的标志

钟楼内部楼梯

钟楼南入口

1980年代，图书馆成为危楼。现图书楼为1988年拆除后依原图纸用原材料向西平移20米重建

图书馆亦称琥珀厅，建于1902年，曾经是青年会和金大图书馆所在地

典雅气派的民国大门：中山北路251号司法院、中山北路212号联勤总部、建邺路168号中央政治大学、中山路291号三青团中央团部

国民政府最高司法行政机关司法院成立于1928年11月，"掌理司法审判、司法行政、官吏惩戒及行政审判"，同期成立负责管理全国司法行政事务的司法行政部。1935年中山路251号（原269号）新址落成，司法院连同司法行政部由薛家巷迁至该处，与中央公务员惩戒委员会同在一个院内办公。

这里原本建有一幢西式三层砖木混凝土结构的灰色大楼，主楼正中半球型拱顶上竖有旗杆，中央面向大门镶嵌自鸣钟一座，两侧为辅楼，整幢大楼有房屋108间，楼前有两个大花园左右对称。楼前坐西朝东耸立一座三进式门楼，中部开间较两侧略小，顶部饰以图案花纹，颇具古典欧式建筑风格，正面八根硕大挺拔的希腊多立克式立柱使大门显得庄重典雅、威严气派。1949年4月23日夜，一场大火将大部分建筑物焚毁，唯门楼留存下来并保持原貌，现为南京市供电局大门。2006年6月被列为市级文物保护单位，2008年10月被列为南京重要近现代建筑。

此外还有一些民国建筑由于历史原因，如今只剩下大门或门楼，但仍不失其历史价值与建筑价值。如中山北路212号联勤总部、建邺路168号国立中央政治大学、中山路291号三民主义青年团中央团部旧址等，均为市级文物保护单位。

建邺路168号原国立中央政治大学门楼，建于1927年。该大学是民国时期培养国民党党政干部的学校

中山北路212号联勤总部大门旧址。1928年国民政府军政部在此成立，1946年撤销后成立联合勤务总司令部。现该地仅存大门一处

1934年国民政府司法院旧影。1949年4月南京解放前夕，司法院大部分建筑毁于大火，现仅门楼保存完整

国民政府司法院大门旧址。现院内为南京市供电局所在地

中山路291号鼓楼医院东侧的三民主义青年团中央团部大门旧址，门额为蒋介石手书：亲爱精诚

日伪作秀修建三藏塔：九华山玄奘塔由来

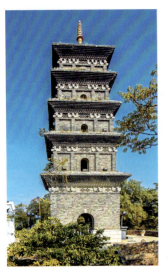

玄奘宝塔

　　九华山位于玄武区太平门内西侧，因形肖倒置之船，又名覆舟山。1942年初冬，日军高林部队督率中国民工在武定门外土城头高地，即明代大报恩寺三藏堂遗址上施工建造神社时，挖到一只三尺见方的带盖石函，函身葬志记载了唐代高僧玄奘顶骨与舍利于北宋年间来南京安葬及明代迁葬经过。人们在石函内一铜盒里果然发现一堆"佛骨"，又从四周掘出一尊金佛像以及琉璃香炉、银锡铜制器、玉饰瓷器、古钱珠宝等多件随葬品。

　　为显示"中日亲善友好"，日伪当局一面通过报刊广播宣传造势，一面大张旗鼓举办佛事活动，企图利用宗教奴化控制中国民众。他们把发掘出来的相关文物交由鸡鸣寺山下的"文保会"长期保存，对外展出，又将唐僧佛骨分成五份，除将一份留在南京、一份交由日本大使馆转送日本琦玉县慈恩佛寺外，其余分送洛阳白马寺、广州黄花岗、北京广济寺三地，并于1943年底在明故宫机场举行隆重典礼，选派代表护送佛骨飞赴各地。至于留存南京那份佛骨的供奉地点，初定于城南门外普

祥云玄奘塔

德寺，后改在玄武湖畔九华山。汪伪政权专门成立"玄奘法师顶骨奉安筹备处"，同时向社会发起募捐，在九华山巅仿照西安兴教寺玄奘墓塔样式修造三藏塔，在地基中央建穴存放舍利。这是一座五级四面楼阁式砖塔，建塔青砖由伪政府官员捐款集资所得制成，每块砖上都刻着捐助者姓名，塔两侧各立一块石碑，由褚民谊书写的碑文记述了玄奘取经经过及功绩。三藏塔建成后，日伪当局特地选在1944年双十节举行佛骨奉安典礼，然而半年过后日本宣告无条件投降，围绕佛骨所进行的一切阴谋活动亦告破产。

南京明城墙与玄奘塔旧影

在玄奘塔上极目远眺，可饱览玄武湖与紫金山湖光山色

被误读的"还都塔"历史：和平公园励士钟楼真相

位于北京东路沿线的南京市政府正南面，有座规模不大的和平公园，园内最为显著的建筑是一座高17米的斜立式钟楼，许多民国报刊都曾登载过它的照片。

钟楼东侧花岗岩碑文标明该建筑建于1940至1941年间，初称还都纪念塔，后来成为国民政府考试院钟楼。而有关它的进一步解读是：汪精卫叛国投敌后，于1940年3月30日在南京成立伪国民政府，出任代理主席兼伪行政院院长。为逃避汉奸骂名，汪精卫将自己的投敌行径诡称为已撤离的国民政府还都南京，并在伪国民政府大院门前的园圃、现北京东路和平公园内修建此塔，塔于1941年落成，被命名为"还都纪念塔"，成为汪精卫叛国投敌的罪证。汪伪宣传部编印的《国府还都周年纪念实录》中的"首都庆祝实录"这一章节，记载了所谓还都纪念塔的竣工时间是1941年3月。20世纪90年代中期写成的《南京建筑志》在列举近代所建各类塔式建筑时，还提到过这座和平公园"还都纪念塔"系汪伪时期所建。有学者曾查阅相关资料，发现关于该塔存在有两种截然不同的描述，其一是由日伪考政学会出资建造，其二为国民政府考试院建造。

和平塔说明碑文

刊载于1937年6月10日《北洋画报》的考试院东花园新建之励士塔

烂漫樱树下的和平塔玲珑别致

民国励士塔旧影

《江苏地方志》2012年刊载的周庆元所撰《被误读的南京和平公园钟楼建造史》一文,将钟楼建造日期锁定在1937年。依据1937年6月6日《中央日报》上一则关于励士钟塔的新闻图文报道云:考试院为纪念考铨会议,昔与中央各机关及全国大学集款捐建励士钟塔一座于该院东花圃内,该塔高六十余尺,塔顶镌刻总理建国大纲全文,现已全部落成。报纸同时附图导展示励士钟塔全景。而据《考试院施政编年录》《戴季陶先生编年传记》《迟庄回忆录》等相关资料显示,1934年11月晚,考试院院长戴季陶在当时夫子庙明远楼代表全国考选委员会招待参会代表与新闻记者,倡议由众人捐钟一口,当场得到与会者积极响应。经考试院努力集资,钟塔于1937年6月方告竣工,内置一口镌刻有"励士"二字铭文的大钟,可惜此钟现已不复存在。日伪时期此塔被改称为"和平纪念塔",由此可见,所谓新建"还都纪念塔"的说法纯属误读。

一年后,又有学者通过1941年汪伪时期《中报》特刊《新南京》杂志,找到注明为"国府前之还都纪念塔"的当年旧照,判断该塔确系建于1937年。1940年该塔经汪伪国民政府略加改造,才被命名为"和平纪念塔""还都纪念塔"。

《迟庄回忆录》

1937年6月10日有关励士塔的报道

汪伪所建"保卫东亚纪念塔",今不存

菊花台表忠碑系侵华日军第十军所立阵亡人员纪念塔,于抗战胜利后平除

见证日军屠杀罪行：五台山1号日本神社

南京五台山体育中心东侧体育宾馆大院内,有两座与传统中式古典建筑颇不相同的日本庙宇风格建筑。其中坐北面南的一层砖木结构建筑为正殿,俗称大庙,原供奉天照大神及日军阵亡校官以上军官的灵位,其东南侧约50米处还有一座坐东面西、规模略小的建筑,俗称小庙,供奉低级军官和普通士兵。设计师为日本人高见一郎,基本依照东京靖国神社的规制和格式。

抗战胜利后,国民政府将神社附属建筑辟为中国抗战阵亡将士纪念堂

侵华战争时期,日军都要在占领地修建神社,尤其是付出过较大伤亡代价的地方。五台山神社是彼时中国沦陷区内规模最大的一处,1941年建成后曾在此祭祀战时被中国枪炮击毙的日军最高将领冢田攻大将,附近居住的上万名日侨也常来神社参拜祭祀。五台山地势较高,视野开阔,可俯瞰其对面的清凉山。日军在清凉山建有一处火葬场,阵亡日军火葬骨灰直接被送到此处。这座神社也是侵华日军屠杀中国军民的重要历史见证。1940年2月日军两个大队士兵监督民工开建神社、

1945年战利品陈列馆旧影,用于展示中国军队接收日军的战利品

挖掘地基时发现两处千人坑,系1937年12月日军第9师团将被困于此的2000多名中国警察、高射炮兵与难民全部杀害后就地掩埋而成,因需先将累累白骨挖抬下山而大大影响了建设进度。

日本战败投降后国民政府将其改造为"中国抗战阵亡将士纪念堂",将原日军牌位换成抗战牺牲的中国官兵灵位,蒋介石还在院内手植树木。1949年以后,神社所在地成为江苏省体育局(原江苏省体委)办公场所,因系侵华日军所建而被视为耻辱的标志,牌坊等附属建筑渐遭拆除,留存的正殿和侧殿一度也在拆除之列,经建筑大师童寯四处奔走才得以保留。作为南京城内仅存的一处典型日式和风建筑,它于1992年被列入市级文物保护单位,2011年底升级为省级文保单位。

俯瞰日本神社(小庙)旧址

南京五台山上的日本神社建于1940年,为侵华日军阵亡将士招魂祭奠之所。图为其在江苏省体委大院内旧址

毒酒案震动南京城：北京西路1-3号日本驻南京大使馆

詹长麟（1913—2008）

鼓楼西南角现北京西路1-3号原头条巷1号，当年是日本驻汪伪大使馆的旧址，日本宣布无条件投降后，国民政府将其作为敌伪财产收归国有，并改建为外交部宿舍使用。原有7栋砖混结构房屋，如今仅存1栋四层西式公寓楼房，正面设八字形砖砌扶梯通往二楼，北立面建有外走廊，屋顶为木结构人字屋架，立面砌女儿墙。外廊柱面、挑梁头、门头塑花及栏杆细部设计均受巴洛克风格影响。2019年10月该建筑物被核定公布为第8批全国重点文物保护单位。

80年前这里曾见证了一起轰动全城的投毒事件。1939年6月10日晚，日本使领馆为欢迎外务省清水次长举办大型酒会，伪维新政府要员也受邀参加。日军在鼓楼四周道路加设三道岗卡，对过往行人严加盘查，又在明钟鼓楼上增设两挺重机枪，以保证绝对安全。酒宴上灯火通明，觥筹交错，推杯交盏之际，使领馆两名书记官船山和宫下突然先后栽倒在地上，不省人事，其他人也相继口吐白沫，翻滚在地，现场顿时乱作一团。赶来化验的日本军医发现酒中有毒，两名书记官当晚毙命，其余人经抢救才捡回性命。尽管日方对外封锁消息，但抗战时期大后方所有的报纸以"敌伪均中酒毒""南京中毒案，敌两书记官毙命"为标题报道了这一事件。究竟在酒里下毒的是何许人也？事情的缘由经过又怎样呢？

从6月10日到7月10日一个月间，南京城日本警宪特务倾巢出动，全城戒严，拉网式搜捕一对詹姓兄弟。在日本驻南京使领馆充当差役的詹长麟、詹长炳正是这次投毒行动的实施者，而幕后组织策划的则是戴笠所领导的重庆军统局。詹氏兄弟二人经军统局前身蓝衣

1937年底日军攻占南京后，将原日本总领事馆由中正街（今白下路）迁至大使馆旧址办公

日本总领事馆事务楼旧影，该楼今已不存

169

社情报员王高科介绍进入日本使领馆充当卧底,化名袁露、代号65号伺机行动。詹长麟主要负责端茶倒水和分发信件,因而有机会刺探日方情报。南京大屠杀期间,他亲眼目睹了日军种种暴行,暗中发誓要为死难同胞报仇。

1939年6月5日晚,军统获知日本使领馆将举行欢迎酒宴的消息,紧急策划了一场复仇行动,参与者十余人,除投毒执行人外,还有行动总联络人卜玉琳、毒药选定人安少如,由詹长麟妹夫、军统南京区特警科外事股股长潘崇声传递毒药,刘玉卿、王高科、李再生等人负责善后工作。

6月9日安少如去"老万全酒家"订购了10坛绍兴黄酒,备好一包由曼陀罗花提炼炮制而成的"醉仙桃"毒药,毒性虽大却嗅之无味。翌日开宴前几分钟,詹长麟把毒粉悄悄倒入黄酒酒瓶,溶解后再将毒酒逐一倒入酒杯,然后佯装肚子疼迅速离开现场,骑上自行车到傅厚岗同詹长炳会合后,按计划一路避开关卡逃到江北六合,后又转移到浙江某偏僻农村,隐姓埋名直至抗战胜利,兄弟二人的妻子儿女及父母、妹妹也早在王高科安排下提前逃离。为免南京百姓受累吃苦,詹氏兄弟遵照军统安排,抄写了一封致日本总领事堀公一的亲笔信,确认投毒事件系个人行为。信中写道:"我们亲眼看见日本兵在南京烧杀抢掠的一切兽行,我们决定为国报仇,为家雪耻……好汉做事好汉当,我们已经来到上海,明天就要去香港,你们有本事就请来捉我们吧!"信件由军统派人从上海租界发出,目的是想迷惑日伪当局,掩护两人顺利逃离。2009年南京市人民政府为庆祝新中国成立60周年,向邓中夏、恽代英、刘伯承、邓演达等30位革命英雄人物追授纪念奖章和"荣誉市民"称号。当年"日本驻南京使领馆毒酒案"主要参与者詹长麟、詹长炳同获此奖,詹长麟在南京的后人领到银质奖章。

北京西路1号建筑为原日本使领馆旧址

新街口至中山门线

城市坐标原点暨第一商圈：新街口广场变迁

在南京的城市版图上，若以中山北路、中山路及中山南路作纵坐标，中山东路、汉中路为横坐标，新街口广场无疑正处于这座城市的原点位置。新街口这一地名最早出现于明初，长期以来不过是糖坊桥与明瓦廊之间一段狭窄的十字街，两旁房屋大多低矮简陋，同周围水洼农田及未成规模的商铺混杂相处。1928年兴修中山大道后，这里作为新辟的几条主干道会合连接处，自然而然成为市内街道"第一广场"。首都建设委员会决定对新街口一带拓宽改造，工程于1930年11月12日中山先生64周年诞辰日开工兴建，历时2个多月完工，广场中央有圆形花坛草坪，

1929年起按《首都计划》建设城市的四条主干线交汇于新街口，航拍图可见正在修建的大道

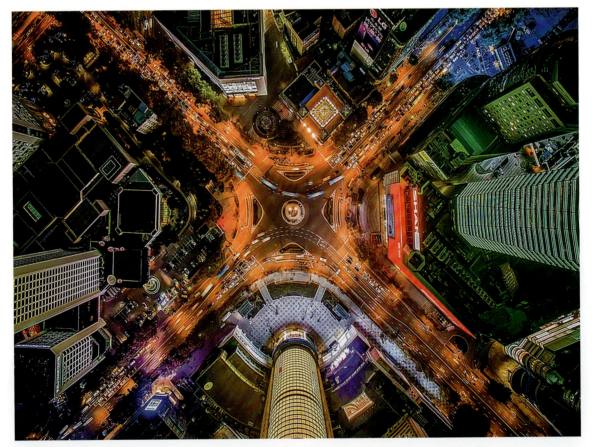

新浪城市之光获奖作品《都市图腾》

环岛式交叉路口四周规划为银行区,并开辟快慢车道及人行便道。新建成的环形广场被正式命名为兴中广场,但人们仍习惯称之为新街口广场。

新街口区域很快成为南京的交通、金融、商业中心:中国国货银行南京分行的六层洋楼是这一核心地带的地标建筑,广场周边民国邮政储金汇业局、交通银行、浙江兴业银行、大陆银行、盐业银行、聚兴诚银行等银行齐聚,中央商场、李顺昌服装店、福昌饭店、大三元菜馆、同庆楼菜馆等商店饭馆云集,《中央日报》《朝报》《新民报》《扶轮日报》等报馆林立,大华大戏院、新都大戏院、世界大戏院、中央大舞台等娱乐场所亦汇集于此。

新街口广场于1931年1月20日建成投用。图为早期新街口广场影像

车水马龙、熙来攘往的新街口广场在见证时局变幻、世事沧桑的同时,也记录了整座城市的发展变迁。九一八事变发生后,国民政府寄望于国际联盟主持正义,在广场中心建成一座临时牌楼以迎接国联调查团的到来。一·二八淞沪抗战结束不久,由爱国华侨捐建的"淞沪抗战阵亡将士民众纪念塔"树立于此,成为新街口广场第一个永久性建筑。1937年12月之前,广场中央矗立一枚由军委会防空委员会制作的巨型炸弹模型,意在提醒人们警惕日军空袭。1942年11月12日中山先生诞辰76周年纪念日前夕,汪伪政权将中央陆军军官学校内的孙中山铜像移驻至此,用以收买人心粉饰太平。

1935年国民政府防空委员会在新街口广场中央树立的炸弹模型,提醒人们警惕日军空袭

1936年新街口航拍旧影

1936年1月开业的新街口中央商场,由国民党中央委员张静江等32人联合发起,以抵制洋货,弘扬国货,发展民族工商业

1945年9月9日受降庆典期间，南京中山路主干道上人潮汹涌，群情激昂，新街口广场孙中山铜像下更是挤得水泄不通，"胜利万岁"的呼喊声此起彼伏。1949年7月6日下午5点30分，中国人民解放军在南京举行隆重的阅兵式，刘伯承等领导人登上阅兵台检阅，各兵种队伍在雄壮的《解放军进行曲》伴奏下从新街口广场绵延通过，汇成了一片欢腾的海洋。"文革"期间，广场铜像被转至中山陵园管理处保存。1996年中山先生诞辰130周年之际，南京市人民政府依据1912年孙中山就任南京临时大总统期间奔走出行的形象重新制作了一尊铜像，安置在广场中央环形绿岛内。2001年因地铁施工，铜像被移走。2010年5月19日晚，阔别9年之久的铜像正式回迁，面向南方伫立至今。

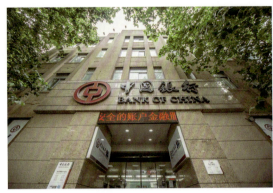

建于1937年的兴业银行楼高4层。该银行由江浙资本家1907年在杭州创建，1914年迁至上海，1931年在南京设立分行。现为中国银行分理处

民国时期南京新街口中山路一瞥。国货银行和福昌饭店如今仍在，其间的中国航空公司和欧亚航空公司大楼早已不存

1938年11月日军铁蹄践踏下的南京新街口，街心彩柱上有"拥护维新政府"字样

新街口冬雪中扫雪的人们，背景可见国货银行大楼

1945年冬日，新街口孙中山铜像下晒太阳的市民，背后为美国总统杜鲁门肖像画

新街口至中山门线

1947年5月,中央大学女学生上街游行,呼吁反内战、反饥饿,途经新街口,照片背景系盐业银行

上图:1940年代老照片中的高楼为邮政储金汇业局,左侧圆顶建筑是新街口盐业银行　下图:同角度拍摄之今貌

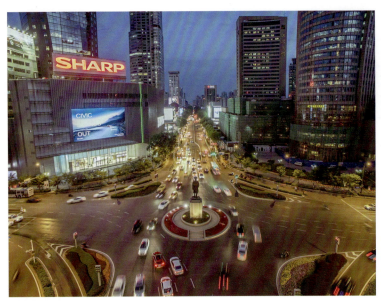

现广场中央孙中山铜像面朝南方,取即将出行姿态,为当代雕塑家戴广文作品

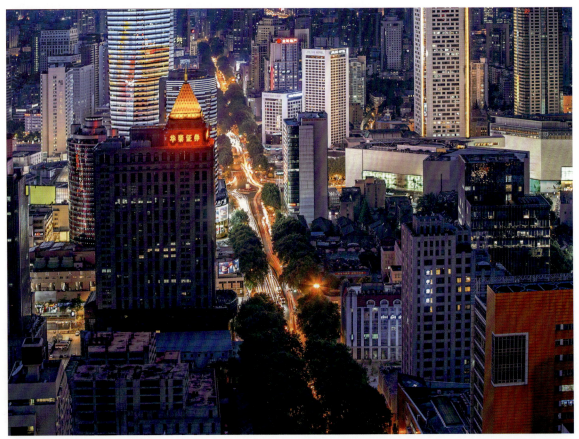

今日新街口高楼林立,光彩摩登

南京老字号兼地标建筑：中山路75号福昌饭店

　　中山路75号福昌饭店始建于1932年，取意"福泽四海，昌隆四方"。主楼平面呈梯形，楼高6层，拥有世界先进的奥的斯手摇式电梯，也是当时南京仅有的两部同类电梯之一（另一部安装在国民政府大院蒋介石办公楼内）。它和后来的金陵饭店一样，都曾是当年南京最高建筑，而店内由法国人主厨的地道西餐更是名闻全城。抗战胜利前夕，重庆方面与日方代表就在店内密谈在华日军受降事宜；李宗仁竞选副总统时，此店成为桂系首脑宴请及议事场所。1956年改名胜利饭店，许多南京人的第一顿西餐、第一杯咖啡皆由此地开始。

20世纪30年代福昌饭店旧影

改造后的福昌饭店入口门厅

老字号福昌饭店由华盖建筑事务所陈竹楠设计

光复首都行动三日流产：
中山东路1号交通银行南京分行

中山东路1号交通银行南京分行旧址坐落于新街口广场东北角，现为中国工商银行南京分行。1932年由上海缪凯伯工程司设计，新亨营造厂承建，1935年7月竣工，工程造价约20万元。该建筑造型为西方古典复兴建筑形式，钢筋混凝土结构，平面近似正方形，地上四层，地下一层，占地面积1858平方米，建筑面积4187平方米。大楼正面朝南，门口有四根高达九米的爱奥尼亚式巨柱直抵上部屋檐，楼外东西两侧各配六根式样相同的檐柱。通过墙柱及上下对位的窗户强调建筑立面的纵向线条，又利用檐部和墙身线角突出其水平线条，使整座建筑浑厚凝重，坚固挺拔，用以显示银行业主的雄厚资本和经济实力。

图为兴建中的交通银行南京分行

日军占领南京期间，这里成为汪伪中央储备银行行址，当时在楼顶平台中部又增建一座两层建筑，使全楼总高度增加到七层，超过国货银行而一跃成为新街口最高楼。1945年的8月，日本即将投降的消息一经传出，南京乱成一锅粥，许多伪职人员纷纷寻找出路：有的忙着改换门庭，宣示效忠重庆；有的整理金银细软，想一走了之；有的见新四军兵临城下，于是找门路接洽投靠。远在重庆的蒋介石对于如何接收"首都"也颇感焦虑：新四军近在咫尺，南京一旦落入中共手中后果不堪设想。8月12日，委员长侍从室向南京方面发出一封蒋介石的电报手令：委任周佛海为国民政府军委会京沪行动总队总指挥，军统南京站站长周镐为南京指挥部指挥。蒋本意是让"二周"在南京一带维持现状，防止新四军进城，以待国军抵达接收。

1938年从新街口东南向东北方向看交通银行。右侧挂蜀中饭店招牌处现为新百大楼所在位置

汪伪时期银行搭起脚手架准备加盖

8月16日，周镐抢先在南京新街口闹市区伪中央储备银行内成立"国民政府军事委员会京沪行动总队南京指挥部"，封存中储行金库，强行接管汪伪中央电台、伪《中央日报》，还通宵达旦起草给冈村宁次的受降书及有关文件，但这些行动均未请示蒋介石和戴笠。翌日，电台广播了汪伪政府已被接管的新闻，报纸也套红刊登南京指挥部一号布告。第三天，南京指挥部人马在全城展开行动，首先控制了车站、码头及交通要道，又派人占领伪政权各重要机构，同时抓捕了40多名汉奸，将伪市长、部长们统统关押在中储行地下室一个小房间里。抓捕伪军政部部长肖叔

1944年汪伪中央储备银行外景，已在原银行顶部平台正中增建一座两层建筑

萱时遇卫士反抗，枪战中肖被击身亡。伪考试院院长陈群受惊吓后竟自杀毙命，伪国府主席陈公博亦惊惶失措，不知如何是好。

彼时，南京城内日军全部集中在军营据点没有出来。周镐拘捕汪伪中央军校总队长鲍文沛时，上千名武装学员齐集新街口广场，架起机关枪对准指挥部所在的中储行大楼。陈公博卫士团在颐和路34号官邸四周构筑临时工事，设置路障，甚至爆发了局部巷战。南京城已然失控。

周镐的自作主张打乱了蒋介石部署，尤其是周镐给冈村宁次的受降书犯了老蒋和军统大忌。于是蒋急忙下令南京治安暂由日军维持，以制止周镐的过火行动。8月19日，日军冈村宁次派参谋小笠原中佐到中储行找到周镐，说重庆方面已委托日方维持南京治安，请周指挥到日军司令部面晤。与此同时，日军已开到市中心包围中储行。周镐只得随小笠原一同前往，刚到日军总部就被扣押软禁起来。被捕汉奸全部释放，南京指挥部亦告解散，随后出现了日本宣布无条件投降后南京仍受日军控制之怪现象。

交通银行旧址老金库分为两间，一道钢门厚约40厘米，重约6吨，22个锁头。金库门购自美国万事利公司

楼梯采光充足，尺度宽敞，成为构筑室内空间的重要元素

入口处为三座镶包金属的巨型双扇门，坚固厚重，门楣花饰浮雕精美

交通银行旧址大门内侧

旧址楼顶平台汪伪时期增建的两层建筑已被拆除,加盖金字塔型玻璃天窗

交通银行正立面仰视

抗战前的南京地标建筑：中山路19号中国国货银行

1946年冬新街口与中山北路，可见国货银行屋顶供暖设施冒着黑烟

新街口民国老明信片，背景为中山路国货银行南京分行

如今一提起南京的最高建筑，450米高高屹立于鼓楼广场北侧的紫峰大厦当仁不让地成为"新世纪南京地标"，然而最让老南京人记忆犹新的，还是20世纪80年代初"中国第一高建筑"新街口金陵饭店。不过若问80年前的南京最高楼在哪？恐怕就没多少人知道了。其实这座80年前的老地标就伫立在距金陵饭店不远处，尽管身高体量早已泯然众人矣，但超凡脱俗的民国范足以令它从周边现代化高楼中脱颖而出，气质超群。

从金陵饭店东侧购物中心再往北走，就是中山路19号原中国国货银行南京分行大厦。中国国货银行1929年11月成立于上海，与四明银行、中国实业银行、中国通商银行合称"小四行"，1930年增设南京分行。分行大厦由公利建筑公司奚福泉设计，成泰营造厂承建，1936年建成，楼体正面朝东，外观对称，平屋顶，地面6层外加地下室一层，是抗战前南京的最高建筑。门廊处建有8根高达两层的方形石柱，外墙以人造石饰面，窗台下有阴文刻就的"南京中国国货银行奠基纪念"字样。大厅天井顶部彩绘极富立体感，边框配有传统几何图案，属"新民族形式"建筑，被评为"中西建筑风格整合的重要范例"，2002年10月起列为省级文保建筑。

右图与左图为国货银行东立面今昔对照

民国南京"文化艺术中心"：洪武北路129号公余联欢社

洪武北路129号有座建筑面积超过2 000多平米的砖木结构小黄楼，圆拱玻璃窗，红色筒瓦人字形屋顶，东侧尖顶上装有风向标，是为民国时期南京"文化艺术中心"——公余联欢社旧址。1934年，时任国民政府交通部常务次长的张道藩，在南京成立公余联欢社，培养话剧、昆曲等戏剧人才。联欢社成立后，这里成为国民党军政要人及社会名流经常出没的文化娱乐场所。1935年夏，长江、黄河发生特大水灾，著名京剧艺术家梅兰芳为赈灾募款在公余联欢社等南京各大戏院连演6天，唱的皆是《霸王别姬》《凤还巢》《宇宙锋》《生死恨》等成名剧目，将所得3万多元义演收入全部用于赈济灾民。南京沦陷期间这座二层小楼沦为汪伪傀儡社团"中日文化协会"办公楼，抗战胜利后被国民党中央文化运动委员会接收，经常放映欧美文艺片。南京解放后一度成为江苏省文工团、歌舞剧院办公和演出场所。

1935年报刊关于公余联欢社的报道

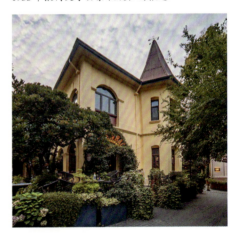

建于1913年的公余联欢社旧址多视角组图

铁汤池官邸与高楼门公馆：
中山东路128号国民政府财政部、高楼门80号孔祥熙宅邸

财神爷"哈哈孔"孔祥熙
（1880—1967）

孔祥熙次女孔令俊，后改名孔令伟（1919—1994）

孔祥熙字庸之，山西省太谷县人，自谓孔子第75世孙，民国时期富商及著名银行家。他青年时期经营有术，后留学美国取得耶鲁大学硕士学位，辛亥革命后步入政坛，长期担任国民政府财政部部长、行政院副院长、院长等要职。孔娶妻宋霭龄，故与宋子文、蒋介石有姻亲关系。

孔祥熙在南京有数处公馆，最著名的两处当数铁汤池官邸、高楼门80号公馆。从1933年11月执掌财政部到1937年南京沦陷前，孔祥熙及其家眷都住在中山东路财政部大院里的三层西式楼即铁汤池官邸内，紧邻繁华的商业中心新街口。当年这里之所以出名，主要是因为二楼正对楼梯口住着孔二小姐，堪称"首都一景"的另类人物——孔令俊。她从小撒野成性，能说会道，十岁出头就学会射击，十三岁便能驾车，经常在公馆里大宴宾客，呼朋唤友。宋美龄十分疼爱这个外甥女，常说"令俊天生豪放，女生男相，很像我"，两人情同母女。据说孔二小姐有次随小姨出行，原定乘坐第二辆车，却硬要改乘第五辆，结果第二辆车遭敌机扫射，被打得百孔千疮，孔、宋侥幸逃过一劫。二小姐平时不着女装，或西装革履，留大背头，歪戴礼帽，或商贾打扮，手持折扇，口叼雪茄，雌雄莫辨。某日在南京驾车兜风，因违反交通规则被警察教训了几句，她一怒之下竟拔枪将警察击毙。所以当时南京盛行一句话："不要神气，小心出门叫你碰上孔二小姐！"

南京沦陷时期，高楼门80号沦为日本海军武官驻地

今日高楼门80号，院内树木高大茂密，从外面已看不到别墅的模样

孔祥熙、宋霭龄夫妇

宋美龄与孔令俊

左起：孔祥熙次子孔令杰、次女孔令俊、宋美龄、孔祥熙长子孔令侃

1936年12月12日西安事变爆发。当天下午，军政要人齐聚在南京斗鸡闸4号何应钦公馆内讨论对策，何应钦、戴季陶等人主张武力讨伐张、杨。翌日一早，宋美龄、孔祥熙即从上海赶到南京，力主和平解决，"国师"戴季陶最终也由主战转向主和。据黄绍竑回忆录《西安事变亲历记》记载，在铁汤池公馆一次会议上，戴季陶出其不意地向主战派磕头说："诚心拜佛的人一条路不通走另一条，总有一条走得通的，不要光走一条路。"说完又磕了个响头便退席，与会者特别是主张讨伐的见此场景，就不再提反对意见了。是年12月31日，张学良被军事法庭判处10年有期徒刑，特赦后仍由军事委员会"严加看管"，最初被接到铁汤池孔公馆软禁，开始其长达54年的囚徒生活。

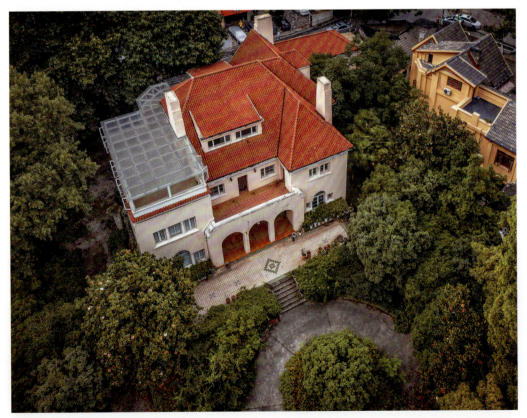
高楼门80号孔祥熙公馆俯瞰

1937年12月，日军占领下的国民政府财政部

中山东路128号国民政府财政部旧址（今东部战区后勤部所在地）大门。1927年5月成立的财政部负责管辖各省区一切财政事项，并监督所辖机关与公共团体财政，首任部长古应芬

1944年11月，孔祥熙迫于国内外压力辞去财政部部长之职，翌年相继辞去其他职务，仅任中国银行董事长和国民党中央执行委员。1945年抗战胜利后，孔家返回南京，搬至高楼门80号原国民政府海关总署高级官员宅邸居住。公馆主楼高两层，砖木结构，黄色外墙，外观简洁，建筑构造复杂多变，具有浓郁西班牙风格。其间他借助外汇开放政策扩充商业规模，孔家主持的大型国际贸易公司均大肆经销美国货，1946年长江公司粮食案、1948年扬子公司囤积案都曾轰动一时，受到社会舆论的指责。尽管孔祥熙积极活动谋求东山再起，但在政学、CC等派系抵制下复出无望，遂于1947年秋以接获宋霭龄在美病重电报为由赴美定居，次年辞中国银行董事长之职。1967年8月16日在纽约病逝。

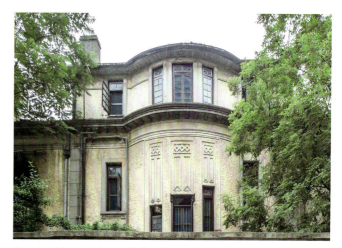

铁汤池孔祥熙公馆北立面精美纹饰

中山东路128号（原164号）孔祥熙公馆即财政部部长官邸，亦称"铁汤池官邸"

千里音信一线牵：游府西街8号首都电话局

中国最早电信业始于电报，两江总督刘坤一奏请清廷筹建南京至镇江的电报线，于1881年成立"江南官电局"，拥有80公里长的有线电报线，两年间线路延伸至上海吴淞口，全长达217公里。1908年德国德律风根公司在南京狮子山架设长波电台，是为南京最早的无线电台。电话业则后来居上，发展势头迅猛，民国初年城区电话已达500门，浦口分局100门。当时南京传有"马路不平，电灯不明，电话不灵"的歌谣，"电话不灵"是因为电话线不论进线或外线皆为明线，天气好时尚可勉强通话，每逢刮风下雨，不是断线就是绞线，导致线路不畅，故障不断，往往是一人呼电话，即有三四家甚至七八家同时铃响，只听见听筒里七嘴八舌，根本分不清谁在说话，所以装电话被用户无奈地讥讽为"聋子的耳朵——摆设"。

1939年5月19日，中美实现无线电通话

1920年游府西街8号建成南京电话局大楼，电话机容量扩充至城区2 000门，下关500门，主要线路埋设地下电缆，所有设备材料均依赖美商进口。国民政府定都南京后改称首都电话局，鉴于电话需求与日俱增，就从美国自动电话公司进口5 000门自动电话，主叫使用拨号盘即可让交换机自动接通，这在全国可谓凤毛麟角。以当时收入来看，电话是政府官员、部队将官、大学教授、商人等高收入群体才能享用的奢侈品，一个月的话费就抵得上一个普通劳动者的月薪收入。

民国美女与电话

1927年南京至上海长途电话开通以后，长途电话网渐趋形成，抗战前夕基本形成以首都为中心的九省长途电话网，覆盖范围大致可涵括半个中国。淞沪抗战中，电话成为指挥中心下达作战指令的命脉所在，蒋介石一通打给前线顾祝同的作战电话，女接线生将他浓郁奉化方言的"顾长官"听成了"朱长官"，误将电话接到朱绍良那里，把蒋委员长气起得拍桌子大骂"娘希匹"，可怜女电话生被吓得几天都胆颤心惊。

抗战后，南京电报局从太平路润德里迁到游府西街，与首都电话局合并为南京电信局。民国时期除电信局外，夫子庙邮局及中山陵的陵园邮局（今民国邮政博物馆）也是可以发送电报的。

游府西街8号首都电话局大楼旧址南立面阳台

建于1936年的首都电话局大楼。抗战胜利后南京电报局从太平路迁入,与首都电话局合并为南京电信局

首都电话局旧址内部旋转楼梯

仰视电话局老楼梯形似人耳,驻足聆听,仿佛能听见那曾经过往的声音

手机摄影作品《时光隧道》:俯瞰电话局旧址楼梯与南入口

行走千余米穿越上千年：长江路历史文化街区

　　南京长江路历史文化街区位于南京市玄武区西南部，呈东西走向，全长1821米，宽43米，设六车道。它西起中山路，东至汉府街，南与中山东路、北与珠江路大体平行，并与洪武北路、太平北路等南北相交。自明清两代开始，官衙府邸大多落户于此，近现代史上更是形成级别高、体量大的民国建筑群，如今已发展成为古都南京一张最具文化特色的靓丽名片。

　　所谓"一条长江路，半部民国史"。由东而西一路走来，毗卢寺、梅园新村纪念馆、总统府、1912街区的板桥新村、国立美术陈列馆旧址、国民大会堂旧址，民国文化遗迹与特色博物馆林立，堪称南京城的文化历史长廊。

　　长江路上现存最古老的建筑之一，当数位于292号总统府大院内、1909年两江总督端方所建的"西花厅"，因位于总督署西边而得名。"西花厅"大量采用西洋建筑元素，充分体现出西风东渐的建筑风格。1912年元旦，西花厅成为中华民国肇始之地，孙中山以中华民国临时大总统身份在此办公。究其原因，一则孙中山常自称"洪秀全第二"，这里正是太平军1853年攻下江宁、定都天京后天王府所在地；其次缘于时间仓促、财力有限，临时政府无力修建相关办公场所，而是对原两江总督署加以利用。

手机拍摄长江路文化墙，民国女生装束浮雕颇具民国风情

1927年国民政府定都南京后,便长期以此为国府中央机关办公地。同年5月刘纪文出任南京特别市市长时,全市收入仅房捐1万余元,全面施展市政建设根本无从谈起,上任后只能用有限资金修建拓宽了国府门前一段马路,且仅为现长江路东部之部分,以便于军政要员乘坐汽车出入国民政府。仅仅两个月后,刘纪文便随通电下野的蒋介石离开南京。

1946年南京国民大会堂西侧的国民大会牌坊

1929年底,蒋介石重新上台后,他根据外交部部长王正廷的建议,将原大门予以拆除,由建筑师姚彬设计,修建了颇具西方巴洛克风情的门楼,上方镶嵌"国民政府"四字。从1930年起门前道路即被命名"国府路",持续至1936年,其间道路不断扩建改造,路幅增至16-18米,成为当时最宽阔的现代化道路,堪称民国版"长安街"。国民大会堂(现南京人民大会堂)、国立美术陈列馆(现江苏省美术馆)等一批大型建筑沿道路北侧相继建成。南京沦陷期间,梁鸿志等一干汉奸于1938年3月28日在此成立伪中华民国维新政府,门前道路更名为"维新路"。抗战胜利后国民政府颁布《还都令》,1946年5月5日,国府文武官员和各界代表5 000余人在中山陵祭堂前集会,举行盛大的还都典礼。为纪念1943年8月在重庆去世的原国民政府主席林森,此路被命名为"林森路"。

1927年地图显示国民革命军总部门前并无笔直的道路

1949年4月23日南京解放,1950年1月此路命名为"长江路",以纪念伟大的渡江战役,以后一直沿用至今。

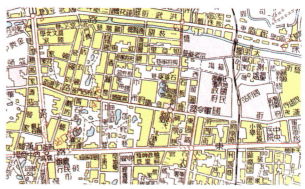

1948年国府路一带地图

感受历史走进中国百年：长江路292号南京总统府

南京总统府位于南京市玄武区长江路292号，是中国近代建筑遗存中规模最大、保存最完整的建筑群，也是南京民国建筑的主要代表之一。南京总统府自近代以来，多次成为中国政治军事的中枢、重大历史事件的策源地，中国一系列重大事件或在这里发生，或与之密切相关，现为中国近代史遗址博物馆，系全国重点文物保护单位。

1948年总统府门楼

20世纪30年代国民政府俯瞰旧影

2019年4月23日总统府门前庆祝南京解放70周年快闪活动现场

总统府俯瞰今貌与旧影对照能清晰看出建筑物及周边环境变迁

南京总统府建筑群占地面积约为8.54万平方米,既有中国古代传统的江南园林,也有民国时期的建筑遗存,至今已有600多年的历史。最早可追溯到明初的归德侯府和汉王府,清代被辟为江宁织造署、两江总督署等,清康熙、乾隆南巡均以此为行宫。太平天国定都天京(今南京)后,在此基础上扩建为天王府。

1912年10月江苏都督府大门

1912年1月1日,孙中山在这里宣誓就职中华民国临时大总统,定1912年为民国元年,并成立中华民国临时政府。同年4月,临时政府迁往北京,这里成立以黄兴为留守的南京留守府。1913年"二次革命"中成为讨袁军总司令部,黄兴、何海鸣先后任司令。1913年至1927年又先后成为江苏都督府、江苏督军署、江苏将军府、江苏督办公署、副总统府、宣抚使署、五省联军总司令部、直鲁联军联合办事处等机构所在地。军政主官有程德全、张勋、李纯、齐燮元、卢永祥、冯国璋、孙传芳、杨宇霆、张宗昌等人。

1930年代国民政府礼堂

1927年4月,南京国民政府成立后不久,即于9月移驻于此办公。1928年10月,国民政府实行五院制,辟国民政府东院(东花园)为行政院办公处,国府西院(西花园)为国民政府参谋本部和主计处。截至1937年11月,谭延

1949年4月1日,南京6 000多名学生抗议游行并到总统府请愿,反对内战征兵及美援

摄影金奖作品《人民的节日》记录了2019年4月23日为庆祝南京解放70周年,在总统府大堂广场前的群众活动

阎、蒋介石、林森先后任国民政府主席;谭延闿、宋子文、蒋介石、陈铭枢(代理)、孙科、汪精卫先后任行政院院长;李济深、何应钦、朱培德、蒋介石、程潜先后任总参谋长;陈其采为主计长。

　　1938年3月28日,梁鸿志等人在此成立伪中华民国维新政府。1946年5月,国民政府还都南京后,此地仍为国府办公场所,东花园成为国民政府社会部、地政部、水利部和侨务委员会,西花园则成为国民政府主计处、军令部、首都卫戍总司令部等。1948年5月20日,蒋介石、李宗仁在行宪国大分别当选"总统"和"副总统"后,国民政府改称总统府。1949年4月24日,中国人民解放军攻占总统府,开启了历史新篇章。

　　南京总统府相关更多资讯详见系列丛书之《图说总统府》(沈旻、沈岚著)一书。

1948年总统府大堂的外国使节

1949年4月24日子超楼蒋介石办公室旧影

空中俯瞰庞大的总统府建筑群

八字厅长廊欧式栏杆

2020年春节期间,总统府中轴景区一改平日的熙攘喧闹,变得宁静而空寂,长焦镜头中一只穿越长廊的猫正在踱步

子超楼国务会议厅内景。天花板上的水晶吊灯为法国原装进口,会议桌呈山字形摆放

礼堂今貌

今日子超楼

中华民国临时大总统会议室

总统府中轴线玻璃穿廊及顶部横梁彩绘

孙中山办公室走廊

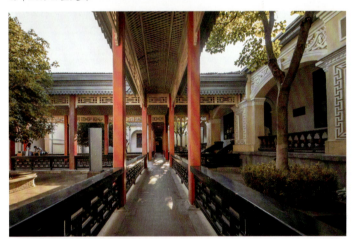

总统府会客室前的十字长廊

孙中山临时大总统办公室

风雨飘摇民主宪政梦：长江路264号国民大会堂

南京人民大会堂坐落于长江路264号，原名国民大会堂，是国民政府召开国大会议、进行总统选举的重要场所。1935年9月，孔祥熙等五位委员提出在首都建筑国民大会堂，所拟建筑计划及一切设备应一举而数得，既要适合会场之用，将来又可充作国立戏剧音乐院，获国民党中央执行委员会批准。同年11月国民大会堂筹委会当众开标，公利工程司建筑师奚福泉设计方案中选，工程由上海陆根记营造厂承包。

国民大会堂1936年5月5日竣工，为中西合璧式建筑风格，是国民政府举行大选及召开国民大会的重要场所

1946年11月12日，为庆祝国民大会召开而发行的纪念邮票，邮票以会议所在地国民大会堂全景为主图案

1948年国民大会堂外指挥交通的警察

历经近一个世纪的风雨沧桑，国民大会堂建筑风采依旧

1936年5月5日，一再难产的《宪法草案》终于正式公布，中西合璧的国民大会堂也于同日举行竣工典礼。主建筑中区高耸，左右对称，三门并立，体块简洁，在外观、檐口、门窗和雨篷上则大量使用中国传统纹饰，代表了民国时期建筑艺术的最高水平。会堂内分前厅、剧场、表演台三部分，舞台呈前凸半月弧形，月牙型乐池结构合理，音响效果甚佳。全场共设2 500多张丝绒弹簧座椅，每席背后都设有3个按钮表决器，用地下电缆直通到主席台两侧的显示器上，其他译音、水电、制冷、供暖、通风、消防、盥洗、卫生等设施一应俱全。

原定于当年双十节前完成的国大代表选举历经波折，国民大会更是一再延期，未及召开便因全面抗战化为泡影。抗战期间，南京沦陷，大会堂遂为伪宪政实施委员会占用，大会堂两侧被伪中央军事委员会情报室占用。抗日战争胜利后，国民政府还都南京，在国民大会堂举行"首都各界庆祝国民政府还都典礼"，蒋介石出席并发表讲话。整整十年过后，1946年11月国民大会才在会堂内重新召集。会前，国民政府下令全面修葺大会堂，经两个月的修缮，席位扩充至3 400多个，然而国共内战全面爆发又使得中共、民盟拒绝参会及承认会上通过的《中华民国宪法》。1948年3月29日，国民党"行宪国大"闹剧在此上演，一些取消资格的代表在会堂绝食抗议，甚至还有人抬棺材到门口示威，声称"不进会场就进棺材"。尽管大会最终产生首届也是最后一届正副"总统"，但国民党各派系间争斗经此早已路人皆知，愈演愈烈。

1949年5月1日，人民解放军二野、三野军代表及中共南京地下党在国民大会堂举行会师庆典，大会堂门口上方由已故国府主席林森手书的"国民大会堂"被改为"人民大会堂"。一字之改，寓意深远。

会堂门厅

1946年"国大"期间使用当时最先进的表决计数器

国民大会堂内部装潢

国民大会会议现场

1946年12月25日通过的中华民国宪法全本之国民大会主席团连署签字页

会场内景今昔对照

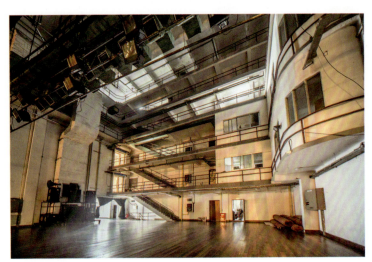

舞台后场空间

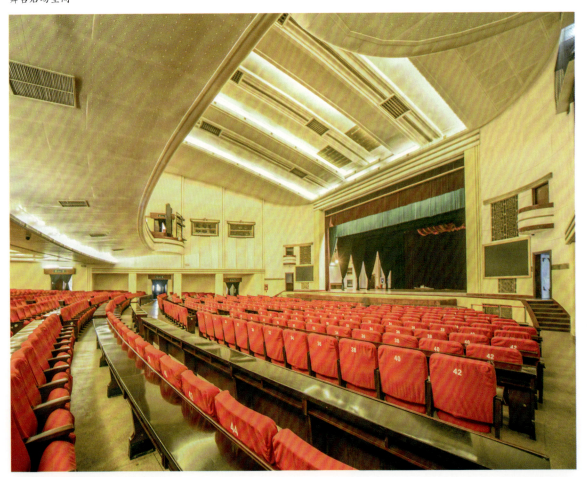

国民大会堂内装效果至今仍不落伍

民国艺术的最高殿堂：长江路266号国立美术陈列馆

国立美术陈列馆坐落于长江路（原国府路）266号，是中国近现代第一座国家级美术馆。民国伊始，蔡元培、鲁迅等文化界名流即倡议设立国家美术馆，徐悲鸿、刘海粟、林风眠等著名画家、美术教育家亦为之奔走呼吁。在强大的舆论推动下，国民政府于1935年3月正式通过筹建国立美术陈列馆议案，推定于右任、孔祥熙、陈立夫、居正、孙科、褚民谊等19名政要组成筹备委员会，对从全国应征的14份设计方案加以评选，在综合前三甲设计方案优点的基础上制定美术馆的建筑设计方案。

1940年代美术陈列馆旧址正立面

国立美术陈列馆之夜

国立美术陈列馆与国民大会堂同为留德建筑师奚福泉的手笔，又于1935年11月29日同期设计建造。1936年8月美术馆竣工，占地面积4 700平方米，主楼建筑四层，两翼三层，左右对称，其建筑造型、风格与国民大会堂相似，既吸收了某些西方现代建筑手法，又体现出中国传统民族个性，是新民族形式建筑的杰出代表，人文艺术气息浓郁。该馆在正式落成至新中国成立的十多年间只举办过一次美术展览，即1937年4月开幕的"教育部第二次全国美术展览"。从南京图书馆保存的美展专集来看，此次美展规模之大、参展艺术家作品分量之重、筹委会及审查委员身份之显赫，在整个20世纪都是空前绝后的。然而不久日寇占领南京，不得不停止一切美术活动。抗战胜利后，国民党当局忙于内战，经济极度衰敝，根本无心关注文化建设，这座高雅的艺术殿堂一直备受冷落，甚至一度被挪作他用。

现为江苏省美术馆陈列馆，承担高规格经典性的长期专题陈列，为全国第一家具有博物馆功能的美术陈列馆。

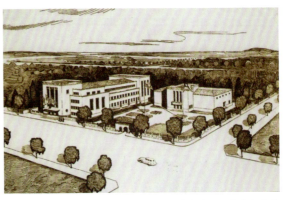

1935年9月绘制的国立戏剧音乐院、国立美术陈列馆建筑效果图

1938年国立美术陈列馆

美术陈列馆大门灯饰细节

1947年从国府路路口看国立美术陈列馆

民国时期全国佛教中心：汉府街4号毗卢寺

　　隐于市区繁华之地的毗卢禅寺，位于汉府街4号，距总统府不过数百米之遥，原为始建于明嘉靖年间的毗卢庵，因供养毗卢遮那佛而得名，乾隆下江南时曾以香客身份在寺中下榻三日，从此揭开六下江南的序幕。同治年间，曾国藩九弟曾国荃游南岳衡山时，与海峰法师戏约"如我督两江，为汝造庵"。光绪十年（1884），曾国荃出任两江总督，招海峰至南京择地造寺，遂将总督府附近毗卢庵址扩建，东起清溪河，西至大悲巷，北接太平桥，南至汉府街，并由湘军诸将捐巨资从衡山运来香木，建成大雄宝殿、万佛楼和藏经楼等，为南京一大寺庙。

　　此寺为天下共知，当在国民政府建都南京之际。因其坐落于民国政治文化中心要地，一跃而成全国佛教中心，中国佛教会、中华佛学研究会、世界佛学苑中国办事处、首都中医院皆设于此，孙中山、蒋介石、于右任、张大千、徐悲鸿等名人曾到寺参访，在民国宗教文化史上占有重要地位。1931年4月，

今日毗卢寺。左侧为从中山东路迁来的逸仙桥小学

中国佛教会由上海迁设于南京毗卢寺内,由太虚法师、王一亭等主持会务,时任秘书的赵朴初亦在此办公。抗战期间佛教会迁往重庆,战后重回此寺办公,并于1947年举办全国佛教代表大会,推举章嘉活佛为理事长。

　　寺院主要建筑有山门、天王殿、大雄宝殿、观音殿、藏经楼、毗卢殿、塔院、法堂、斋堂等,还有万佛楼一座,内藏全套《乾隆大藏经》,与大报恩寺磬、荷花缸并称寺中三宝,还供奉镏金铜佛3 000尊,造型各异,金碧辉煌,叹为民国一景。"文革"期间佛像尽失,房屋殿堂也被用作工厂。1988年,时任全国政协副主席、中国佛教协会会长的赵朴初居士故地重游,面对物是人非的景象感慨良多,表露了恢复毗卢寺的心愿。十年之后,毗卢寺终得恢复,重续香烟,2004年中国最大的汉传佛教仿明清单体古建万佛楼又复建完工,再现昔年供奉万佛的盛景风采。

民国初年毗卢寺及山门旧影。1912年临时大总统孙中山批准成立中国佛教协进会,即中国佛教会前身

20世纪40年代南京毗卢寺旧影组照

中西合璧的民国建筑佳作：
珠江路700号中央地质矿产陈列馆

珠江路700号南京地质博物馆，为民国时期中央地质矿产陈列馆旧址。1933年翁文灏购得珠江路水晶台地皮，1935年8月华盖事务所童寯设计的陈列室主楼建成，完全采用钢筋混凝土建造，整个建筑既有西方建筑的简洁大方，又有中国传统建筑的细部点缀，堪称民国建筑中中西合璧的佳作。同年北平地质调查所改名中央地质调查所，迁入南京新址，1937年初其地质矿产陈列馆主楼12个陈列室正式展出，抗战期间大部分展品仍留原地，并为汪伪政权文物保管委员会所据。1946年地质所迁回南京。

中央地质调查所陈列室旧影

日军特务科在此设立"图书委员会"，专事劫夺中国的图书文物。据统计，其间被劫掠的文献书籍达88万册

珠江路700号今日地质博物馆内部陈列

中央地质调查所陈列室主楼建于1935年，楼高三层，童寯设计，现门额上悬挂民国时期"地质矿产陈列馆"匾额

红色梅园显伟人风范：梅园新村民国风貌区

1946年12月，周恩来走出梅园新村17号，自信从容，气宇轩昂

南京梅园新村历史文化街区包括梅园、雍园、桃源三个区域共57幢民国建筑。20世纪30年代，水利工程专家汪胡桢在南京集资组建房地产公司，购买下相关地块后建造住宅，命名为梅园新村，郭沫若称其"名字很好听，大有诗的意味，然而实地的情形却和名称完全两样，不仅没有梅花的园子，也不自成村落。街道是崎岖不平，听说特种任务的机关林立"。1946年5月至1947年3月间，以周恩来为首的中共代表团同南京国民政府展开10个月零4天的艰苦谈判，梅园新村17号、30号由南京市府征收后交给中共代表团使用，代表团进驻后又购置35号、加盖17号南楼作为办公驻地。

梅园新村30号为周恩来、邓颖超办公居住地，有3幢双层楼房18个房间，主楼楼下设办公室、会客室、卧室、餐室，楼上设机要科等。为防止特务监视和破坏，中共代表团将院墙加高一倍，并在传达室和后边西晒台上各加盖一层小楼。35号则是董必武、廖承志、李维汉等代表团其他同志的办公居住地，有1幢砖木二层楼房，2座砖木平房，共11间房。为确保工作安全，又将原本与31号特务

周恩来、邓颖超在梅园新村住所前合影

中共代表周恩来、董必武当年乘坐的别克汽车

梅园新村中共代表团办事处旧址

梅园新村17号大门

梅园新村内周恩来会客厅

监视站相通的大门堵死,而在东边开了扇与30号相通的小门,并在院内两边加盖两座小平房,挡住31号特务的视线。东边平房是政策研究办公室,西边平房为警卫室。

中共代表团对外办事机构设在梅园新村17号,包括1幢砖木三层楼房、2幢二层楼房、2座砖木平房。其中北边一幢楼房为办事机构主体,楼下设小会议室、新闻组、抄报室、第十八集团军驻京办事处处长办公室,楼上设电讯组、外事组、军事组、党派组和妇女组。南边楼房是代表团到南京后加盖的,楼上用作工作人员宿舍,楼下是饭厅,中共代表团常在这里举行大型记者招待会。

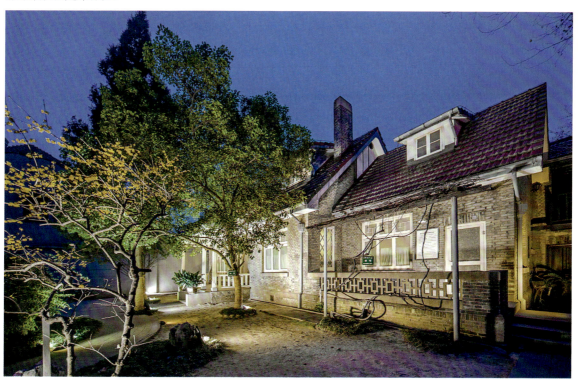

梅园新村周恩来办公居住处旧址

梅园新村纪念馆周恩来铜像

梅园新村纪念馆展厅

梅园新村中共代表团驻地纪念馆

钟岚里新式石库门建筑与蓝庐

与梅园新村纪念馆隔街相望的,是一排长约两百米的联排式住宅,灰砖灰瓦,此即建于1937年的钟岚里新式石库门建筑。钟岚里及其周边片区30多栋黄色立面建筑作为二类住宅,曾经是中南银行职工宿舍,两层楼房规整统一,有当街小阳台,顶层各设一突出阁楼,迎街一侧开有老虎窗,与路旁绿荫匝地的法国梧桐相呼应,营造出一派静谧深邃的民国风情。抗战胜利后产权归当时中央医院所有,院方规定住户必须具备医师以上资历,故而这里名医荟萃,住着不少国内著名医学专家。1946年国共南京谈判期间,军统特务在此设置监视站,密切关注周恩来及其他中共代表团成员的一举一动。很难想象,在那个风起云涌的年月里,这些如今早已风平浪静的小窗背后曾经隐藏着多少双"狼犬那样的眼睛"。

钟岚里的隔壁汉府街3号,有一栋体量较大、外立面为灰色的二层民国建筑,民国时期是国民党高级将领黄裳故居。黄裳早年毕业于云南讲武堂,抗战期间担任过军政部兵工署副监,不幸在武汉会战中牺牲。据黄裳后人介绍,1935年黄将军夫妇花30万块大洋,在汉府街购地并盖成这栋小楼,命名为蓝庐。考虑到中日战争可能爆发,出于防空需要,房子墙壁的厚度特意做成40厘米。蓝庐建成至今整体结构并无太多变化,连木质窗户都是当年原装,2012年被列为南京市第四批文物保护单位。

光影钟岚里

蓝庐因屋顶铺装蓝色的琉璃瓦而得名

俯瞰钟岚里数栋保存完好的民国建筑群,绿色掩映之下,黄墙红瓦老虎窗分外瞩目

"小诸葛"助选大本营雍园及桃源新村片区

白崇禧(1893—1966),新桂系代表人物,与李宗仁合称"李白"

雍园民国建筑群位于梅园新村东北侧,这里道路整洁,绿树成荫,公馆林立。其中雍园1号是白崇禧公馆,在民国军政要员中,白崇禧因足智多谋而获"小诸葛"雅号。他戎马一生,在全国多地都有公馆,1946年初以代理陆军总司令身份举家抵宁,先觅居于成贤街兰园9号。当他出任国防部部长时已有子嗣七男三女,兰园9号小宅子显得拥挤不堪,于是租下大悲巷雍园1号某富商房产,在2.6米高的围墙四周安装铁丝网,增设卫兵值班室严密防卫,作为其在南京的主要居住、活动场所,而将大方巷一处寓所专用于接待客人。公馆院内有两幢中西合璧、东西错位的洋楼,均为红砖砌筑,南北相对而立,又在院内右侧空地上盖建新房,供参谋、警卫、司机、勤务及其家属居住。据当地一位曾与其子同学的老人回忆,白崇禧喜欢打猎,经常开国防部军用吉普带他们去紫金山打猎。

1946年7月9日白崇禧全家在大方巷12号白公馆内合影

白崇禧与其子白先勇1946年7月登记的户籍卡

1946年白崇禧偕四子白先忠在南京紫金山狩猎

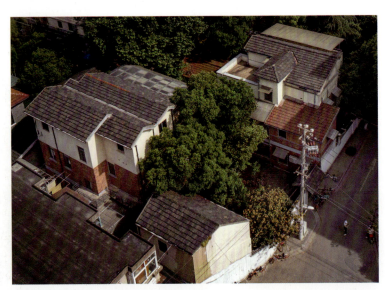

雍园1号。照片右侧为白崇禧一家住所,左边东侧小楼为白氏兄嫂一家及三姑妈等人居住地

1948年4月，国民党一手操纵的"行宪国大"召开，李宗仁竞选副总统时，雍园白公馆成为桂系实际竞选决策机关。蒋介石为拆散李、白，下令由何应钦接任国防部部长，调白崇禧为华中"剿总"总司令驻扎汉口。6月6日，白崇禧在雍园1号同李宗仁、程思远共进午餐后，携夫人马佩璋离开南京。翌年4月23日，就在白崇禧赶往汉口出任华中"剿总"总司令的第4天，南京解放。

雍园民国民居

台湾作家白先勇是白崇禧第8个孩子，他1987年来南京故地重游，写下《石头城下的冥思》一文，欣喜地打开儿时记忆的闸门："再回大陆，上海苏杭，访旧有之，更多的是赏心乐事……找到了南京旧居，大悲巷雍园一号的房子依然无恙，连附近的巷陌、比邻的梅园新村也没有多大变动。"

桃源新村则隐匿于雍园民国建筑群北侧的小巷深处，占地面积约2.6公顷，遗存26幢风格不一的民国建筑。其中两层联排住宅有5组9幢，最长一幢长达52米，杏黄色水泥拉毛面饰建筑立面，大多提供给国民政府公务人员居住。新村内亦有数栋带庭院的独幢别墅，其中桃源新村13号是保密局局长郑介民的一处住所。

桃源新村1-4号民国建筑

雍园1号西楼白崇禧旧居

清凉山83号是白崇禧在南京另一处公馆，平时为其避暑与应酬使用

毗邻国府的将官云集地：
仁寿里、树德里、板桥新村民国建筑群

张灵甫（1903—1947），黄埔四期毕业，国民党中将军衔

仁寿里是位于秦淮区三条巷和四条巷之间的一条小巷子，民国时期由于这里毗邻总统府，又兼南京老商业区的缘故，所以有多位国民党高官将领选择安家于此。仁寿里民国建筑群建于1935年，面积不大，为多栋西式小洋楼，其中18、20、24号建筑为在孟良崮战役中阵亡的国民党整编七十四师师长张灵甫宅，总面积达300多平米的花园别墅除一栋小洋房外，多数空间均掩映在花木丛中。22号则是民国青海省主席马步芳百子亭18号外的另一处公馆。

四条巷北段有一名为树德里的里巷住宅，取"树德务滋""树立功德"之寓意，抗战胜利后用作国民政府职员宿舍。现存三幢砖木结构的二层日式公寓，前两排为联排住宅，前后均有阳台，房间内设推拉门，最后一幢由东西贯通的马棚分割成住房，其二楼南侧房间内设榻榻米台阶踏板，北侧庭院则加建有厨房和卫生间。树德里4号为桂系高级将领黄绍竑每周来南京开会时的歇脚处，8号是韩国独立党领袖金奎植的寓所，36号则是著名书法家沙孟海在"总统府"任职时所住的机关宿舍，此外国民党高级将领邱行湘，画家魏紫熙、罗时慧等也曾在此居住。

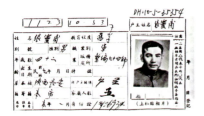

张灵甫户籍卡

仁寿里24号张灵甫旧居

仁寿里18号张灵甫旧居为欧式二层别墅，砖混结构，钢门钢窗

张灵甫实际未在仁寿里20号常住，所建三栋住宅除一栋留作居住，其余用于投资

青海省主席马步芳
（1903—1975）

仁寿里22号马步芳旧居紧邻张灵甫旧居

1912街区东邻南京总统府，西达太平北路，南抵长江路，北至长江后街，是南京地区以民国文化为建筑特点的商业建筑群。总统府围墙以西住宅群原名"板桥新村"，其中有5幢为民国建筑，最高三层，多数建筑为两层或平房，当年为国民党将校级军官公寓。

南京1912街区笼子巷A栋西立面，此楼原为牙医何英祥旧宅

1912街区内数幢民国联排别墅现已辟为茶社与会所

街区内建于1940年代的联排式别墅，当年为国民党将校级军官公寓

笼子巷A栋北立面，为英伦建筑风格

"老白下的颐和路"：西白菜园民国建筑群

谭道源（1889—1946），2005年获颁"抗日战争60周年纪念"金章，被定为推翻清朝功臣、北伐名将、抗日英雄

西白菜园是南京划定的22片历史风貌区之一，毗邻南京秦淮区人民政府，地处科巷、太平南路之间的幽静里弄，拥有秦淮区规模最大、形态各异且保存完好的民国建筑群。现存15栋西式风格住宅基本由红砖或清水砖砌建而成，门窗楼梯多为木构件体系，院落大门紧锁，四周被现代建筑包围得严严实实。该建筑群始建于20世纪30年代，房主多为国民党军方要员或高级知识分子，国民政府最高法院院长李苾棠、知名教育家陈鹤琴、北伐名将谭道源、国民党陆军中将彭新民等民国名人都曾在此居住。日本侵华时期整片区域连同城中心繁华街区被划入所谓"日人街"范畴，作为日侨生活居住地与营业区，其中6幢联体住宅被日军霸占，沦为专为日军将校级军官服务的高级慰安所——菊水楼慰安所，与利济巷的普通士兵慰安所一起，是证明日军强征慰安妇罪行的重要实证。

该建筑群的最大特点是，在不到1公顷的地块上涵括了三种类型的近代建筑遗存：除近代传统中式民居外，既有近代官商自建的独栋西式住宅，也有小型私营建筑商开发的近代联体住宅，因其类型全、数量多、分布集中而被视为见证当年南京住宅建设和房地产开发热潮的缩影地。

南京沦陷期间太平路科巷广告招牌上端的"清南楼"又名"菊水楼慰安所"，是日寇在科巷白菜园开设的妓院

西白菜园文昌巷19-6号为毛泽东义兄谭道源公馆

西白菜园文昌巷19-7号汉阳兵工厂厂长谭寄陶公馆建于1937年

置身闹市的高级"村落":青石街民国建筑群

青石街坐落于新街口闹市区,现代化商购中心德基广场东侧。在这条长不过数百米的小巷内,现仅存西侧三组民国建筑,院落的门楣上分别嵌有刻着"青村""海山村""青云里"字样的石匾额。对于这三组民国建筑有几种说法,一说是民国高官官邸,由著名桥梁专家茅以升设计,施工队是打造美龄宫的原班人马;另一说"青村"为水利专家陈湛恩故居,他与老同学、铁道部秘书长程叔彪联手买下此地,构造别墅;还有一说称"海山村"是原国民政府主席、行政院院长谭延闿旧居,并挂有相关铭牌。其实谭延闿1930年去世,这组建筑1934年建成,真正的谭延闿故居位于成贤街112号。

位于南京德基广场北侧的青石街民国建筑正在修缮,即将成为南京新的休闲娱乐中心

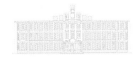

背靠大树好乘凉：中山东路237号中央饭店

八面玲珑的江政卿

20世纪30年代中央饭店旧影

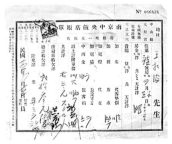

中央饭店1936年住宿账单

中山东路237号有一家声名显赫的星级饭店，它坐落于南京"民国子午线"上，门口巨石上镌刻着1995年时任全国人大常委会副委员长程思远先生题写的店招——中央饭店（原门牌号303号）。

饭店始建于1929年，主人为上海商人江政卿，北洋时期在沪宁等地做过税务局长，素与上海滩闻人杜月笙、虞洽卿称兄道弟。民国时期，南京最繁华地段虽集中于城北下关沿江和城南夫子庙一带，但那里建筑设施大多陈旧破败，熟谙生意经的江政卿判定商业中心必然会向城中地区转移。所谓背靠大树好乘凉，他抢先在国府附近的新开马路上购地十亩，筹划营建一个商业中心。时任南京市市长的刘纪文正大规模构筑中山路，强拆周边民房无数，江政卿所购置的十亩地竟被占去大半，只好缩小规模改建饭店。他为此几乎耗尽家产，凑股60万银元，1930年元旦中央饭店正式开张营业。

中央饭店主楼原计划建造7层，因其位于原国府路（今长江路）总统府正南方，正对着国民政府大门，如此高楼势必影响国府办公安全，于是政府当局下令将饭店"腰斩"，并由店方出资在北面与国府大院之间加高原照壁作为屏障，遮挡住饭店制高点的视线。不过旧照壁2002年已被拆除，如今再无一物遮挡视线，站在饭店顶层走廊窗前，一眼就能望见长江路以北游客麇集的总统府大门。

饭店内各项设备应有尽有，包括单人间、双人间和三四间一套大客房在内的200多套客房，全部备有暖水汀、电扇、标有"央"字标志的西式定制镀铬铜床、镶大理石面的柳桉木家具以及大沙发，每间客房均有一西式铸铁小凉台，配备装有抽水马桶、沐浴器和西式浴缸的独立盥洗室。尽管只有四层楼高，饭店仍配备了进口电梯，在一层大厅设有时兴的弹子房、小商店、理发店、洗衣部，甚至还有一个拥有4辆汽车的租赁部。一楼大型西餐厅则配有从上海华懋饭店高薪挖来的高级厨师，向老饕们提供当地最好的牛排、鱼子酱、鹅肝、烧鱼翅等名品菜肴。大堂外广场可泊30辆汽车，围墙东、西两头各有一扇大门，由首都警察厅派两名警察把守，气场十足。

由于坐拥国府这座靠山，中央饭店占尽天时地利之便，加之临街汽车可直接驶进饭店直达大堂门前，自然生意兴隆，宾客满堂。它也从一普通商业场所跻身为达官贵人迎来送往、冠盖云集的要地，蒋介石、宋美龄夫妇常在此宴请宾客,民国政要、社会名流、巨富商贾等有头有脸的人物来南京,大多选择下榻于同总统府隔街相望的中央饭店,至于跑官述职的、请客送礼的、办批文的、结婚办酒席的更是络绎不绝,川流不息。入住房价自然不菲,单人间每日收银三至四元,大套间每日高达二三十元,相当于当时450-750斤大米价,可抵普通人家全年口粮之需。

作为民国首都最豪华气派的饭店,这里见证了许多重要政治活动和历史事件。

中共隐蔽战线"龙潭三杰"之一钱壮飞1929年奉周恩来之命,打入南京国民党特务机关,任国民党中央组织部党务调查科科长徐恩曾的机要秘书。中央饭店东侧有一栋二层小楼,表面上挂着"正元实业社"的招牌,实际却是国民党特工总部,钱壮飞通过设在这里的情报站截获顾顺章被捕叛变的消息后,立即传递给中共中央及时作出应变。1931年4月24日,中共特科负责人顾顺章在武汉被捕叛变,将要供出中共中央在上海的全部机密。25日,武汉绥靖公署连续发出6封加急绝密电报,向国民党中央组织部调查科(即中统前身)报告此事,并全部标注"徐恩曾亲译"。当日恰逢徐恩曾外出,正在值班的钱壮飞破译了绝密电报,决定派女婿刘杞夫赶往上海向李克农报告这一重要情报。4月26日清晨,钱壮飞若无其事地把密电当面交给徐恩曾后便从容撤离南京。中共中央随后迅速开展撤离行动,当时在上海的周恩来、瞿秋白、王明、邓小平、陈云、陈赓、聂荣臻等一批领导人都安全转移到中央苏区。钱壮飞冒死救党,关键时刻为保卫党中央的安全做出重大贡献。

1930年11月,张学良应"义兄"蒋介石之邀来南京晋谒,在中央饭店受到高规格接待。1936年12月18日,潘汉年在此会晤陈立夫、曾养甫,洽谈和平解决西安事变的相关事项。1937年8月9日,何应钦在此宴请来南京参加国防会议的周恩来、朱德、叶剑英等中共代表一行,品尝店内别有特色的风味西餐。1947年制宪国大召开前夕,海外华侨领袖司徒美堂下榻这里,国共和谈破裂后,他不顾美国大使司徒雷登上门作说客而坚拒出席会议。1948年副总统竞选期间,蒋经国奉父命在饭店405房内专设竞选办公室,为孙科摇

1920年代"红色特工"
钱壮飞(1895—1935)

1931年钱壮飞在这座小楼截获顾顺章被捕叛变的情报后及时传报中共中央,可惜原楼在饭店改造中被拆除

改造后的中央饭店内景

中央饭店当年背靠国民政府与总统府大院,可谓占尽天时地利之便

旗助选。另一副总统候选人程潜的竞选班子也曾进驻于此，为拉选票连月大摆宴席。

江政卿在政界与生意场上可谓八面玲珑，人脉极广。抗战爆发前饭店营业进入黄金期，他也一举成为名扬首都的土豪大亨。据说他女儿在南京任何地方都能尽情享用冰激凌和西餐，同姐妹们逛街时只要报上老爹大名，便可以随手拿走自己喜欢的物品，年底再统与店家结账。财大气粗的江家还在南京广置地产，将军巷、白下路、白鹭洲、八卦洲等地皆有房产田地在其名下。

1937年12月中央饭店被侵华日军占据，沦为容纳日伪上层人员吸食鸦片的毒窟，江政卿则于南京沦陷前夕携全家赴武汉避难。汪伪统治期间，店内曾发生戴笠派赴南京刺杀汪精卫的军统人员黄逸光、黄征夫被捕事件。二黄从重庆一到南京便入住中央饭店，准备实施下一步行动，孰料汪伪特工组织"76号"早已探得风声，将两人严密监控起来。伪南京区长马啸天率数十余人冲进饭店逮捕黄征夫，当场搜出一支微型穿甲手枪、10发达姆开花子弹及1架照相机、1部小电台、密码本若干，又在店内各个角落布下埋伏，将外出返回的黄逸光擒获。戴老板看似天衣无缝的刺汪行动就这样胎死腹中。

1945年抗战胜利后，中央饭店大部分客房被美国空军占用，致使店务难以运转。江政卿疏通国民党上层关系，竟把美军及其家眷悉数"请"出饭店，并于1947年年底恢复营业，由此也足见其长袖善舞、手眼通天的本事了。

饭店主楼以长方体和红白相间的方格构图为造型手段，用柱式门廊突出入口，显高贵典雅之气质

胜利与荣光之地：中央陆军军官学校

军校大礼堂旧影

大礼堂前的孙中山铜像系1929年3月由梅屋庄吉捐资铸制，1942年移至新街口广场，1966年迁置于中山陵藏经楼前

民国时期军校图书馆前原有"先烈纪念塔"一座，现已被毁无存

1945年9月9日，从南京中央军校礼堂二层环廊上拍摄的日军签署投降书全景

南京曾经是一座悲怆之城，抗战八年见证了侵华日军的屠城暴行，八年后又亲历抗战胜利的终极荣耀——中国战区包括台湾、澎湖和越南北纬16度以北所有日军投降签字仪式在此举行。受降典礼地点设在南京的原因大致有两点：一是南京抗战前后均被定为民国首都，抗战期间一度沦为侵华日军指挥巢穴，战后又成为中国陆军总司令部、国防部所在地，今为黄浦路3号解放军东部战区司令部大院。选择在南京军事机关受降无疑具有历史意义；二是1937年12月13日日军攻陷南京后，30万中国同胞惨遭屠戮。作为遭受日军暴行最为惨痛的城市，在此举行受降典礼，对受降者来说是一种巨大的心理抚慰和补偿。

1945年9月9日大典之日，通往签降礼堂的黄埔路南口立起高达10余米的彩饰牌坊，礼堂门前广场四周旗杆林立，52面联合国成员国国旗迎风飘扬，中央陆军军官学校门楼匾额所书"中国战区日本投降签字典礼"字样远远可见。呈递降书的历史性一幕在底楼环形大厅内举行。走进礼堂正门步入受降大厅，正中墙上悬挂中山先生巨像，两侧分置国旗和党旗，下方是大写"V"字，两边各置"和平"二字。对面楼廊上挂有中、美、英、苏四国元首像，四壁饰以红、蓝、白三色布幔，头顶四盏大型水银吊灯耀眼夺目，照亮全场。礼堂上首中央设置受降席，大型长方桌上放置时钟、笔砚及麦克风等，备扶手皮椅5张；对面下端为投降席，小型长条桌上亦备有文具，配木制靠椅7把，16名全副武装的战士肃立席后。大厅入口处由宪兵负责警卫，东、西两侧分别为新闻记者席、中外宾客观礼席，楼上还有出席观礼的中外官员席次，连同服务和警卫人员，全场内外人员计约千余。

签降仪式开始，中国陆军总司令何应钦身着戎装，率4名受降官步入军校礼堂，在受降席正中间就座。日军投降代表随后从礼堂正门低头鱼贯入场，立于指定位置向受降席的中国军官行鞠躬礼。何应钦随即命令呈验降使证件,由日方代表小林浅三郎双手呈递日本大本营授予冈村宁次代表签降的全权证书及相关文件,经何应钦检视后留下,又将日本投降书一式两册转交冈村。冈村一面匆匆翻阅,一面握笔允毫,在两份降书上签字,又从右上口袋里掏出印章盖在签名下面,位置略向右歪斜。小林随后躬身捧呈降书,何应钦审视收讫后在上面一一签名盖章,继而将其中一份交萧毅肃参谋长转给冈村,旋又交付中国战区最高统帅第一号命令连同命令受领证。冈村宁次恭立受领签收后,再由小林呈递何应钦。受降主官何应钦此刻迎来他人生中的无上荣耀,冈村宁次身为败军之将全程默默无语,举止木然。日本投降代表离场后,何应钦即席发表广播讲话,向全世界宣告:"中国战区日本投降签字仪式已于本日九时在南京顺利完成。"

中国战区整个受降仪式至此结束,虽历时仅20分钟,却标志着日本侵华的彻底失败。根据受降工作人员提供的数据,总共有219名中国军官、51名文职官员、47名盟国代表以及88名中外记者出席观礼,见证这激动人心的历史时刻。

受降的永恒一幕

解放军东部战区军事博物馆内中国战区受降仪式场景复原陈列

军校办公楼史称1号楼,此为大楼南立面

1938年日本侵略军拍摄的中央陆军军官学校原址

中央陆军军官学校大礼堂旧址今貌

蒋氏官邸旧时光：黄埔路3号憩庐

憩庐蒋介石官邸旧影

1946年6月，蒋宋夫妇在憩庐内合影

黄埔路陆军军官学校礼堂东侧不远处，便是蒋介石官邸——憩庐之所在。从1929年到1949年，除去抗战八年，蒋介石在南京的日常居所并非美龄宫，而在这幢典雅的西式小楼内。如今，这座二层小楼依旧安卧在黄埔路3号大院里。

蒋介石初到南京时，暂住在城南三元巷一所老房子里，后来才开始在南京城里寻找地点建屋，作为长久住处。黄埔路蒋氏官邸于1929年7月12日正式开工，同年10月14日落成，名曰憩庐。建筑坐北朝南，具有民国时期中西合璧的典型风格，其中外观呈赭红色的主楼建筑面积270平方米，当年耗银16 000余两，装饰又耗银5 187两。

一楼东侧是蒋介石会客室，客厅墙上悬挂孙中山与蒋介石的大幅合影照片：孙中山着中山装端坐于前，蒋介石佩戴长剑，全副戎装立于身后。照片上方为孙中山手书横条："安危他日终须仗，甘苦来时要共尝。"中间是一大餐厅，西侧为一间小会客室，里面的布置明亮而优雅，一排长长的落地窗幔纱轻拢，墙上挂有出自意大利画家之手的水彩风景画，女性韵味十足。宋美龄经常在这里会见闺中女友与大使夫人，施展"夫人外交"。官邸楼上西侧是

1946年6月美国《时代》杂志拍摄的蒋介石憩庐官邸

憩庐今影

书房，屋内有几个美式沙发和书桌，壁上挂黄宾虹绘制的花鸟画，这一明静之处便是蒋介石平日读书思考的绝佳场所。东侧一间大卧室，卧室外亦有一间客厅，专为会见内亲而用。卧室东面有一大平台，习惯早起的蒋介石清晨常在此看报休息。新中国成立后，刘伯承到南京创办军事学院，憩庐就成为刘伯承的住宅和办公楼，后又作过南京军区司令员许世友住宅，现为东部战区办公地。

蒋介石在憩庐官邸书房里阅览

憩庐的整体外观未发生太大变化，仅对门窗材质进行过更换，但其内部装潢早已时过境迁，只能从老照片去寻觅旧貌了。据一幅摄于1946年6月的憩庐旧照显示，客厅显著位置挂有由香港画家绘制的风景油画《香港维多利亚港》，每每看见它，蒋介石心底总是泛起一丝惆怅，那是他心中隐隐的痛。

1943年11月23日，中、美、英三国召开开罗会议，商讨盟国协同作战与战后安排等议题。当谈及领土问题时，蒋介石提出日本战后应将占领中国的满洲、台湾、澎湖列岛归还中国，同时指出香港原为中国领土，被英国以不平等条约霸占，战时英国人被日军赶走，如今中国军民牺牲无数生命，香港必须归还中国。该提议起初得到美国总统罗斯福的支持，却遭英国首相丘吉尔

1946年6月蒋介石与宋子文在憩庐官邸合影，墙上悬挂国民党元老吴稚晖篆书条幅

憩庐一角

1945年底，马歇尔奉杜鲁门总统之命调解国共冲突，蒋介石在憩庐予以接待，却仍着手准备内战

1946年6月，蒋介石在憩庐书房

极力反对，坚称大英帝国在远东的主权范围不容更改。最后开罗会议未能就香港问题达成协议。

1945年8月15日，日本宣布无条件投降。次日远东盟军麦克阿瑟将军发布一号令，对盟国各自受降区进行了划分，将地处北纬16度以北的香港划入中国受降区。18日，中国战区最高统帅部命令国民党陆军第二方面军接受广东地区日军投降，其第13军赴港接受香港日军的投降。然而英国驻华大使薛穆在8月14日会见国民政府外交部次长吴国桢时，强调香港是英国拥有主权的海外领地，不受战区划分的限制，因此香港受降应由英国来执行。16日英国政府更宣称其在香港地区拥有主权，不应被包括在"中国境内"，随即派遣太平洋舰队哈克尔少将率以"不屈号"航母为首的一支舰队急航香港。18日，英国新任首相艾德理致电美国总统杜鲁门，称英方舰队也已启程，为的是从日军手中接管香港，恢复英国的统治，并让杜鲁门指示麦克阿瑟向驻港日军发出必须等英军舰队到达后再行投降的命令。

尽管此时国民党第13军已有一部分进入九龙境内，但蒋介石并无足够底气与英国进行军事与外交的直接对抗，所以将希望完全寄托在美国的公平仲裁之上。然而美国方面经过利弊权衡，态度完全倒向英国一边，最终默许英国继续拥有殖民统治的地位，并将香港受降的变更通知中国外交部部长宋子文。

蒋介石得知此事大为光火，致电美国总统杜鲁门，要求美方不要对波茨坦公告与麦克阿瑟先前发布的投降条款作片面修改，英国应立即撤回舰队，取消赴港接受日军投降的行动。即便美国同意英国派军队赴港，也应让日军先向中国政府投降，并强调此为中

憩庐客厅墙上悬挂香港画家所绘风景油画

憩庐内收藏的精美瓷器及蒋介石挂像

憩庐客厅餐桌一角

国政府做出的最大让步云云。但美国政府支持英国的决策已定,8月21日杜鲁门复电蒋介石,希望中方根据中美多年"合作与谅解"精神,能与英国达成"一致"。

所谓弱国无外交,当时国民政府全凭自身国力根本无法与英国抗衡并收回香港,其寻求美国支持收回香港主权的希望由此化为泡影。8月28日,蒋介石在会见美国大使赫尔利时对英方做法表达了强烈愤慨,声称将以武力抵制英国在中国战区采取的行动。杜鲁门为避免中、英双方在香港地区发生正面冲突,电请英国首相做出一定让步。9月16日香港日军投降仪式上,哈克尔以英国政府兼中国战区最高统帅代表的双重身份主持受降仪式,广东省政府主席罗卓英则受派代表中方参加受降仪式。

憩庐壁灯

憩庐门厅入口

无尽创伤永远的痛：利济巷慰安所

利济巷慰安所旧址共完整保存有8栋民国建筑，是亚洲最大、保存最完整的慰安所旧址。该建筑群的最初产权人为国民政府军委会参议杨春普中将，他于1935年至1937年间陆续建成占地3 000多平米的高级住宅区，名为"普庆新村"，其中北侧小体量的6幢建筑物（利济巷18号）为双拼或联排住宅，中部一座较大体量的建筑物（利济巷2号）作为旅馆，南侧L型沿街建筑物（利济巷4至6号）则是商铺。侵华日军占领南京之后强行征用普庆新村，并将该处改造为日军慰安所。利济巷2号被改造为"东云慰安所"，利济巷18号被改造为"故乡楼慰安所"。抗战胜利后，国防部附属中央军教电影事业管理处入驻利济巷普庆新村6号，中国电影制片厂办事处宿舍则集中在11至12号楼内，住有罗静予厂长及其妻弟一家、中国近代歌舞之父黎锦晖一家以及电影艺术家孙瑜、张绮等。

利济巷慰安所旧址广场雕塑

1938年正月，日军在南京开设慰安所，日军官兵拥挤在慰安所门前

俯瞰南京利济巷慰安所旧址陈列馆

朴永心老人
（1921—2012）

2003年11月，80多岁的朝鲜老人朴永心在中、韩两国学者陪同下来到利济巷，在众人搀扶下沿楼梯走到利济巷2号的二楼，认出她1939年至1942年被迫充当侵华日军慰安妇时住过的19号房间，还认出一楼吧台和关押吊打不听话慰安妇的阁楼。想起60多年前的悲惨经历，老人忍不住失声痛哭。这也使得利济巷2号成为亚洲唯一一处被在世慰安妇指认过的慰安所建筑。

2014年，这组见证慰安妇血泪史的建筑群被定为市级文物保护单位，成为控诉日军侵略历史的重要物证。经过大规模修缮，利济巷慰安所旧址陈列馆以侵华日军南京大屠杀遇难同胞纪念馆分馆身份，于2015年12月1日正式对外开放，向社会公众提供预约参观，更于2019年10月升格为国家级重点文保单位。

利济巷慰安所旧址原"东云慰安所"19号房间，朝鲜籍慰安妇朴永心于2003年11月来此指认现场

利济巷慰安所旧址陈列内景

修缮中的利济巷30号天山协会旧址。天山协会原称新疆省建设协会，民国后期与蒙藏委员会曾在此办公

利济巷慰安所旧址一楼长廊

民国高官就诊的"御医院"：
中山东路305号中央医院

刘瑞恒1928年出任国民政府卫生部部长，后创立中央医院、中央卫生实验院并兼任两院院长

南京中山东路305号，是民国时期首都地区首屈一指的中央医院所在地，东隔黄埔路与励志社相望。蒋介石、谭延闿、张静江、汪精卫、何应钦等高官大员都喜欢在此看病就诊，所以这里的医护人员常被南京人尊为"御医"。

中央医院的前身是1929年1月筹建的中央模范军医院，由国民政府卫生部部长刘瑞恒奉蒋介石之命创建，在收容病伤员兵的同时，还为市民就诊提供便利。医院当时在中山东路与黄埔路口征地50亩，购置了13座活动木屋以及X线机等医疗器械，并添置300张临时床位，于1929年10月1日开诊。不久，国民政府行政院决定将中央模范军医院改名为中央医院，划归内政部下辖的卫生部（1931年4月改为卫生署）直接管辖，由刘瑞恒兼任院长。

当时中央医院主楼门楣上正中有胡文虎手书正楷"南京中央医院"6个大字。胡文虎（1882—1954）是出身客家的缅甸华侨企业家、慈善家，南洋华侨的传奇人物，在广州、香港、新加坡、菲律宾、越南各地都设有永安制药厂，生产的"虎标"牌万金油、头疼粉风靡中国和东南亚。为拓展中国市场，

现东部战区总医院

创立著名"虎标"牌万金油的胡文虎

胡文虎题写的医院匾额

中央医院落成后沈克非先后任外科主任、副院长,1936年担任院长

同时施行"取诸社会用诸社会"的信条,胡文虎、胡文豹兄弟致力于祖国的医疗慈善事业,迎合国民政府建立首都中央医院的需要,慷慨捐赠银洋37.5万元,于1931年9月开工建设,1933年医院建成投入使用,这是国内第一家由中国人自己创办的国立西式医院。

中央医院整幢大楼坐北朝南,钢筋混凝土"井"字形结构,平屋顶,浅黄色面砖外墙,施以檐墙、花架、滴水等。入口处有一宽敞门廊,尺度适宜,细部简洁大方。整座建筑的平面设计与立面构图基本采用西方现代建筑手法,同时结合中国传统建筑的特点和细部,并用仿照明孝陵的牌坊、传达室、门廊等小品来突出重点。大楼由天津基泰工程司建筑师杨廷宝设计,建华营造厂建造,高4层,按现代化功能布置平面,门诊部、手术室、病房等配置合理,分区明确。

中央医院1931年6月开工,1933年6月竣工,工程造价52.5万元。建成后设有内科(辖小儿科、皮肤花柳科及肺痨传染科)、外科(辖妇科、骨科、五官科、牙科、电疗科、检验科、X线科等)两大科,仅1933年的门诊量就达7.1万人次,住院4946人,手术3353人次,是南京规模最大、设备最齐全的国立医院。

1935年,著名作家张恨水居住在南京丹凤街唱经楼,二儿子小庆儿(后夭折)在中央医院治疗过伤寒病,他在《入雾嗟明主》中曾有过舐犊深情的描述。

1935年12月,爱国将领续范亭在南京参加国民党第五次全国代表大会期间呼吁抗日,但国民党当局顽固坚持"攘外必先安内"的方针,拒不纳谏。续范亭在中山陵悲愤地留下绝命诗并在陵前剖腹自戕,要求抗日:"余今已绝望,故捐此躯,愿同胞精诚团结,奋起杀敌。"幸而被陵园警卫发现,及时送往中央医院抢救,才免于一死。

1929年国民政府决定筹建南京中央医院,原定设计方案为三层,1933年夏启用后发现科室不敷应用,遂增建一层。图为竣工后的中央医院全景与现今俯瞰之对比

中央医院门诊病历

1946年中央医院

1937年,中央医院随同国民政府撤离南京,人员分驻重庆、贵阳两地。日军攻陷南京前夕,中央医院建筑遭到日机轰炸,损毁严重。1946年2月收复医院原址时已是满目疮痍,经维修改造重新启用。

南京沦陷期间,这里沦为臭名昭著的日军细菌实验部队的实验室,1939年4月,日军在南京设立荣字第1644部队,又称中支那派遣军南京防疫给水部队。它与哈尔滨731部队一样,属于臭名昭著的细菌实验部队。据日军卫生兵松本博回忆:在四楼关押着作为"实验材料"的中国俘虏。四楼呈长方形,中间有走廊,房间按松、竹、梅等字样编号排列。四楼尽头是处置室,安装有焚烧炉。楼梯处设警卫室,是出入必经处。四楼的房间放有七个像鸟笼一样的笼子,长宽高各一米,一个笼子关一根"马路大"。"马路大"在日语中意思是"剥了皮的原木",他负责的"松"字号房间里关押了七根"马路大",他们是日军宪兵队抓来的中国人,进入笼子后一律裸体。在服役10个月中,他亲眼看见有40至50人被全部采血,成为细菌武器的实验品。据美国哈里斯教授研究判断,日军荣字第1644部队在南京6年间,用活体试验杀害的中国人超过1 000人。

1950年6月,医院改编为华东军区医院,1955年改名南京军区总医院,现为东部战区总医院。

1933年中央医院航拍图像

空中俯瞰杨廷宝设计的中央医院主楼,其形状被同窗好友童寯戏称为"放倒的板凳"

民国卫生行政事务主管：
黄埔路1号国民政府卫生部

1934年国民政府卫生部大楼旧影

位于黄埔路1号的东部战区总医院北端三层实验楼，是民国卫生部（署）旧址所在地。卫生部负责主管全国卫生行政事务，其于1928年11月成立时隶属于行政院，1931年4月至1947年5月间曾改组为卫生署，其间又数度改隶内政部或行政院。其下设机构有总务、医政、药政、保健、防疫等司及秘书、视察、参事、会计、统计、人事等室。1931年3月时任卫生部部长刘瑞恒委托著名建筑师范文照设计部址，建华营造厂承建，工程一度因九一八事变与一·二八淞沪战事而停顿，1933年9月竣工。此楼平面呈"口"字形，采用石基和耐火砖作外墙，外观简洁庄重，结构坚固实用。建国后又在原三层基础上加盖一层，并改平顶为坡顶。

中央医院身后100米处为国民政府卫生部大楼

引领风气与正义审判地：中山东路307号励志社

在"民国子午线"之上的中山东路307号，品字形横亘着三幢古色古香的传统宫殿式建筑，这就是国民党励志社总社旧址。自1956年起这里长期作为江苏省委招待所使用，故老南京称之为三零七招待所，1991年才更名为钟山宾馆。励志社建筑群同年被国家建设部、国家文物局评为近代优秀建筑，1992年成为南京市文物保护单位，2001年7月更被列为全国重点文保单位。

励志社前身是黄埔同学会励志社，创立于1929年元旦，系蒋介石模仿日本军队中"偕行社"组织而创办，以"坚定我们革命军人之志向，砥砺我们的品行，使军人真正能够做一般国民的楷模"为宗旨，由蒋本人兼任社长，社址设在黄埔路中央陆军军官学校内，社员以该校学生为主。1931年迁到现址办公，并演变为蒋介石的内廷供奉机构，还负责接待美军顾问团为主的外国来华军政人员，在全国各地设有分社或招待所，员工一度上万人。励志社被时人戏称为"尖、卡、斌"之机构。所谓尖，不大不小；所谓卡，不上不下；所谓斌，不文不武。说它不大，是因为比不上国民党其他党政机关；说它不小，在全国都有分支机构；说它不上，仅仅是个服务机构；说它不下，因其社长是蒋介石；说它不文，工作人员都穿着军装，主管文官升迁的考试院不买账；说它不武，专司武官人事的国防部第一厅不把其工作人员当武官看待。

励志社1号楼旧影

1号楼建于1929年，是接待贵宾住宿处，蒋经国曾在1号楼301室居住达半年之久

励志社1号楼门厅内部

1936年励志社航拍

2019年之航拍

励志社一直为蒋介石、宋美龄所倚重,并在抗战胜利后发展至顶峰。黄仁霖因曾经与宋美龄同学,故而被推荐给蒋担任励志社总干事,其下辖有四处一室:秘书室下设人事、文书、招待三科,其中招待科负责管理设于全国各地的分社或招待所;第一处管理社员、体育、卡通、电影、美术、音乐和问讯;第二处下设展业、事务、保管、建筑四科;第三处下设出纳、账务、审计三科;第四处负责管理卫岗牛奶厂、下关冰厂、青龙山煤矿、龙潭煤矿、跑马厂以及中西菜部。

励志社总社的三幢宫殿式建筑均坐北朝南,由西向东分别是大礼堂、1号楼、3号楼,建于1929至1931年间,由青年建筑师关颂声、范文照、赵深设计,陆根记营造厂承建。建筑用费总计15万元,来自于上海银行界捐赠。蒋介石与冯玉祥、阎锡山为争夺权势,爆发中原大战。上海银行界支持蒋介石筹款犒赏蒋军,蒋就将赏金余额用于励志社的建设。该建筑群代表了一种曾经风靡首都的建筑潮流,即将传统的建筑形式与现代功能、技术和建筑材料有机融合,不过因造价太高后被其他建筑方法取代。

这三幢建筑物内部设施齐全,有多功能礼堂、剧院、办公室、餐厅、浴室、宾馆式客房和理发室,还有网球场、手球场、排球场、田径运动场、跑马场等。励志社建成后,成为蒋介石、宋美龄以及民国要员休闲、娱乐场所。其1号楼二楼是蒋宋夫妇居住的"总统套房",三楼为蒋经国从苏联归国后的住所。从1937年决议全面抗战到1946年启动国共谈判等诸多重大事件都曾在1号楼策划进行。东面3号楼的平面呈"凹"字形,内有带独立卫生间的客房60间,当时主要接待少将以上军官、政要和外宾,也是蒋宋会见私友的地方。蒋氏夫妇常到总社观看梅兰芳等名角演出京剧,少帅张学良莅临首都期间,曾多次到励志社打网球或骑马,有时就住在社内特别客房里。

1935年蒋介石开始在全国倡导"新生活运动",定义为"先求全国国民于食衣住行四项实际的基本生活能彻底改进之一种社会教育的运动"。他提出要将生活"艺术化、生产化、军事化",而

建于1930年的3号楼屋顶结构与1号楼相反,中间为歇山顶,两翼为庑殿顶

1号大楼东南墙角镶嵌有蒋介石题写的汉白玉石碑一块

1934年,在励志社北广场举行的南京市中小学生联合运动会大会操表演

1941年9月,汪伪在励志社成立"绥靖军官学校",作为培养训练傀儡军队骨干的基地

民国南京市新生活集团结婚证书

1947年,一百多对新婚夫妇在励志社举办集体婚礼

集体婚礼上新郎新娘鱼贯而入,引来众人围观

1946年蒋介石59岁生日之际,南京市市长沈怡及社会各界名流到励志社礼堂祝贺

"礼义廉耻"落实到生活上就是"整齐、清洁、朴素、迅速"的四词八字。新生活运动促进总会在励志社办公,蒋介石担任会长,以宋美龄为指导长,黄仁霖兼任"新生活运动指导委员会"总干事。励志社凭借其特殊身份一跃而成民国官邸菜的发祥地,有人用"开琼筵以坐花,飞羽觞而醉月"来形容当时励志社以国宴筵请中外贵宾的盛况。

1935年10月10日,南京举行了第一次集团结婚(即集体婚礼),地点就选在励志社大礼堂。西餐部设有新娘化妆室,事前还进行预演,总导演黄仁霖,南京市市长马超俊作证婚人。这次集团婚礼简单又不失隆重,先由市政府乐队奏乐,证婚人、主婚人、介绍人相继就座后,由手提宫灯花篮的八个小天使引导一对对新人鱼贯而入,但见新郎们均穿着蓝袍黑马褂,新娘们则身披白色婚纱,手捧鲜花。参加婚礼的每对新人平均花费不超过60元,公家花费约1 000元,从此以后,集体婚礼便在全国逐渐推广开来。从1935年的第一届到1947年底最后一届,共举办7场集体婚礼,涉及472对新人,然而100元法币在1935年尚能买到两头牛,1947年却已贬值到只能买一只煤球的地步了。

南京沦陷后,汪伪国民政府决定于1941年9月成立伪"绥靖军官学校",作为培养训练傀儡军队骨干的基地,校址便设在励志社,汪精卫也常在这里与不少汉奸头目及日方高官会晤。抗战胜利后,中国战区受降总代表何应钦于1945年9月8日由芷江飞抵南京后,随即赴励志社休息用餐,当晚又在社里举办中外记者招待会,宣布中国战区将于9月9日上午9时在邻近的中央陆军军官学校大礼堂内举行签降仪式。仪式结束后的当天中午,何应钦回励志社召开酒会,宴请中外观礼宾客。

1945年10月27日,蒋介石请美军驻华特使马歇尔在励志社观剧时,发生了马歇尔所乘吉普车被窃事件。据民国警界小说《昙花梦》称,当晚九点左右,马歇尔看完京剧出来就发现座车不翼而飞,蒋介石大为光火,严令限期破案。探员经调查发现车子被一个名叫刘振亮的人开走,后顺藤摸瓜查出窃犯所住饭店,又发现戴笠司机林鹤鸣给刘振亮的留言条,而林曾偷过一部美军顾问团吉普被戴老板侵占。次年1月25日警方通过林鹤鸣抓到因热恋凤凰餐厅歌星黎丽丽而实施盗车行动的刘振亮,除起获赃车外还趁机讹诈五十两黄金,于是宣布案件告破。

　　1946年2月15日南京审判战犯军事法庭正式成立,负责审讯在侵华战争中犯下累累罪行的日本战犯。1947年2月6至10日,法庭在励志社对南京大屠杀元凶谷寿夫进行连日公审,审判台就设在威严气派的礼堂大台,礼堂内黑压压地坐满了从四面八方赶来的听审市民,门外电线杆上高挂扩音喇叭,下面聚拢着成群民众聆听现场广播。同年12月18日军事法庭又在这里对用"助广"军刀屠杀三百余名中国人的田中军吉,在紫金山下进行"杀人比赛"的向井敏明、野田毅公开宣判。尽管正义的审判会迟到,但从不缺席,十年前在南京欠下盈天血债的凶犯们经过审判,先后绑赴雨花台刑场执行枪决。

审判战犯谷寿夫现场

南京市民在中国军事法庭门外收听审判谷寿夫案的实况转播

1号与3号楼屋顶均为歇山庑殿顶,筒瓦屋面,脊檐饰有瑞兽,檐口梁枋施以彩绘。建有壁炉烟囱,其上做成宫殿式屋顶

大礼堂西入口

大礼堂建于1931年，主体钢筋混凝土结构，梁椽、挑檐则为木结构，重檐攒尖顶，外中内西

拥有两层看台的大礼堂可容纳600人就座

东西"两宫"的前世今生：中山东路313号国民党中央监察委员会、中山东路309号党史史料陈列馆

1936年国民党中央党史史料陈列馆落成时旧影

南京明故宫遗址公园东、西两侧约200米的地方，有两座重檐歇山宫殿式建筑对称分布，门牌号码分别为中山东路313号、309号，南京人习惯地称之为"东宫"与"西宫"，甚至有些导游谬称为明代建筑遗存。其实这两座建筑是钢筋混凝土结构的地道民国建筑，建筑大师杨廷宝先仿照明代大屋顶宫殿样式设计的"西宫"，又以此作为"东宫"的建筑蓝本，故两宫建筑外形相肖：均有一座庑殿顶的三楹四柱牌楼式大门，彩绘檐枋，仿木斗拱，上覆深绿色琉璃筒瓦，中间门柱有仿古铜制壁灯一对；进门后左右各有警卫亭一座，四面挑角仿木结构攒尖屋顶，顶尖呈杵头状，下有拱券门窗，墙体由赭红色缸砖砌成；大殿主楼为重檐歇山式大屋顶，40根朱红色立柱，棱花门窗，天花藻井，梁额饰以沥粉彩画，主建筑底部是一层露台，两端分砌八字形台阶，四周立有卷云纹水泥栏杆多个。可谓雕梁画栋，极尽工巧。

国民党中央党史史料陈列馆为重檐歇山宫殿式，其他附属建筑均为建国后仿照原建筑风格修建而成

"西宫"在汪伪时期改为伪"经理总监部",是汪伪军委会负责军需的下设机构

1930年初成立的中国国民党党史史料编纂委员会,是收集整理和编纂出版国民党党史史料的专门机构。委员会下属党史史料陈列馆于1936年双十节开馆,地址就在新落成的"西宫"大院内。党史馆坐北朝南,底层设有办公室、会议室和史料库房,二、三层为陈列室。来宾参观时可由两侧台阶直达中间礼堂,再至两侧陈列室顺序参观。陈列室全部采用钢筋混凝土结构,尤其库房部分采用特制防火钢库门和空气调节设备,以期严格保护所藏史料。1949年4月23日南京解放后,人民政府接管这里并成立南京史料整理处,1964年4月更名为中国第二历史档案馆,由郭沫若先生题写馆名,成为典藏民国时期中央政权机关及其直属机构历史档案的国家级档案馆。

梁枋上的精美彩绘

大门牌坊中式斗拱

党史陈列馆主楼环绕式长廊

被称作"西宫"的国民党中央党史史料陈列馆旧址牌坊式大门北立面

主楼二至三层楼梯构造

主楼北面丹陛

二史馆主楼门廊及其彩绘

如今的中国第二历史档案馆，主楼两侧建筑为建国后修建

中央监察委员会是国民党的"中纪委",其主要职能为监察和查处各级党部及党员违纪等问题,办公地即位于"东宫"。1924年国民党一大召开,仿照苏俄在党内建立监察制度。第一届中央监察委员仅5人、候补5人,以后人数逐渐增多,到1947年达148人(含44名候补),而1949年前担任历届中央监委的仅吴稚晖、李石曾二人。1936年2月,由馥记营造厂承建中山东路上的新址工程,一年后乃告落成,大门内侧上方刻有蔡元培手书"柔亦不茹,刚亦不吐"八字箴言,是反成语"柔茹刚吐"之意而用之,意在告诫委员们应具有不吃软、不怕硬的精神品质。中央监察委员会1927年迁到南京后,最初办公地点设在国民党中央党部大院内,1937年初迁至中山东路新址内办公,抗战时期西迁,胜利后返回南京的原址。而在1940年汪伪时期,"东宫"因一度作为伪军委会"调查统计部"而成为特务机构驻地,部长为汉奸李士群(兼伪江苏省省长)。如今此处为东部战区档案馆所在地。

1938年日本侵略军拍摄的国民党中央监察委员会建筑

国民党中央监察委员会办公楼旧址位于中山东路313号(原445号)

被称作"东宫"的国民党中央监察委员会主楼

民国各大机场的起落兴废

南京是我国兴办航空最早的城市之一，民国时期出于战略和交通的需要，先后建设了大大小小十余座机场。这些机场有的发挥了重要的航运用途，直到解放后还在服役，有的供小型飞机临时起降之用，如昙花一现般很快就荒废消失了。

南京历史上首座机场：小营机场

小营机场起降的飞机，因修建跑道过于短小，经常酿成飞机滑行失控事故

南京有史以来第一座机场是中华民国临时政府建立的小营机场。孙中山认为发展航空"于国家前途、吾党前途均至有裨益"，辛亥革命爆发后同盟会美洲总支部决定筹建华侨革命飞机团，募捐资金购买了6架寇蒂斯飞机。1911年12月31日，华侨革命飞机团的两架飞机经上海转抵南京，但南京没有飞机场，临时大总统孙中山就指定小营的演武厅作机场。因此机场条件异常简陋，既无跑道亦无通讯设备，不过是利用操场上一块平地供飞机起降和停放而已。1922年直系军阀中央航空司令部设驻苏省航空支队，1924年江苏督军齐燮元成立江苏陆军航空队，小营机场成为航空队的练飞场所。1927年南京国民政府成立后，随着空军编制扩大，飞机数量增加，场地有限、起降困难的小营机场被废弃，另选址于明故宫遗址建设机场。

见证诸多民国传奇：明故宫机场

1930年代明故宫机场航拍。在大片空地上X形跑道非常瞩目

1927年年末，军政部航空署在明故宫遗址上修建了一个简易机场。据《白下文史》记载，机场当时只是一片碾平的空场地，铺了一条土跑道，建了几间棚屋，只能升降少量又轻又小的飞机。明故宫机场经两度扩建，北邻中山东路，南界明御河，西临秦淮河，东接御道街，机场建筑群大部位于西面今金城集团厂区一带，东部则建为跑道，属军民合用性质。

1929年4月机场第一次扩建，将原有土跑道扩成800米长的碎石道面；同年8月7日，沪蓉航线管理处首次开辟上海至南京航线，运载2000多封邮件的飞机降落于此，从而开启了机场的民用功能。陆军航测机与空军战机在这里此起彼落，民航巨头"中航"与"欧亚"争相将新式客机投入运营，引擎轰鸣，热闹非凡。明故宫机场内还驻有蒋介石专机机队，蒋氏专用车队可径直开到停机坪上，以便其登上编号JU-52专机飞往目的

徐志摩所乘飞机从明故宫机场起飞，在济南遭遇大雾撞山坠毁

1939年明故宫机场日军航拍影像。照片下方可见明城墙与光华门轮廓

地。1936年机场再次扩建，翌年底南京保卫战打响时负责防守机场要地的是宪兵第10团。明故宫机场被日军占领后，用作华中战场的主要空军基地及细菌战基地，日机由此起飞向浙赣等地投掷细菌弹，酿成大批中国平民死亡的惨剧。1947年1月明故宫机场划归民用航空专用，同年6月机场再次扩建，新建了候机室，建成长479米、宽25米的滑行道，还增加夜航灯光设备，机场面积达120万平方米。

明故宫机场在南京历史上存在30多年，不仅为中国经济、军事、民航客运发挥巨大作用，也目睹了历史的起起伏伏、不少名人的荣辱悲欣。1931年11月19日上午，浪漫诗人徐志摩从明故宫机场搭乘中航公司一架邮政班机飞往北平，途中飞机遇大雾在济南触山爆炸，机上人员全部遇难。1933年中国航空英雄孙桐岗驾驶"航空救国号"简易飞机航行28天，于7月23日最终飞抵南京明故宫机场，完成世界上首次单机飞越欧亚的壮举。1936年12月16日张学良陪同从西安事变获释的蒋介石，在战斗机护航下由洛阳飞抵南京，他漫长的囚禁生涯就从飞机降落明故宫机场那一刻开始。1949年1月21日，蒋介石宣布第三次下野，从这里乘"美龄号"专机黯然离开南京；4月23日上午，代总统李宗仁匆匆赶到明故宫机场，登上"追云号"专机飞离南京；人民解放军当天渡过长江，解放南京，该机场也由华东军区接管。

明故宫中航科技城飞机广场前的机库旧址内景

明故宫紧靠市中心,由于周边高层建筑日渐增多,1956年7月南京民航搬迁到大校场,老机场就淡出了历史舞台,瑞金路小学教学楼下至今仍留有机场跑道的遗址。

放羊人赶着羊群经过明故宫飞机场,身后为西华门与机场建筑

抗战胜利后中国航空公司引进的美国四引擎巨型客机

明故宫机场指挥塔台旧址

明故宫中航科技城飞机广场前的机库旧址外景俯瞰

明故宫机场飞行员俱乐部旧址

空中俯瞰明故宫机场呈"山"字形的飞行员俱乐部旧址

中国空军的摇篮：大校场机场

随着民国空军再度扩建，中央航空署征收位于大明路以东、七桥瓮以南的700余亩土地，于1929年建设大校场机场作为空军训练场所，当时全国最大的靶场也设立于此。1931年机场落成后，航空署又在大校场建立中央航空学校，蒋介石出任校长；3年后正式辟为军用飞机场，而以明故宫机场为民用机场。1934年大校场机场扩建，建有一条长800米、宽50米的土跑道，是首都地区唯一的空军基地。抗战前夕，这里已成为中国最高级别的航空总站，国民政府陆续购入并驻停于此的军机约60架之多。时任航空委员会顾问的宋美龄常驱车到大校场，看望年轻的飞行员们。

1937年6月19日，日本海军航空队两次空袭南京，第一次就出动45架飞机空袭大校场机场和兵工厂。淞沪会战打响后，中国空军和苏联援华志愿航空队从这里升空应战，重创敌机。日军占据南京后，大校场机场作为军用重地被修复使用。1945年8月日本投降，全副美式装备的新六军廖耀湘部乘美军运输机在大校场机场陆续降落，执行对南京地区投降日军的接收任务。饱经战火摧残的机场破损情况极为严重，1947年美国特使马歇尔乘机降落时就因场地问题差点出了事故，国民政府为此用半年时间进行改造，修建了新的候机楼，并在原有跑道南侧按国际民航组织B级标准设计修筑了长2 200米、宽45米、厚0.3米的新跑道，道面为水泥混凝土结构，可承受负荷重量80吨的飞机，是当时国内最新式坚固的跑道道面，1948年4月29日竣工时总投资达840亿元法币。1997年7月南京禄口国际机场启用，大校场机场保留当初其军用机场的功能直至2015年关闭，成为南京地区使用时间最长的机场。

1931年大校场机场跑道航拍旧影

民国史上最大的航空基地之一大校场机场旧影

1945年8月27日起新六军官兵乘机抵达南京大校场机场执行受降任务

1946年双十节，蒋介石、白崇禧在大校场机场检阅伞兵

1949年4月，国民党政府从南京大校场撤退的最后三架飞机

此外，南京城郊还出现过可供重型轰炸机起降的中山陵临时机场，三汊河、玄武湖水上机场，由民国江苏省政府兴建的溧水机场，以及侵华日军在麒麟门草场村、土山、马群修筑的三个机场，皆因局势变化而废弃不用。

1930年水上飞机在南京下关三汊河的停泊场

1946年11月19日中共代表周恩来离开南京返回延安前，在机场对记者说："南京，我们是一定要回来的！"

大校场机场跑道、航站楼、瞭望塔、飞机库、美龄楼、小油库等处建筑入选南京市第二批历史建筑保护名录。图为民国建筑美龄楼

今日大校场机场全景

物华天宝，集珍聚粹：中山东路321号国立中央博物院

1935年兴业建筑事务所徐敬直设计的国立中央博物院辽式建筑修正透视图及细部

国立北平故宫博物院南京古物保存库1936年建于朝天宫院内，外形立面仿承德外八庙之须弥福寿庙的大红台，由赵深、童寯、陈植设计

从沪宁高速公路刚进入中山门内林荫大道，有一处古朴典雅、庭园广阔的仿古殿宇建筑群，黄瓦红柱，巍峨壮观。这就是位列北京故宫和台北故宫博物院之后的中国第三大博物馆——南京博物院，其前身为近代民主革命家、教育家蔡元培倡建的国立中央博物院。

1933年4月，国民政府教育部在蔡元培先生倡议下创设国立中央博物院筹备处，傅斯年、李济先后任主任。这座中国最早创建的国家级博物馆筹备伊始，即以"提倡科学研究，辅助公众教育，以适当之陈列展览，图智识之增进"为宗旨，并在中山门内路北半山园附近征收旧旗地作院址，拟建人文、工艺、自然三馆。1936年6月6日院舍一期工程动工兴建，相关诸费分别由中央研究院、管理中英庚款董事会拨付补助。工程进行一年即因抗战爆发被迫停工，筹备处连同所属文物则历尽磨难，辗转万里迁往川滇内陆。南京沦陷期间，日寇更在院址上设有防空总机构，对已完成部分大加改造和破坏。抗战胜利后陆根记营造厂中标，取代江裕记，按原设计方案继续承建，正中主体大殿即人文馆于1948年4月竣工并通过验收，从此成为南京城东一处标志性历史文化景观，规划中的其他两馆却因时局关系未能实现。

南京博物院主体建筑雄浑庄重，堪称近现代建筑史上的杰作，也是中外建筑模式完美结合的一个优秀范例。它由兴业建筑事务所徐敬直、李惠伯设计，经建筑大师梁思成、刘敦桢修改而成，设计科学合理，比例严谨。为区别于中山东路上其他几幢仿明清风格的大屋顶建筑，其外形系采用辽代建筑式样，殿宇屋面坡度较平缓，立柱由中心往两边逐渐加高，使檐部两边呈弧形缓缓翘起，造型严整开朗而不失轻灵之感；结构部分则按营造法式设计建造，屋顶下简洁粗壮的斗拱主要起结构受力作用，细部和装饰兼采唐宋遗风；布局上强调深层次的对称轴线，殿前建有宽大平台，与中山东路主干道之间留有空间。建筑物选材以钢混为主，与传统木材相比，既加强了建筑的牢固性，也增加了使用年限。陈列室内部平屋顶式的设计有利于采光和扩大展览空间，能更好地满足博物馆这种特殊公共场所的结构需求。

中央博物院是国内最早仿照欧美一流博物馆所建现代博物馆，中国首座由国家兴建的大型综合博物馆，当时北平历史博物馆（今中国历史博物馆）也归属其建制，称中央博物院北平分院；故宫博物院则是1925年在紫禁城明清两代皇宫及其收藏基础上建立起来的全国最大综合性博物馆。九一八事变以后故宫文物及划拨中央博物院的北平古物陆续南迁，于1937年初运抵南京，存放于朝天宫东侧的故宫博物院南京新库。南京当时已汇集了约40多万件珍稀文物，还囊括3000多片殷墟甲骨、中国最大和铭文最多的青铜鼎——殷商后母戊鼎、西周毛公鼎等最高级别国宝。淞沪抗战爆发不久，南京遭日机频繁轰炸，刚安顿下来的南迁文物又面临极度危机，筹备处主任李济在七七事变前即着手布置文物装箱工作，为确保迁移文物在路上的安全，院方买来大量崭新瓷器，想尽办法进行保护性包装，装箱后再加固箱体，短短几个月内就把1万多箱、几十万件文物全部打包送走。最后一艘满载文物的轮船离开南京三天后，侵华日军的铁蹄就踏进南京城，不仅制造了惨绝人寰的屠杀惨案，还肆无忌惮地掠夺中国文物，从南京掠夺之宝物装满了310辆大卡车。抗战胜利后，西迁文物基本完好无损，并于1947年底前得以全部运回南京，堪称人类历史上的奇迹。

1948年5月29日至6月8日，国立中央博物院筹备处与北平故宫博物院在新落成的博物院陈列室联合办展，展出商周铜器、汉代文物、历代帝后像等一系列文物精品。这一当时国内文博界最高规格的展览吸引观众达十余万人次，蒋介石、于右任等政要名流亦出席参观，可谓盛况空前，观者塞途。不久，存放在南京文物库以及中央博物院筹备处等地近3000箱文物分三批运送台湾，自此远离大陆，漂泊孤岛。1950年3月9日，中央博物院筹备处正式更名南京博物院，性质仍是全国综合性历史艺术博物馆，从此进入一个全新的历史阶段。

蒋介石参观后母戊大方鼎，该鼎为商代重器，抗战期间由安阳出土

蒋介石在国立中央博物院参观书画展，其右侧女性为考古学家曾昭燏

1948年5月29日至6月8日中央博物院筹备处与故宫博物院联合办展，此为该筹备处民国时期留下的唯一展券实物

今日南京博物院航拍

仿辽代蓟县独乐寺庑殿样式建筑由大殿、露台、配殿组成，钢筋混凝土仿木结构，建筑面积2.3万平方米。建于3层石台基上的大殿原为人文馆

中央博物院旧址位于中山东路321号

南京博物院现有文物44万件，馆藏丰富，与当年国立中央博物院有一脉相承的渊源关系

中央博物院内许多建筑细节均参照宋代《营造法式》

中央博物院旧址大殿空间

现代化的南京博物院文物陈列馆

朝阳初升东大门：从朝阳门到中山门

1929年孙中山灵车经过中山门瓮城

1931年改建中的中山门

1938日本侵略军拍摄战时损毁严重的中山门景象

海达·莫里循所摄1940年代中山门外侧，当时大门可以关闭

南京城东的著名城门首推中山门。中山门原为明代瓮城城门，因位于南京城东，最先迎接晨阳而得名朝阳门。今三拱券城门系民国时期开辟，为全国重点文物保护单位。

1366年，朱元璋向东北两面拓展南京城时修筑单孔券门的朝阳门。同治四年（1865），清政府为增强此门防御而在门外增设外瓮城，依照地形修建了呈半椭圆形瓮城。1931年，在南京即将举办第五届全国运动会，由于主会场设于城东（今孝陵卫南京体院内），加之中山门城门过于狭小，交通不畅，国民政府唯恐届时将有大批参观者蜂拥而至，造成堵塞，于是奉蒋介石之令，为"便利交通及壮丽观瞻计"饬令工务局改建中山门。这项工程由裕庆公司承包，要求在一个月内完成施工，此次改建拆除了门外瓮城，中山门原单门券被改为高大的三门券，其外观基本与现今相似。

南京保卫战期间，据守此门的中国守军是黔军103师618团以及中央陆军军官学校教导总队、首都宪兵警察部队，城外尚有87师260旅、261旅与日军展开激战。为对付高大坚固的南京城墙，日军调用240毫米榴弹炮，将城门南北两侧约300米处城墙炸塌。中国守军顽强阻击，使日寇几次夜袭都无法突破，直至12月13日凌晨中山门宣告失守，中国守军继而与入城之敌巷战，中山门上当年激战留下的弹痕至今仍清晰可见，记录着那段可歌可泣的抗战历史。1943年9月，城门门额为汉奸汪精卫所写隶书所取代，抗战胜利后，汪书写门额于1946年又被凿去，改由国民党元老于右任题写。

1996年，中山门成为沪宁高速公路进入南京城的东入口。

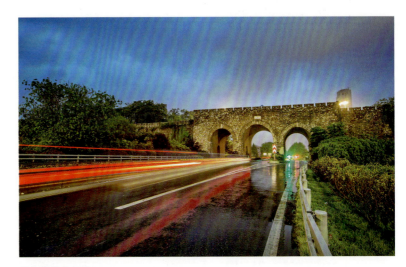

夜色苍茫中山门

中山大道从中山码头到中山门在此终结，以下将出中山门沿陵园大道继续前行

今日沪宁高速中山门段

1934年的中山门航拍与今日之对照

中山门至汤山线

伟陵葬伟人，托体同山阿：中山陵

中山陵位于南京市紫金山南麓，是中国近代伟大的民主革命先行者孙中山先生的陵寝。陵寝及其附属纪念建筑群，总面积8万余平方米。中山陵1926年春动工，1929年夏建成，主要建筑有博爱坊、墓道、陵门、石阶、碑亭、祭堂和墓室等，从空中往下看，像一座平卧在绿绒毯上的"自由钟"。其附属纪念建筑群音乐台、光华亭、流徽榭、仰止亭、藏经楼、行健亭、永丰社、永慕庐、中山书院等建筑环绕陵墓周围，均为建筑名家杰作。

1911年起南京义农会组织植树、筑路，使紫金山植被大有改观

陵墓第一期工程，包括陵墓、祭堂、平台、石阶、围墙及石坡等各项工程，由上海姚新记营造厂承办

中山陵航拍旧影

中山陵祭堂航拍

刚刚竣工的中山陵孝经鼎旧影

1934年上海良友图书印刷有限公司出版伍联德编《中国景象》中航拍的中山陵影像

中国建筑师在设计方案竞征中绝对胜出

吕彦直(1894—1929),中国近代杰出的建筑师,曾设计、监造南京中山陵和广州中山纪念堂

孙中山去世前为自己的葬礼留下指示,要像列宁那样保存遗体并安葬于南京紫金山。由于苏俄政府提供的棺椁系用玻璃和锡制作,而非列宁所使用的水晶棺,故其第一遗愿无法实现。

1925年4月23日召开的孙中山先生葬事筹备处第二次会议确定了墓址。5月13日,筹备处又在上海张静江宅召开第五次会议,决议刊登陵墓图案征求条例,开展国际性建筑竞赛,由葬事筹备委员会常务委员宋子文负责主持工程事宜。条例规定祭堂应用坚固石料与钢筋混凝土构建,置容放中山先生石椁的大理石墓于祭堂内,使参观者祭祀时能够入内瞻仰,以弥补其未竟遗愿。葬事筹备处强调陵墓应表达中国特性、持久性及公共特征,评判要点一是祭堂和陵墓功能,二是墓地及其环境关系,三是墓道的全局布置,四是经费限制,五是庄严坚固,不取奢侈华贵。评判顾问包括中国土木工程师凌鸿勋、雕刻家李金发、画家王一亭,以及代表上海宝昌洋行的德国建筑师兼土木工程师朴士。

截至1925年9月15日,筹备处共收到40余幅应征作品,评定出前三名获奖者,并授予另外七幅作品名誉奖。吕彦直、范文照、杨锡宗、赵深四名中国建筑师获奖,囊括了前三名优胜奖和第二名名誉奖。此四人均于20世纪10至20年代初留学美国,是具有西方建筑学知识的第一代中国建筑师。其中头奖设计获得者吕彦直为安徽滁县人,中国"近现代建筑奠基人"。他1911年考入清华学堂留美预备部,1913年以庚款公费派赴美国留学,入康奈尔大学攻读电气专业,后改学建筑。毕业前后作为美国著名建筑师亨利·墨菲的助手参加金陵女子大学(今南京师范

中山陵祭堂南立面吸取了1907年华盛顿泛美联盟大厦的入口设计

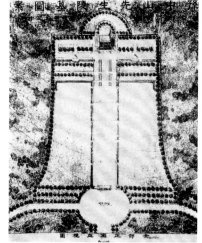

力拔头筹的吕彦直中山陵设计效果图与自由钟形陵墓平面图

难得一见的1948年中山陵旧照,色调明快清晰

1929年6月1日奉安大典,孙中山入葬南京中山陵现场彩色图片

日军占领下的中山陵。背景可见陵寝主要建筑在南京保卫战中被罩上防空伪装网

大学)和燕京大学(今北京大学)校舍规划与设计,还描绘整理过北京故宫大量建筑图案,曾在欧洲考察西洋建筑。回国后他寓居上海,先供职于东南建筑公司,不久与人合资经营真裕建筑公司,又开设较早由中国建筑师自行开办的彦记建筑事务所,1927年与留学归来的庄俊、范文照、张光忻、巫振英等人发起成立中国建筑界第一个学术团体——中国建筑师公会(1931年改名中国建筑师学会)。

吕彦直的竞征作品"融会中国古代与西方建筑之精神,庄严简朴,别创新格,墓地适成一警钟形,寓意深远",满足了丧事筹备处和评判顾问的期待。在祭堂设计方面则借鉴三年前竣工的华盛顿林肯纪念堂空间构图,又参照巴黎恩瓦立德教堂拿破仑墓的下沉墓圹设计,使参观者可以环绕墓室,凭栏瞻仰中山先生石椁和卧像。他主持设计的南京中山陵和广州中山纪念堂,很好地融汇了东西方建筑技术与艺术,是中国近代建筑史上具有里程碑意义的杰出代表。

被聘请为中山陵监工时吕彦直刚过而立之年,为保证工程质量常年奔波于沪宁之间,后来更是带病长期驻扎工地督促施工,遗憾的是中山陵工程尚未竣工,就积劳成疾于1929年3月18日逝世,年仅36岁。为纪念他为中山陵所作贡献,中山陵祭堂西南角奠基室内还为他树有一块纪念碑,可惜在抗战期间遗失。

博爱坊之夜

钟山云起,烟雨伟陵

谭延闿题写的石碑高9米,重达几十吨,用整块巨大花岗石雕琢而成。第一块在运输中沉入水底,此为从福建赶制的第二块花岗石

祭堂中央孙中山坐像高4.6米,是雕刻家保罗·朗特斯基在法国巴黎用意大利白色大理石雕刻,底座镌刻反映孙中山从事革命活动的六幅浮雕

祭堂为中山陵主体建筑,位于海拔高度158米的第十个大平台上。大平台东西宽137米,南北深38米

圆形墓穴上为孙中山汉白玉卧像,其下方用一具美制铜棺盛殓着孙中山遗体。墓穴直径4米、深5米,外用钢筋混凝土密封

墓室顶部用彩色马赛克镶嵌成国民党党徽,地面用白色大理石铺砌

中山陵墓圹参照巴黎恩瓦立德教堂内拿破仑下沉墓圹形式

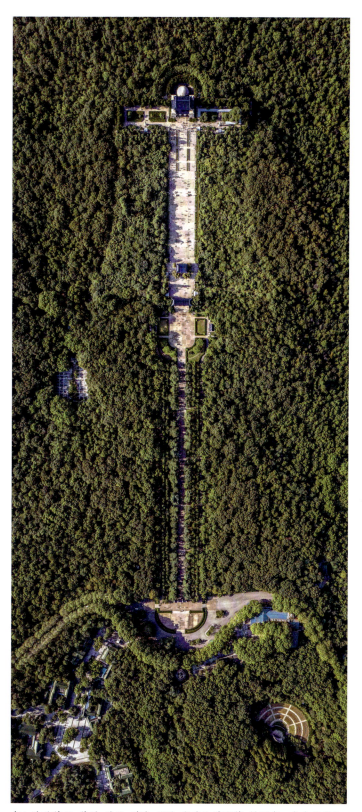

中山陵的牌坊、墓道、陵门、碑亭、石阶、祭堂和墓室等,排列在一条中轴线上,体现了中国传统建筑风格。墓地全局呈"警钟"图案

展示蒋宋家庭生活细节：石象路7号美龄宫

赵志游，1930—1931年出任南京市工务局局长，组织设计美龄宫，不久即升任杭州市市长

国民政府主席官邸俗称"美龄宫"，被美国前驻华大使司徒雷登誉为"远东第一别墅"。1929年6月，宋美龄跟随时任国府主席的蒋介石参加奉安大典途中，在中山陵西南侧的小红山上发现一块地方，这里地势高敞，视野开阔，紧靠陵园大道，交通方便，且登高可眺望明孝陵、中山陵的壮丽景色，附近还有她着力创办的国民革命军遗族学校。当时蒋宋夫妇居住的黄埔路中央军校校长公馆——憩庐，风格完全像一个军事指挥基地，符合行伍出身的蒋介石的喜好，但民国"第一夫人"对此并不中意，而提出在小红山另建一幢别墅，谒陵途中可供小憩，周末时亦可度假。

1930年秋，蒋介石向总理陵园管委会申请"拟建陵园小红山建筑别墅"并获批准。该项工程指由南京市工务局局长赵志游督造，陈品善组织施工，相关预算经审计部核准为24万元，由新金记康号营造厂承建。整座官邸占地约120亩，建筑面积2 800平方米，为三层重檐歇山式宫殿主体建筑及拥有复杂系统的地下室。地面一层有接待室、秘书办公室、厨房、锅炉房、洗衣室、衣帽间、侍卫寝室等；第二层主要为起居空间，包括会客厅、宴会厅、休息室、配膳房及室外观凤台；三楼是蒋宋夫妇卧室、书房以及会客室、礼拜堂和小餐厅。据侍卫官回忆，蒋宋两人因生活习性相差大，一个习惯早睡早起，另一个喜欢晚睡晚起，为互不干扰就准备了两间卧室。

1948年12月，南京。蒋介石（右）在美龄宫门口，身旁为凯迪拉克防弹车

1933年第一期《中国建筑》上刊发的"南京军事委员会蒋委员长之官邸"

1938年日本侵略军拍摄的美龄宫彩照

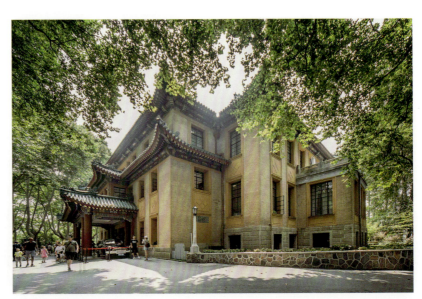

国民政府主席小红山官邸今貌

女主人宋美龄十分关注小红山官邸工程,对使用材料、施工要求等一一指导审定,不时提出修改意见。从室内装饰、浴缸款式,到搭配的毛巾架、肥皂盒等,事无巨细均要符合她的生活习惯,对工人所做颜色款式稍不满意便反复整修,多次拆建,光浴室瓷砖的颜色就变更多回。工程造价款因而超支达30余万元,更被南京《民生报》爆料夸大成百万元之巨,还说每月需由财政部拨款3万元。时值国家内忧外患之际,动用巨款大兴土木势必饱受诟病,蒋介石骑虎难下,只好通过财政部、陆海空总司令部、参谋总部筹付部分款项,又自掏腰包整治周边环境,几近烂尾的官邸工程延至1936年才交付验收。

美国摄影家甘博在20世纪30年代拍摄的美龄宫旧影

如今从空中俯瞰南京东郊,在紫金山绿海群山之间,通往美龄宫的梧桐大道环绕而呈吊坠形状,顶覆绿色琉璃瓦的美龄宫,宛若项链下缀着的一颗绿宝石,熠熠生辉,深秋时节更是幻化成流光溢彩的金色项链,美丽得不可方物。网络上流传说美龄宫是蒋介石为向宋美龄表达爱意而打造的浪漫礼物——紫金山之心,但从现存档案和设计图纸来看,"项圈"以上的梧桐树早在修造中山陵之际便已种植,宋美龄因嫌车辆往来喧扰,将车行路线改由正门两侧通行,小红山道路植树工程经蒋介石多次催促,并综合地形、植被所营造的效果,最终形成旷世绝伦的项链造型。

凯歌堂今貌

1948年12月,蒋介石(中左)和王宠惠(中右)两名基督徒在凯歌教堂内聆听牧师宣教

美龄宫竣工数月后抗战爆发，蒋、宋二人搬住在东郊孝陵卫一栋有3间屋子的平房内。那时日军飞机经常飞临中山陵上空，出于安全考虑，美龄宫与中山陵建筑一度罩上黑色防空网，犹如宝石蒙尘般黯淡无光。留住南京城的德国人拉贝从金陵大学住所阁楼上远眺美龄宫后，在日记中写道："位于小红山的主席官邸还从来无人居住过，它从上到下被刷成黑色，看上去真的可怜。"

自1946年国民政府还都到1948年间，蒋宋夫妇每逢周末多在小红山官邸举办宴会或舞会，招待各方宾朋。据蒋介石的私人医生回忆，举行国宴的二楼大厅采用西式礼节，长桌面摆放全套精致典雅的欧式餐具，席上觥筹交错，谈笑风生。蒋介石还把三楼原会客厅改造成内部教堂，供国府要员以及亲属中的基督徒做礼拜用，当时美国驻华大使司徒雷登、美军顾问团马歇尔将军也常来"凯歌堂"做礼拜。1949年1月21日上午，蒋介石在这里静默祈祷后，当天下午即告下野，乘"美龄号"专机离开南京，从此一去不返。

金秋时节的美龄宫。因悬铃木与周边植被色彩不同，爱心项链显得格外醒目

蒋所居次卧除设西式取暖壁炉外,仅置一套普通家具,被褥平铺更凸显其简单刻板的军旅生活习惯

宋所居主卧采光通风好,东南面各三扇高约4米的钢窗,东面有迎接清晨第一缕阳光的宽敞阳台,屋内置办全套做工考究的红木家具、外红内樟的雕花衣橱

复原后的书房

美龄宫内电灯、电话、电铃一应俱全,各类灯具数量众多,款式摩登,皆为进口货。图为小餐厅

美龄宫富贵牡丹锦鸡团纹彩绘

双凤团纹彩绘

天花装饰

落地钢窗

美龄宫每层琉璃屋顶、瓦檐瓦当均装饰展翅欲飞的凤凰，相较于中国传统文化常见的龙凤呈祥图案，这上千只凤凰堪称别开生面之创新

室内所用大理石、马赛克瓷砖皆从国外进口

宋美龄的长寿秘诀

宋美龄((1897—2003)

美龄宫门厅

宋美龄出生于高癌家庭,其父宋嘉树患胃癌,母亲倪桂珍、大姐宋霭龄、弟弟宋子良皆因癌症去世,二姐宋庆龄患肝癌和白血病,她本人也在40岁发现罹患乳腺癌,动过两次手术,老年又因卵巢囊肿在美国再次手术。而她2003年在家中去世时享年106岁。

宋美龄的长寿秘诀可归结为饮食合理、作息规律和心态良好。她很注重饮食质量,每餐两荤、两素,每天必须就餐五次,进餐时只吃五分饱,对于喜欢吃的食物绝不贪食。因为饮食节制,工作人员送给她"猫肚丽人"的雅号。宋美龄常吃的早餐有西芹配低脂色拉酱,加上两片抹上奶油的面包片,偶尔吃块牛排和甜点蛋糕,最后配上杯咖啡。她所选早餐饮料通常是一杯柠檬水,平时外出也要带柠檬汽水解渴,连炒菜都用柠檬调味。据宋美龄早年身边的医生回忆,她在南京生活期间每天都要吃点菠菜,还派医官带人去紫金山下某家研究所作专门研究,所得结论为一公斤菠菜中就含36克胡萝卜素。宋美龄在重庆期间一度患上低血压,因多次服用升压药物,血压出现持续不稳状态,但这些症状在食用牛奶过程中竟神奇消失。她把喝牛奶的益处告诉给蒋介石,蒋于是下令侍从室每天从外面订购定额牛奶,让宋美龄每日三餐前都能饮用一小碗牛奶。此外宋美龄平时作息很有规律,一般晚上11点左右上床休息,第二天早上9点以后起床。

二层南露台"观凤台"呈"品"字形,四周围以34根汉白玉石雕凤栏杆

外观模仿清宫建筑大屋顶,蓝绿琉璃覆瓦,主体结构则采用西方建筑常用的钢筋混凝土、黄色耐火砖外墙,属"西洋骨、中国皮"的合璧式设计

作为一名虔诚的基督教信徒,宗教信仰已成为她重要的精神支柱,作画练字则是其个性修养中不可或缺的一部分,用她自己的话说:"绘画就是我的养生之道,每一天的练习都会对我的精神起到振奋的作用。"一旦遇到不顺心的事,她也从不滞气于心,往往一吐为快。

这位时人眼中近乎完美的民国第一夫人烟瘾却很大。据传宋美龄小时候得过荨麻疹,后来经常引发皮肤瘙痒、红斑和风团不适,为缓解发病时的痛楚,便选择吸烟来麻痹自己;也有人说宋美龄吸烟是为了保持身材,因其早年听说吸烟能让人保持苗条。但蒋介石非常讨厌烟味,不允许身边人在他面前抽烟,宋美龄尽管深知丈夫这一习性,可实在戒不了烟,于是常独自一人在书房里吞云吐雾。蒋迫不得已采取默许态度,长年累月忍受夫人吸烟陋习直至去世,还专为她选择了一家可提供特制香烟的烟厂。

在公共场合吸烟的宋美龄

黑色别克轿车。原车由美国政府赠送给宋美龄专用,解放前已运往台湾,现所陈列车辆系专业汽车生产厂仿制

会客室

浴室

宴会厅地暖设施是由底层锅炉房烧煤加热,进行集中式供暖,在当时极为罕见

美龄宫门厅

抚幼恤孤之新兴学校：
四方城1号国民革命军遗族学校

1912年孙中山建立南京临时政府时，决定筹建孤儿院，任命黄兴夫人为院长，旨在使辛亥革命中烈士子女及因战争失去亲人的孤儿得到照顾。二次革命失败后，孤儿院被迫停办。南京国民政府成立后，部分辛亥烈士遗孤进入由宋美龄担任校长的遗族学校，部分非烈士子女则进入由宋庆龄任院长的南京孤儿院。

民国时期遗族学校航拍旧照

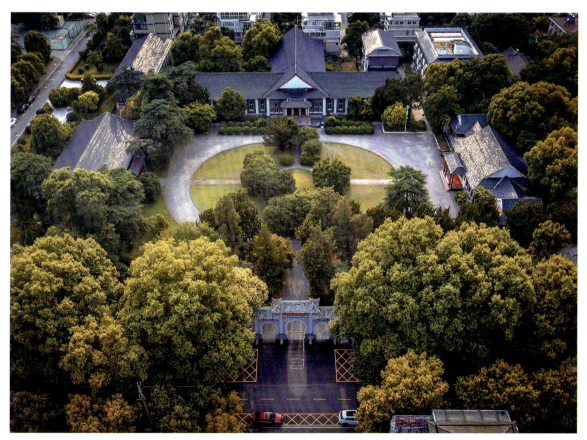

卫岗55号今日国民革命军遗族学校旧址全景

1928年11月，国民党中常会通过决议，决定在紫金山南麓创办国民革命军遗族学校，专门收容北伐战争中阵亡将士子女及牺牲于辛亥革命的烈士后代，由国家统一培养教育。为鼓励学生们继承父志，校方常请林森、于右任等国民党元老到校演讲，教师们也常去晓庄师范学校向教育家陶行知请教。学校从中学阶段起就注重对学生进行职业教育，组织他们到附近农场和工厂参加劳动，学习生产技能。校方重视农科教育，从上海引进良种乳牛场（今卫岗奶业公司前身）供学生实习，为奶牛配备自动饮水机。另外还兴建了一家拥有20多台机器的织袜厂，并在新街口羊皮巷口设立商店，专门销售学生生产的农产品和女校学生制作的工艺品。

遗族学校大门西面上书蒋介石所题"亲爱精诚"四字

美国人林百克参观后盛赞该校是"当今东方第一所新兴学校"

1948年国民革命军遗族学校学生正在打篮球

学校下围棋的小学生

蒋介石在励志社宴请国民革命军遗族学校全体师生

遗族学校学生正在饲养实验牧场的奶牛

宋庆龄、宋美龄先后担任过遗族学校校长，并由宋美龄全权代理校长之职。宋美龄经常驾驶一辆车牌为00-4628的黑色豪华轿车光临学校，前挡风玻璃上贴有盖着首都卫戍司令部关防的002号特别通行证。她亲自为学生制定伙食标准与菜谱，每逢重大节日即送来各种礼物。

南京沦陷前半个月，留校学生陆续撤离南京，将40余头奶牛及全部校具转运长沙。后来随抗战形势的发展，全校人员携校具辗转迁至成都。未离开南京的学生除维持生产外，还担当起保护校舍的任务。教职员则自谋出路，各奔前程。南京沦陷期间，遗族女校和教员宿舍成为日伪军临时伤兵医院，校舍设施几乎全被毁坏，男校校舍因有留校学生维护而得幸存。抗战胜利后鉴于许多抗日阵亡将士子女急需收容教养，宋美龄委派励志社副总干事黎离尘筹备恢复遗族学校，并于1946年秋正式开学。学校只招男生，不招女生，办初高中，不办小学。1949年初，国民党政权败局已定，学校开始迁移，300多名学生到台北后寄读于省立师范大学附中并逐年毕业，直到1953年送走最后一批。留在南京的校舍则由南京军区前线歌舞团接管使用，今为前线大剧院之所在。

位于南京农业大学西门的原遗族学校牌坊。此处原为学校牛奶实验牧场

遗族学校校舍旧址一角

与遗族学校牌坊旧照对比，东侧正面门楣由蒋介石题写的校名今已不存

山野作幕,奏响天籁:中山陵音乐台

中山陵广场东南的音乐台为中山陵配套工程,建于1932—1933年,占地面积约4 200平方米,由关颂声、杨廷宝设计,主要用作纪念中山先生活动典仪时的音乐表演和集会演讲。音乐台建筑风格充分吸收古希腊建筑特点,在照壁、乐坛等细部处理上则采用江南古典园林的表现手法,并巧妙地将花架、回廊、坐凳、乐坛、照壁呈半圆形环抱于周边树丛中,使建筑物与自然地形浑然天成地融为一体。

瑞典东亚博物馆收藏的中山陵音乐台照片

1946年音乐台菊花展中,摄影爱好者正在拍摄

1944年拍摄的音乐台。照壁坐南朝北,宽约16.67米,高约11.33米,其水平截面的圆弧形起反射声波作用。照壁上部及两侧雕刻有云纹图案

音乐台之夏。紧靠乐坛正前方有一汪月牙形莲花池,池底有伏泉,用以汇集露天场地的天然积水。乐坛两翼筑有平台,上砌钢筋混凝土花棚,以台阶与之衔接

音乐台须弥座细节

空中俯瞰音乐台,其平面布局呈半圆形,圆心处设置舞台及照壁,坡状草坪可容纳观众3 000余名

众星捧月，拱卫中山：中山陵周边建筑

光化亭、行健亭

光化亭位于中山陵东，建于1931—1934年，由建筑师刘敦桢设计，福建省蒋源成石厂承包，使用奉安大典时华侨赠款，以福建花岗岩雕琢建造，共用石料850吨。此亭为八角形石亭，亭下有正方形平台两层，下层台边筑斜坡植草坪以接地面，上层平台周围筑有石栏石阶。整座亭子通体灰白，有亭柱12根。所有屋脊、屋面、檐椽、斗拱、梁柱、雀替、藻井等装饰构件全用上乘石料雕就，不施寸钉片木，为中山陵园诸多附属建筑中之最精工程。

行健亭位于中山陵西南隅、陵园大道与明陵路相接处，1931年4月由广州市政府捐款1万元修建，著名建筑师赵深设计。亭高12米，立16根大红方柱，重檐攒尖顶，上覆蓝色琉璃瓦，造型敦实厚重。

位于中山陵东的光化亭系用孙中山奉安大典时华侨赠款建造

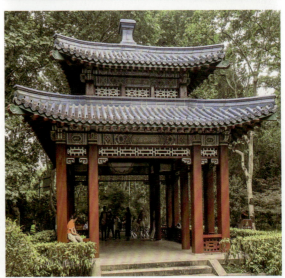

行健亭天花彩绘绚丽精美，亭名出自《易经》"天行健，君子以自强不息；地势坤，君子以厚德载物"之语

流徽榭、永丰社与桂林石屋

1932年，中央陆军军官学校捐款2万元在中山陵园区修建纪念性建筑，经林森审批，以1.1万元建流徽榭，0.9万元建永丰社。流徽榭位于中山陵至灵谷寺公路南侧，傍筑坝蓄水形成的流徽湖而建，又名水榭亭。中山陵3号永丰社位于行健亭斜对面，抗战期间被毁，仅剩一对钢筋水泥门柱，1993年管理部门按原貌重建。

桂林石屋地处中山陵东与灵谷寺西的高阜之上，墙垣均用青龙山石板石条砌成，四周遍植桂花，故名"桂林石屋"。石屋专为当时国民政府主席林森谒陵与避暑而建，屋前有170级石阶通往山下，屋后有虎皮石砌的泻洪明沟。抗战期间石屋被日军炸毁，尚存半壁框架。当年林森常住的如意里2号公馆，位置就在国府西侧附近，今已不存。

桂林石屋原为国民政府主席林森别墅，1931年由广州市政府捐建，1933年竣工，1937年遭日机炸毁。图为石屋今貌

永丰社

摄于20世纪30年代的永丰社

1935年流徽榭，远处可见光化亭与中山陵

夜色流徽榭

金碧辉煌藏经楼

1935年藏经楼旧影

藏经楼位于中山陵与灵谷寺之间的林海中，1934年11月由中国佛教会发起募建，次年10月竣工，是孙中山奉安中山陵后专为收藏中山先生物品并展出奉安大典珍贵史料而建。

建筑底层为讲经堂，并有夹楼听座；二楼为藏经、阅经及研究室；三楼为藏经室。楼后有东西各长125米的回廊式建筑，廊壁镶嵌爱国将领冯玉祥捐献的河南嵩山青石碑138块，上刻中山先生《三民主义》全文共计15.5万余字，由多位民国书法名家书写，苏州吴县石刻艺人唐仲芳携弟子费时一年半刻成，是一组书刻俱佳的珍贵文物。

藏经楼前矗立着由日本好友梅屋庄吉赠送的孙中山铜像

藏经楼一楼豪华宏丽的中部大厅

复原后的藏经楼碑廊外观

藏经楼主楼为钢混结构重檐歇山顶宫殿建筑，藏经楼主楼正脊中央竖有紫铜鎏金法轮华盖，梁、柱、额、枋均施彩绘

廖仲恺何香凝墓

廖仲恺墓由著名建筑师吕彦直按家属要求设计为合葬墓式，营建工程却因种种原因拖延近十年。廖墓原在广州黄花岗，1935年6月迁葬于此。1972年廖仲恺夫人何香凝女士在北京逝世后亦归葬这里。廖仲恺（1877—1925），广东归善（今惠州市）人。1905年秋他与何香凝在日本一道加入中国同盟会，从此追随孙中山从事革命活动。辛亥革命后，廖仲恺任广东都督府总参议兼理财政，1921年全力协助孙中山北伐，次年又积极支持"联俄、联共、扶助农工"三大政策，是孙中山最得力的助手之一。1925年孙中山去世后，他继续贯彻执行中山先生确定的"三大政策"，受到国民党内部极右派势力的仇视和嫉恨，于1925年8月20日在广州国民党中央党部门前被暗杀，时年48岁。

民国时期廖仲恺纪念邮票

廖墓旧影

廖仲恺何香凝墓位于紫金山南麓天堡城下，布局严谨，气势恢弘，为中山陵著名的附葬墓

孙"太子"与"苗王公主"一段情缘：
中山陵8号孙科公馆

孙中山长子孙科（1891—1973），其母是孙中山原配夫人卢慕贞

南京中山陵8号孙科公馆，又名延晖馆，馆址位于距中山陵西南行健亭约200米的花木深处。孙科是中山先生独子，民国四公子之一，早年留学美国哥伦比亚大学，国民政府成立后历任建设部部长、财政部部长、铁道部部长、考试院副院长、行政院院长、国民政府副主席兼立法院院长等要职。他遵循"结庐而居，服孝守灵"的文化传统，选择在中山陵园区内营造别墅，其设计风格相比民国时期其他西式官邸更具个性。

公馆由建筑大师杨廷宝设计，馥记营造厂承建，占地面积近3公顷。杨廷宝这一时期颇受美国"有机建筑"理念的影响，在房屋装修上多使用石头、木材等天然材料，结构上尽量依地势高低顺势而为，房屋日常采光、取暖、耗能等也多用天然方法。二层钢混结构主楼建筑面积约1 000平米，外观采用西方现代派建筑手法，平面轮廓呈十字形，从楼房正面看左右并不对称。楼顶覆瓦既非通常的大平瓦，亦非传统的小青瓦，而采用中西结合的红色筒瓦和板瓦相互仰合而成。别墅入口朝北，前有门廊，底层布置有大小客厅、客房、餐室、卫生间和其他辅助用房，二层主要为卧室、书房及小厅。公馆当年所用门锁、门把手、窗插销均系美国进口，纯紫铜制作。一楼通往二楼天

年轻时的蓝妮

孙科故居延晖馆旧影

风姿绰约的蓝妮

空中俯瞰绿树环抱的延晖馆，可见屋顶巨型蓄水池

台的露天旋转楼梯，从扶手到阶梯全为金属制作，至今光亮如新，无一点锈斑。楼顶还建有巨型蓄水池，用浮球阀自行收集雨水，控制水位，有使房屋保持冬暖夏凉的神奇功效。

就在公馆落成的1948年，国民党当局召开"行宪国大"，蒋介石如愿"当选"为第一任总统，孙科与李宗仁的副总统之争就成为当时公众的焦点。国民大会正式投票选举副总统前一天发生的"蓝妮事件"，令孙科竞选阵营顿感焦头烂额。蓝妮原名蓝业珍，出生于一个富有的苗族人家，她自幼家道中落，但聪明伶俐，容貌具有与众不同的异域色彩，高鼻深目，瞳孔颜色些微湛蓝，人称"苗王公主"。这位姑娘上学时便表现出超强的亲和力，同学间倘有矛盾，她只要一搀和，大家就都喜笑颜开，有同学开玩笑说业珍是把烂泥，把大家都糊到了一起。因所姓蓝字与"烂"音近，故此在学校得一绰号"烂泥"，后来她干脆取其谐音"蓝妮"作为自己的名字。蓝妮18岁在校读书时就嫁给李定国为妻，但婚后很不和谐，5年后这场婚姻便告结束。

蓝妮与孙科合影

蓝妮离婚后，为了生存而涉足上流社会，经常出席各种社会交际活动，成为著名的交际花。1935年在一次家庭宴会上，她认识了时任国民政府立法院院长的孙科。孙科早在1912年便与陈淑英在檀香山结婚，并双双赴美留学，陈淑英称得上是与孙科同甘共苦的"糟糠之妻"。1932年，夫人在外地养病之际，孙科金屋藏娇，成为桃色新闻的男主角，女主角严蔼娟与之同居四年，两人生活甚为甜蜜愉悦。但孙科认识蓝妮后顿生情愫，不顾家庭与社会的压力，娶蓝妮为二夫人，将已身怀六甲的严蔼娟无情抛弃。旧情人仅得到一些生活和抚养费用，只好带着1岁女儿另嫁他人。孙科与蓝妮举办婚礼那天共摆下4桌酒席，他在立法院同事的道贺声中说："我是知法犯法，罪加一等。"

孙科在别墅前与其爱犬合影

1948年4月22日《救国日报》头版头条刊登了一篇报道，描述抗战胜利后，国民党中央信托局在上海没收蓝妮名下一批德国进口的高级建筑涂料，作为敌伪逆产处理。孙科曾致函国民大会秘书长洪兰友，称这批颜料为"敝眷"蓝妮所有，要求发还。桂系为确保李宗仁顺利当选，遂旧事重提，由黄绍竑将此事写成文章，刊登在《救国日报》上。一石激起千层浪，舆论一片哗然，"蓝妮事件"也导致第一轮选举中孙科的副总统选票即落后于李宗仁。

1948年，第一届国民大会代表从孙科竞选副总统的户外海报下走过

竞选前,蓝妮充分施展其交际才能四处拉票,凭借蓝家与"云南王"龙云是世交,极力拉拢滇系为孙科竞选,堪称用心良苦,竭尽全力。然而面对政敌的诋毁,孙科不仅未替蓝妮公开辩解,甚至为自身颜面和政治前途否认写过那封信,并极力与蓝妮撇清关系。蓝妮心灰意冷,二人彻底分手。4月29日经四轮选举,李宗仁最终击败孙科,当选副总统。中山陵8号公馆竣工后,孙科没住多久就离开南京,由人民解放军接管,刘伯承元帅、许世友上将先后入住此地。

今日延晖馆入口处外立面

延晖馆近影

孙科在南京居住过的公馆另有三处,分别是中山北路254号原行政院内孙科官邸、鼓楼新村15号和武夷路7号(现武夷路11号)。位于行政院内的孙科官邸是一幢红砖建造的西洋别墅,由陈植、赵深、童寯设计,1932年以后改由时任行政院院长汪精卫居住。武夷路孙公馆建于1937年,主楼高二层,坐北朝南,青瓦,四坡顶,钢门钢窗。据原国民政府电工王静波老人回忆,他曾为孙科此处旧居更换过电灯泡,见孙科平时颇爱养狗,门口柜子里还配有梳理狗毛的梳子。

武夷路11号公馆建于1937年,汪伪时期被伪满洲国大使馆占用,抗战胜利后孙科曾在此居住

中山北路254号原行政院内孙科官邸,1932年以后改由继任行政院院长汪精卫居住

行政院院长官邸内景

原行政院内官邸镂空铁门

原行政院内孙科官邸外景

当年孙科在南京寓所悬挂的一幅书法作品

钟山咏天问，倚天览星辰：紫金山天文台

即将竣工的紫金山天文台

民国时期天文台旧影

　　紫金山天文台位于南京东郊紫金山风景秀丽的第三峰上，是我国自行建立的第一个现代天文学研究机构，被誉为"中国现代天文学研究的摇篮"。

　　1927年11月20日国立中央研究院筹备会上，天文学家高鲁（曾任孙中山秘书）关于在南京紫金山筹建"国内最现代化天文台"的提议获得批准。1928年春，由高鲁代理所长的天文研究所成立，勘定海拔448米的紫金山第一峰为台址。年底建筑师李宗侃设计出初步台图和登山汽车路线，正要施工之际，高鲁受命出使法国，临行前向蔡元培推荐厦门大学天文系主任余青松接替自己主持建台工作。余青松经考察发现紫金山空气湿度大，且最高峰山顶也常在云层以下，不利于天体观察。由于国民政府要员坚持把天文台建在首都，他只好退而求其次，放弃耗资巨大的第一峰建台计划，而将台址改设在海拔267米的第三峰——天堡峰。

紫金山天文台秋色

根据总理陵园管理委员会要求，天文台的建筑不得妨碍中山陵整体布局，必须按中式风格设计。天文观测需要的是圆形屋顶，中式风格却主要体现在建筑物的屋顶、房檐上，这一棘手问题被交给杨廷宝领衔的基泰工程司解决。为节约开支，余青松不仅包揽了天文台的主体设计与绘图，还同职员一起负责监工。天文台建设工程于1929年底启动后中途几经挫折，先是建台经费被移作购买1931年特大水灾的赈济公债，又因东北、淞沪地区战火连绵，业务人员大多星散各地司职防空警报。1934年8月25日，东亚规模最大的紫金山天文台终于竣工，正如国立中央研究院院长蔡元培在9月1日落成揭幕典礼上致辞所称："余所长积数年辛苦，开远东未有之先声，终建此台。"

民国时期天文台旧影

牌坊上的天文台三字为国民政府主席林森所题

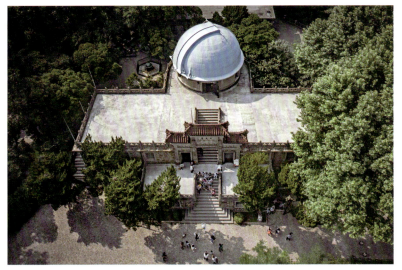

飞阁天文台

天文台今貌

天文台占地3.1公顷,设有6座银色巨型观测室,基座和墙面以当地虎皮石砌就,四周环绕天坛式栏杆,分别用于观测日月、恒星、行星等天体运行。台本部的平台中央圆顶内有当时亚洲地区最大反射望远镜,与台下陈列的数架中国古代天文观测仪相呼应。一座三孔四柱式牌楼横跨于高峻的长石阶上,顶部覆蓝色琉璃瓦,正中镌刻"国立第一天文台"的蓝底填金大字。建筑之间以梯道和栈道通连,各层平台均采用中式传统钩阑,与山石浑然一体。

1935年5月,紫金山天文台首次发现一颗小行星,国际行星中心按其意愿命名为"中国"号。1937年8月受时局影响,天文台工作人员被迫撤离南京,先后辗转迁撤至长沙、桂林、昆明。1950年5月20日更名为中国科学院紫金山天文台。

天球仪

简仪

天文台古天文仪器浑仪

蔡元培题子午仪室奠基石

今天文台天文科普馆内部陈列

上世纪30年代准备运往南京安装在紫金山天文台的600mm蔡司望远镜

天文台内安装的600 mm蔡司望远镜

从紫金山主峰俯瞰南京城,天文台、玄武湖尽收眼底

民国远东地区最大运动场：
灵谷寺路8号中央体育场

中央体育场篮球场今昔

朱自清先生在散文《南京》中有这样一段描述：中央运动场也在中山陵近处，全仿外洋的样子。全国运动会时，也不知有多少照相与描写登在报上；现在是时髦的游泳的地方。

文中的中央运动场便是位于中山陵东南方向的南京中央体育场，不过该建筑外观并非如朱自清文中所说全仿外洋，也大量采用了中国古典宫殿的设计元素。1930年4月，为迎接第五届全国运动会的召开，蒋介石授意营造这片宏大的建筑群，成为当时最为先进与完备的公共体育设施及竞赛场馆。蒋介石在1931年5月奠基典礼上慷慨陈辞："欲恢复民族地位与精神，须先养成健全之体格，故体育一端，比较德智育尤为重要。"

获奖摄影作品《夜练中央体育场》

体育场建筑群占地1 200亩，由田径场、游泳池、篮球场、棒球场、网球场、排球场、足球场、国术场、跑马道组成，可容纳6万多人同时观看。设计师为关颂声、杨廷宝，基泰工程司担任设计与监理，利源建筑公司承建。体育场主体工程耗资85万元，于1931年2月开工，仅用7个月的时间便告竣工。中心建筑田径场占地77亩，呈马蹄形椭圆造型，拥有多条田径赛道并具备完善的地下排水系统，场地可同时容纳35 000人，是当时远东地区最大的运动场。田径场东西看台正中有一检阅台，以中式牌楼样式的西门为入场大门，东、西、南三面看台下方是供运动员、裁判员与新闻记者使用的休息室、浴室与卫生间，容量总计2 700余人。

1931年绘制的首都中央体育场全景图

中央体育场全景

位于田径场西北的游泳场采用传统宫殿式设计，筒瓦顶盖，朱漆彩绘。整个建筑分为地上、地下两层，地下为滤水机与锅炉设备间，还配备更衣室、浴室等。泳池长50米，宽20米，质量上乘，设计精巧，有两道紫铜板伸缩缝以防热胀冷缩，池壁则安装32盏水下照明灯，看台可容纳观众4 000人。游泳场竣工后经历70多年风雨沧桑，从未发生开裂与渗漏现象。2001年南京体育学院投资三千万元进行改造，将整座泳池连同看台拆去，变为室内泳池，仅留存北面一座庑殿顶建筑与东、西侧六座水泥牌坊，使这座中国近代建筑史上最早的室外50米标准游泳池景观变得面目全非。

田径场西侧的国术场平面呈正八角形，形同中国八卦图，并设计有牌坊，看台可容纳观众5 450人，最大程度地满足了观众近距离观看国术比赛的需求。与国术馆相对称的位置建有篮球场，充分利用地势开挖成长八角形，观众容量5 000人，其入口处设计有三开间牌坊。田径场北侧则为棒球场，依山构建，拥有半径约85米的扇形比赛场地，三面看台可容纳4 000名观众。

瑞典东亚博物馆收藏的中央体育场游泳池照片

泳池入口

体育场建筑细节

游泳池改造后成为室内游泳馆，原有建筑格局遭到破坏

中央体育场正立面。"中央体育场"五字为于右任书写

中央体育场内厅

中央体育场西大门与司令台旧照

1933年，南京代表队的女子运动员选手

第五届全运会于1933年10月10—20日在首都中央体育场举行。从《中央日报全国运动大会特刊》所发报道来看，开幕当天天气晴朗，各代表队按报名顺序排列入场次序，第一支为新疆队，最后一支为陕西队。值得一提的是当东北选手入场时全场热烈鼓掌，表示欢迎和不忘收复失地之意。开幕式上蒋介石没有到场，而是请人代为宣读贺电，名誉会长林森主席、副会长汪精卫等先后致词勉励。大会会长王世杰、竞赛委员长王正廷、总裁判长张伯苓以及孙科等政要一一列席，另有外国公使及官员130余人参会。开幕式上进行了令人赏心悦目的飞行表演，由航空署特派三架飞机呈"人"字形翱翔天空，散发五色传单，欧亚航空公司亦派机作低空表演。2 360名首都小学生参加了气势磅礴的太极拳表演，他们分别来自南京市逸仙桥、大行宫、邓府巷、武定门、夫子庙、鼓楼、五台山等41所小学。

看台上的热情观众

第五届全国运动会入场券票价三角

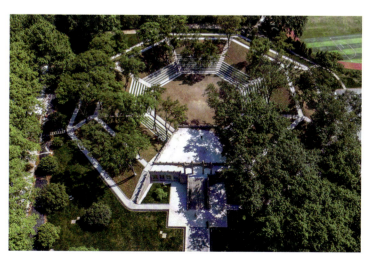

空中俯瞰国术场呈正八角形

中国奥运参赛第一人刘长春与"美人鱼"杨秀琼

杨秀琼(1918—1982),曾囊括全运会女子游泳全部金牌,"美人鱼"的雅号不胫而走

运动员刘长春(1909—1983),中国首位正式参加奥运会的运动员

第五届全运会上的田径获奖运动员,右为刘长春

国民政府主席林森与杨秀琼合影

第五届全运会引发了全国范围的空前关注,参加人数与成绩均超越前几届。据中国第二历史档案馆馆藏档案显示:大会历时10天,男女田径赛平远东纪录及打破全国纪录21项,男子游泳破全国纪录5项,女子游泳亦有创全国纪录者。在众多比赛选手中两名运动员大出风头,成为当年受人瞩目的体育明星,即东北男选手刘长春和香港女选手杨秀琼。

九一八事变后,刘长春随东北大学入关到北平。日本当局许以高官厚禄,要他代表伪满政府参加奥运会,刘长春在关内《大公报》上发表拒绝声明,受到张学良将军的赞赏。同年7月,张学良共出资1 600美元,派他代表中国正式参加美国洛杉矶第十届奥运会,成为中国首位参奥运动员。在南京中央体育场举行的此次全运会上,刘长春高举辽宁省代表队大旗昂首进入会场,又先后在100米、200米决赛中以优异成绩打破全国纪录,成为名副其实的双冠王。他在会上创下的10.7秒百米纪录保持长达25年之久,直到1958年才被新中国运动员梁建勋打破。

来自香港年仅15岁的女游泳选手杨秀琼在大会50米自由泳、100米仰泳、100米自由泳、200米蛙泳、女子200米接力赛中五度夺魁,大放异彩。每当面容俏丽、身姿婀娜的杨秀琼出场,便会在观众席上掀起一股狂潮,她也被冠以"美人鱼"的雅号。时任行政院秘书长的褚民谊担任全运会总指挥,大会期间经常在游泳池边踱来踱去,向杨秀琼颁发奖品后还亲自为她驾驶马车,进入南京市直奔官邸而去。国民政府主席林森特邀杨秀琼到办公室见面,蒋介石夫妇也邀请她到家里作客,宋美龄认其做干女儿,特别赠送了一辆美国轿车。《良友画报》评选"十大标准女人"称号,杨秀琼与宋美龄、影星胡蝶一同上榜。报载盛赞其美貌:"风度雍容华贵,双眸明亮,性格爽朗。穿玉色衣服,赤足趿高跟拖鞋,身躯健壮,远望如希腊女战士,言谈和蔼,含南国风味,十分可亲。"一时间"美人鱼"声名大噪,成为镁光灯追逐的焦点,各大画刊封面争相登载的大明星。

然而好景不长,杨秀琼在1936年德国柏林第十一届奥运会游泳比赛中铩羽而归,尽管选拔赛创造了100米和400米自由泳的全国纪录,但距世界强手仍相去甚远,也未能进入决赛。国人所特有的褊狭心理对此却不能容忍,往往不是"捧杀",即为"棒杀"。她曼妙身姿从此慢慢淡出泳道,在最青春美好的19岁就早早结束了个人运动生涯。

1933年杨秀琼成为各大画报封面争相登载的瞩目明星

1933年画报上刊载全运会相关报道

中国最早高尔夫球场：外交部野球场

国内最早的高尔夫球场旧影

20世纪30年代，南京中山陵风景区内诞生了中国近现代第一个高尔夫球场——外交部野球场，位于现今体育公园附近的中山陵苗圃场，当时的主要功能是联络外交部与各驻华使馆工作人员之间的感情，加强外籍人士的相互沟通。

灵谷寺附近这一片开阔区域地势平坦，因而在此选址建造高尔夫球场。据相关档案显示，球场占地超过1 200多亩，共配建了6个球场和一座面积达数百平米的会所。会所建筑外形远看就像一艘构造简朴素雅的巨艇，一楼为大厅、酒吧、办公室、厨房、役房，二楼为会客室、浴室、卧室。高尔夫球场一直是富人享受的专利，采用会员制进行管理，所收会费按当时的物价水平来算绝对是高消费，打一次球的费用够老百姓生活1个月，远非普通人所能企及。球场的日常管理维护由一批专业人员负责，其中不乏外籍人士。球场刚建成时取名野球场，1931年底更名为郊球场，遗址已经废弃数十年，目前在地势较高处仅存一层小楼，据此远望，可以看到地面起伏，颇有几分"果岭"的感觉。

1930年南京紫金山高尔夫球场

今日中山陵园苗圃植被遍布，已然看不出当年高尔夫草坪果岭的痕迹

绿荫之下为高尔夫球场会所仅存的一栋民国建筑

灵谷松风传英名：国民革命军阵亡将士公墓

1934年无梁殿老照片

民国时期灵谷寺

1928年，国民政府在南京东郊灵谷寺原址兴建国民革命军阵亡将士公墓，1933年落成。公墓共分三组，每组平面由若干梅花花瓣状墓园组成，埋葬着国民革命军北伐战役以及1931至1933年华北抗战、淞沪抗战中牺牲的上千名阵亡将士。1935年11月20日举行公墓落成公祭典礼，由国民党中央执行委员会委员长蒋介石主祭，参加者数千人。

建于明洪武年间的无梁殿是灵谷寺内供奉无量寿佛的砖砌拱券结构殿宇，整座建筑形制高大，不用寸钉片木，全用砖砌，不设木梁，故又称"无梁殿"，是国内现存同类建筑中年代最久、规模最大者。1931年，无梁殿经彻底修葺被改建成公墓祭堂，命名"正气堂"，现被辟为辛亥革命名人蜡像馆。殿南设公墓大门和牌坊，北面依次为墓园、纪念馆（即松风阁）和纪念塔（灵谷塔）。

墨菲设计"大仁大义"牌坊造型参照了清西陵石牌楼测绘图

公墓正门旧影

公墓正门为绿琉璃瓦仿明建筑，匾额题"国民革命烈士祠"

位于无梁殿后的阵亡将士第一公墓，连同位于东、西各300米处的第二、第三公墓共埋葬北伐与抗日阵亡将士1029名。弧形墓墙后是建于几十级台阶之上的松风阁，阁后甬道正中置"名鼎垂勋"宝鼎一座。由此向北约百米就是灵谷寺标志性建筑灵谷塔，为花岗石和钢筋混凝土混合结构，高66米，1933年建成时称阵亡将士纪念塔，俗称九层塔。塔内有螺旋式台阶绕中心石柱而上，每层均以蓝色琉璃瓦披檐，内壁镌刻国民党元老于右任、吴稚晖抄写孙中山黄埔军校开学训词及赴北京前在军校所作告别辞，塔外则是一圈石栏围护的走廊，可供游人凭栏远眺，听取松涛阵阵。

摄影作品《月夜无梁殿》。无梁殿即祭堂正气堂，中门墙壁供奉国民革命烈士灵位，现为辛亥革命蜡像馆

1938年拍摄的灵谷塔旧影。无梁殿北面中轴线上的第一公墓"文革"期间改建为四个花坛

灵谷寺九层塔初建第一层时场景

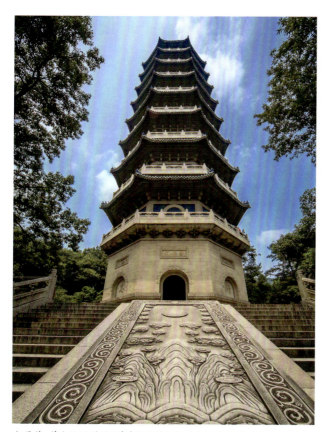

由墨菲、董大酉设计的"精忠报国"纪念塔为八面九层宝塔

塔中间建有螺旋扶梯,可沿252级阶梯直登九层

灵谷晴雪

1933年完工的革命纪念馆松风阁原陈列有阵亡将士遗物,抗战期间破坏严重,国府还都时曾简易维修

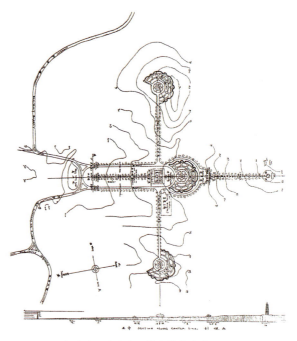

1930—1932年墨菲设计的阵亡将士墓平面图

雪霁灵谷寺

园林墓园集山水之美：谭延闿墓

1930年9月22日，谭延闿因突发脑溢血去世，终年51岁。图为1933年1月9日发行的谭延闿纪念邮票

国民党元老谭延闿曾经担任国民政府主席、行政院院长等要职，1930年他在南京逝世后，国民政府为之举办国葬，并在紫金山东麓、灵谷寺东北侧营造了谭墓。墓园占地300余亩，分为龙池、广场、祭堂、墓室等四大部分，墓道两侧布满石柱、牌坊、华表、供桌、石兽等精美石刻，据专家考证大部分来自清咸丰重臣肃顺墓地。民国初期北京昌平肃顺墓前石器被一古董商收购，后为时任北平古物保管委员会委员长张继所扣，赠献谭墓。

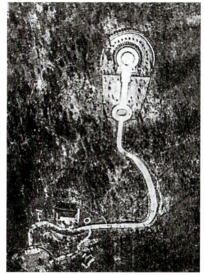 

1930年代航拍谭延闿墓园宛如一块白玉吊坠，今日航拍则因植被茂盛，已看不出当年轮廓

20世纪30年代谭墓旧影与今貌对照

谭延闿墓牌坊为汉白玉建筑，传为清肃顺墓前石料改制，原有对联一副：凤翔鹰扬一代羽仪尊上国，龙盘虎踞千秋陵墓傍中山。今字迹不存

谭墓由关颂声、朱彬、杨廷宝等人设计,申泰兴记及蔡春记营造厂1931年9月开始建造,耗资约20万元于1933年初建成。其设计一改通常陵墓讲求对称、程式化的常规布局,而是因地制宜运用山壑泉石、林木幽深的自然条件,以园林手法构筑出曲折墓道,使之成为别具园林风格的墓园。民国期间谭墓就已成为南京东郊旅游胜地,不少人慕名前去游览,邮政当局还发行过不少谭墓照片和明信片。

20世纪30年代祭堂内部旧影　　石碑上原有文字在"文革"期间凿去　　灵谷深松碑正面碑文原为"中国国民党执行委员前国民政府主席行政院长谭公延闿之墓",后被磨去改换今字

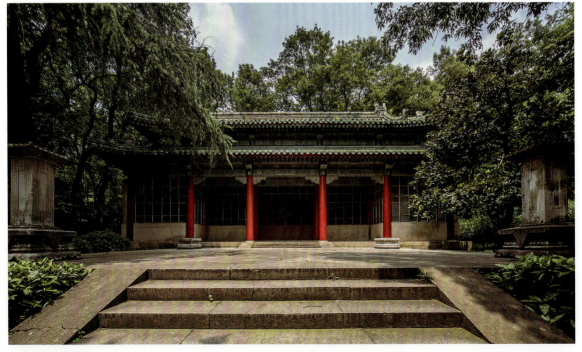

仿清宫式谭墓祭堂

墓前汉白玉华表、石狮、花盆系北京昌平肃顺墓前遗物

民国浙江省政府捐建的临瀑阁布局精巧,沿曲折小溪而筑,阁内两壁嵌有谭延闿生平与修建墓园碑记

灵谷深松碑原为谭延闿陵园石碑

谭延闿墓的石马,马首在"文革"中被砸毁

汉白玉材质的牡丹花坛,台壁上镌刻飞龙纹饰,应为北京圆明园遗物

蒋介石择定风水宝地：正气亭与紫霞湖

1975年，蒋介石逝世；1988年，蒋经国去世，但蒋氏父子灵柩一直未能入土为安，而是厝放在台湾省桃园县大溪镇的慈湖和头寮，待来日"光复大陆"后再落叶归根。据说蒋经国曾有口头遗训，希望父子二人归葬于故乡奉化溪口。实际上，蒋氏父子生前对于日后长眠之地各有打算。

1946年国民政府还都南京后，蒋介石秘密请来雪窦寺太虚长老为自己选择"龙穴"，选定在南京紫金山南麓紫霞洞附近，介于中山陵和明孝陵之间的小山岗作为身后归葬处。南京有句俗语叫做"日出紫金，日落栖霞"，这里有山川之胜、林壑之美，背靠大山，面对湖水，可瞰视南京全景，地势比明孝陵高，却比中山陵低。蒋介石一向以中山先生学生和信徒自居，希望死后能够守望总理陵墓，又自认为比明太祖朱元璋高出一筹，所选墓址地势必须低于中山陵，但高过明孝陵，借以彰显自己的历史地位。

中山陵建成后，中山陵园管理委员会又在紫霞洞附近开凿一人工蓄水湖即紫霞湖。紫霞湖是南京人夏季纳凉的好去处

空中俯瞰正气亭南侧紫霞湖呈"心"之形状，湖西南角水塔为华侨胡文虎捐款，于1946年完工

1947年，蒋介石授意在这块风水宝地上兴建一座方亭，以"夫正气者所以立天地成万物者也"而取名"正气亭"。此亭由基泰工程司杨廷宝设计，以苏州花岗石为基础，重檐攒尖顶，覆蓝琉璃瓦，大红立柱，彩绘顶梁，藻井处青天白日图案格外醒目。蒋介石亲题"正气亭"三字镏金阴刻于正面匾额，又撰楹联一副刻于亭柱，上联是"浩气远连忠烈塔"（忠烈塔指阵亡将士纪念塔），下联为"紫霞笼罩宝珠峰"（指明孝陵宝顶独龙阜玩珠峰），落款"民国三十六年九月蒋中正"。后柱尚有一联："仰天地之正气，法古今之完人。"亭后花岗石墙中央镶嵌碑刻《正气亭记》，碑文由孙科撰于1947年4月，虽经历风雨雷电的洗礼，字迹仍清晰可辨。蒋介石为自己选好墓址后还来不及经营，就仓皇败退台湾，在台期间虽然口里不言，心中却一直念兹在兹。如今台湾很少有人知道蒋介石到底希望归葬何处，但很多大陆人尤其是南京人都清楚，如今"正气亭"所在处才是老蒋最钟情的入土为安地。

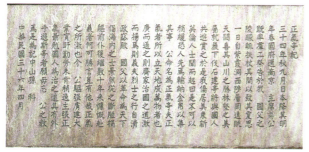

1947年4月孙科所撰《正气亭记》

正气亭彩绘

正气亭面积近60平米，由华侨捐资兴建，名为观瞻，"与国人共游赏之"，实为蒋百年后陵墓地址埋下伏笔

秋意正气亭

间谍王身后的吊诡传闻：岱山戴墓与戴笠楼

戴笠（1897—1946）曾负责军统局，并担任副局长与中美特种技术合作所主任，有"特工王"之称

蒋介石与戴笠

戴笠座机为美制C-47运输机

　　如果有机会从南京南站坐高铁驶往北方，飞驰的列车出站后不久就会穿越第二段隧道，这就是岱山隧道。1946年3月17日——70多年前一个乌云密布的午后时分，就在隧道口上方不远处，这座不过200米高的小山上发生一起震惊中外的重大事件。一架美制C-47运输机撞落于此，刹那间，剧烈的爆炸声伴随着升腾而起的巨大火球吞噬了一切，而机上乘坐的正是有"中国的盖世太保""蒋介石的佩剑"之称的间谍王戴笠。

　　戴笠，字雨农，浙江江山人。他早年混迹上海十里洋场时结识了蒋介石、戴季陶等人，1926年南下广州，给黄埔军校校长蒋介石当勤务兵，后入军校成为其得意门生，得到了蒋的充分信任。戴笠自北伐战争以后便长期从事特工与间谍工作，以军统局副局长身份指挥国民政府情治机关，采取暗杀手段清除包括中共与民主党派人士、蒋介石党内政敌、日本人及汉奸在内的各类异议分子。当年戴笠手下特工破译日军偷袭珍珠港的情报，让美国人见识了军统在情报方面的不俗表现，也让老板戴笠当上了中美特种技术合作所主任。

　　1946年3月17日上午9时，戴笠乘坐222号专机从天津起飞，先降落青岛，加满油后计划再飞上海。飞行员因天气恶劣建议停飞，但戴笠没有同意，决定若上海无法降落就改降南京。11时45分，专机从青岛起飞，

戴笠座机撞上的南京江宁板桥镇岱山

飞行途中就接到地面通知，称上海此时天降暴雨并伴雷电，于是改为降落南京，而南京地区亦大雨滂沱，地面因为是戴笠专机才勉强同意降落。13时13分专机通知地面准备降落，之后便完全中断了联系。由于戴笠每新到一地，必然先和军统局主任秘书毛人凤及时联系，这次却长时间没有联系，让军统上下深感不妙。次日凌晨，蒋介石接毛人凤报告后亲自电询航空委员会，并急令飞机沿途搜寻。18日晚接到军统南京办事处报告，222号专机已在南京附近坠毁，机上13人全部遇难。

出事当天，位于岱山山下乌石岗村的几个村民正拿着铁锹在田间地头巡视，午饭后便见一庞然大物从头顶掠过，过了片刻又转头向岱山飞来，径直撞在半山腰上，瞬时发生剧烈爆炸。数小时过后，周边村落听到爆炸声的民众也纷纷赶至，一两百号人好奇地围拢在飞机残骸前，有的开始用手中铁锹在散落残块中翻拨寻宝，一个中年村民居然找到一块已焚烧变形的金条，想用衣角把它兜住，无奈温度太高，竟烫穿衣服掉落在地，最终他还是把金条带回了家。据当地老人回忆，当时飞机上有许多散落物品都被村民拿走，事后也被官方追缴部分，其中还有一柄被烧变形的宝剑，此后一年多的时间里还有村民及儿童在坠机地不断寻宝，机身上的铝壳和零件几乎被变卖殆尽。事发两天后大批军统人员抵达事发地点，此

洪公祠1号军事调查统计局大楼旧址，现为南京市公安局南办公大楼

时现场早已狼藉一片，尸体焦黑，难以辨认，最后还是通过一具尸身上发现的6颗金牙，及其毛衣残片、随身手枪等物品，才辨认出此乃曾经叱咤风云的戴笠，遂装入从上海买来的楠木棺材运回南京。

戴笠生肖属马，面容酷似马脸，因平时患有鼻炎，呼吸时犹如马声。他笃信面相所属为大贵之相，所以别人当面说其像马也不生气，甚至以马自居，化名马行健，以表为蒋校长甘作犬马之志。戴笠出生那年，父亲戴士富在做关帝会时被人纵火烧着堂屋，偏巧天降大雨才避免了一场大祸。火灾发生时间在农历五月十三，戴笠生辰则是农历八月十三，出于对数字"十三"的忌讳，他不但将出生日期改为十四，每次乘机起飞之日也都特意避开13日，此次照例把启程时间推迟到3月16日，可万万没料到那天农历日期恰好是他一生忌讳的"十三"。因算命先生说其五行缺水，戴笠又将戴春风的原名改为现名，字雨农，其在特工工作中使用的化名亦多与水有关，如江汉青、江海涛、洪淼、金水等。不过飞机失事前不久，新任秘书为戴笠所取化名竟然是高崇岳，而戴笠座机撞上的小山包名为岱山，与"戴"姓同音，尸身最后是在困雨沟被发现的，正好契合了"雨农"的字。一切似乎冥冥之中天意使然，早有宿命。

日本间谍川岛芳子，汉名金碧辉，1948年3月25日以汉奸罪判处死刑

许是平时树敌过多，国民党特工头子戴笠意外坠机身亡后，关于其死因可说是众说纷纭，多年来留给后人各种各样的猜想和疑问。流传颇多的版本之一是蒋介石暗杀戴笠，理由是戴手下军统在当时势力坐大，又与美国海军关系密切，引起蒋介石猜忌，进而痛下杀手。但就当时国共内战即将爆发的局势而言，蒋根本不可能在关键时刻自毁长城，且在败退台湾后曾多次痛心疾首地说："若雨农不死，不至失大陆！"其次是死于共产党布置的暗杀。尽管周恩来曾说过"戴笠之死，共产党的革命，可以提前十年成功"的话，不过当时共产党对地下行动已作明确规定，不得采用暗杀手段，因此这两种说法均不足以为信。

戴笠墓与戴笠葬礼现场

其三是军统内部人员所为。话说军阀孙殿英盗取东陵后，为免于处罚，抗战期间将乾隆裕陵里的九龙宝剑送给戴笠，戴笠便交由军统北平站站长马汉三转给蒋介石，马却将其据为己有。马汉三后来被日军捕获，为保全性命就把宝剑交给川岛芳子，抗战胜利后才收缴回来。戴笠从川岛芳子那里知晓了剑的下落，索回后并没有马上问罪。但深知戴老板为人的马汉三认为迟早会被秋后算账，遂铤而走险，暗杀戴笠以求自保。1946年3月16日，马汉三委派部下刘玉珠在停留于青岛的戴笠座机上安放炸弹，造成飞机失

事的假象。戴笠死后,沈醉等人从飞机失事处找到九龙宝剑和宋代九龙杯,军统局司法处几经周折,终于查清马汉三秘密投靠日本、暗杀戴笠的真相,报经蒋介石同意,于1948年9月27日将马汉三、刘玉珠秘密处决。这个版本颇具传奇性,加上戴笠墓中确有一柄烧毁的宝剑剑身,所以有更多人相信这个版本的存在。

然而史学界普遍认为戴笠坠机系意外空难的可能性最大。军统总务处处长沈醉事后曾负责事故调查,所得结论即为:此为戴笠不顾飞行员建议,执意在恶劣天气下飞行而导致的一场意外事故。

1946年6月11日国民政府发布命令,追晋戴笠为陆军中将,并于次日在南京中山东路357号举行公葬典礼。蒋介石亲临主祭,并赠挽联曰:"雄才冠群英山河澄清仗汝迹,奇祸从天降风云变幻痛予心。"宋子文、白崇禧、陈诚、陈立夫等大员陪祭,美国海军第七舰队总司令柯克上将亦派贝乐利上校代表出席。章士钊以一副对联入木三分地刻画其生平功过:生为国家,死为国家,平生具侠义风,功罪盖棺犹未定;誉满天下,谤满天下,乱世行春秋事,是非留待后人评。6月14日,郑介民、唐纵、毛人凤等人主持移灵,将戴笠遗骸移至灵谷寺志公殿。8月中旬某日,蒋介石到志公殿灵堂悼念,凝视其照片伫立许久,

岱山上只剩下写有戴笠殉难处的半截石碑,原碑文为国民党元老吴稚晖题写

戴笠墓道楼梯

风雪志公殿。建于1934年,因殿内供奉梁代名僧宝志画像而得名

摄影获奖作品《古寺流萤》中的志公殿

今日志公殿已成为夏日流萤拍摄的绝佳场所

戴笠墓前水塘

神情黯然甚至流下眼泪。他随后为戴笠在中山陵后面的烈士公墓选定安葬之地，前有水塘，后有钟山，风水绝佳。

戴笠墓建造堪称豪华，所用石料效仿中山陵，是从苏州运来的优质花岗石，由民国时期有名的陆根记营造厂承建。墓地呈长方形，总占地约1500平方米，墓前立花岗石墓碑一块，上书"戴雨农将军之墓"，系国民党元老吴稚晖手迹，岱山困雨沟所立"戴雨农将军殉难处"石碑亦为其手迹。碑前设供奉石桌，两侧置石凳，墓道为水泥环绕建造，南侧还有一矩形池塘。1947年3月4日落葬时，美国海军情报局梅乐斯中校身着便服以私人身份参加葬礼，并在墓地亲手种下两棵梅树。戴笠的棺木放入墓穴后，为牢固起见，又用水泥和炭渣搅拌在一起灌入，使灵柩和整个墓穴结成一体。

国民党政权逃离南京前，军统曾想将戴笠尸体挖出，火化后把骨灰带往台湾，但墓穴过于坚固，怕用炸药炸开会将棺材一并炸毁而放弃。1951年春天，由于戴笠的特殊身份，戴笠墓最终被夷为平地，梅乐斯种下的梅树亦被伐去。据目击者刘维才回忆，当年陵区东山头村几个农民花费一周时间，用铁镐沿戴笠墓的水泥接合处将墓扒开，呈现在他们眼前的是一红漆木棺，开棺后发现里面除戴笠遗骸外，只有一把被烧得变形的左轮手枪，一只皮鞋后跟，还有一根一尺多长锈蚀严重的狭长铁片，依稀可见是宝剑剑身模样。随后棺材与这些随葬物品被全部倾倒进墓前池塘里，楠木棺材后来又被农民从水塘里捞出，拖回家拿去做木桶了。1953年2月，毛泽东主席到南京谒中山陵期间，特地询问戴笠墓的情况，当听说已被废除时曾惜称："不要把他搞掉，留作当反面教材嘛！"

70多载光阴流逝，很少会有游人光顾于此。那把九龙宝剑的残身早已在一泓池水中锈蚀殆尽，了无踪迹，但见微风起处水面微澜，深深的潭底却沉淀着一段逝去的历史。

此外，在南京汤山的狼山脚下还有座神秘的"戴笠楼"，据说是戴笠当年在南京训练特务的地方。该楼目前为解放军某部营区，楼前两排柏树的所有枝杈全朝着大楼方向生长，远远看去好像在向大楼俯首称臣。大概是特务身份的暗示，"戴笠楼"被传为"恶魔之窟"，20世纪80年代末更被传得沸沸扬扬。整座大楼为三层设计，底层据说设有通往狼山的地下秘密通道，外墙采用特殊工艺，凹凸不平达60厘米厚，屋顶则呈中字形，顶上还有一个大平台。一楼窗户不多，便于隐蔽；二楼每个房间均安装有多扇窗户，除可观察周边环境，还有直通平台的功能。据称大楼原本暗藏许多机关，若无人引路，来访者极容易迷失方向。例如每个房间的门都设计得异常低矮，房门上还有暗格，一旦出现意外情况，可随手从暗格里取得武器；二楼除了常人看得见的楼梯外，还秘密设置了一隐藏得极其巧妙的暗梯，外人不注意看根本无从知晓。

大楼内神秘的弓箭标志令人遐想

最诡异处当数大楼进门处水磨石地面上的棕色奇异图案：直径约1米的大齿轮，中间一副弓箭。由于无法说清这是什么图案，于是有人把它同戴笠联系起来，猜测这可能是国民党特务头子设计的特工标志，也可能是对楼内地下密室入口等的秘密暗示。此外大门右侧地面有处火烧痕迹，据说是大楼内一名负隅顽抗的特务留下的最后影像，烧痕四周仿佛还残存有陈年血印，无论怎样洗刷都没法洗掉。而大楼底层神秘庞大的地下室，更让不少人对所谓"戴笠楼"信以为真。大楼后面山坡上还有座废弃了的地堡，据传是关押人犯的"水牢"，进入该楼后手机信号便被屏蔽。种种扑朔迷离的奇异现象更为此楼平添了一丝神秘气息。

二楼落地钢窗

"戴笠"楼入口与全貌

楼内部走廊、楼道与入口处

"戴笠楼"入口顶部装饰

其实"戴笠楼"与戴笠本人无任何关系。戴笠担任军统局副局长是抗战以后的事,之前其身份仅为复兴社特务处处长,没有足够权力和财力修建这样一座大楼,而抗战胜利不久他就已葬身岱山那片火海中。据曾任原国民党汤山区书记长的唐老先生回忆,此楼其实是1934年建造的国民党军"弹道研究所",用作军营娱乐场所的地下室因年久失修、积水严重而被封存。手机在楼内接收不到任何信号,是因为大楼墙壁内安装有铅板,用于整体屏蔽与隔音。大楼入口处那一恐怖的"人型疤痕"经取样检验,丝毫没有血迹或人体脂肪成分,据部队老战士回忆,南京冬季潮湿寒冷,部队在走廊架设了煤炭火炉以供士兵取暖,导致在水门汀上恰巧形成一个人形轮廓痕迹。至于门口地面上的奇异图案则是军政部兵工署署徽,以齿轮代表机械,弓箭代表兵器,楼后那座水泥构筑的狭长地下建筑是当年弹道测试的实验场所。至此一切真相大白,神秘惊悚的传闻最终化为人们茶余饭后的笑谈。

大楼内部楼道

水磨石地面的人形疤痕与相关传说令人惊悚

民国"兵工之父"俞大维(1897—1993),曾国藩曾外孙,中国近代数学家、弹道学专家,历任军政部兵工署署长、军政部次长、交通部部长等职

祖师庵7号俞大维旧居

据相关资料记载,由兵工署署长俞大维一手创立的弹道研究所,曾以高薪聘请世界弹道学权威德国克朗兹博士(Dr. Cranz)与夏定博士来南京讲学,瑞典籍专家德白氏以及国内专家汪浏、庄权、丁天雄等参与工作或担任顾问。研究所内有射击场数据测量室、工艺室等设施,对当时从美国、日本、苏联等国进口的火炮、机枪等兵器进行全方位研究,并加以模仿制造。此后俞大维又在八卦洲的下坝因地制宜建起火炮射击靶场。1937年底,兵工署随各机关西迁汉口,半年后又迁往陪都重庆。

汪逆墓炸尸焚之下场：汪墓寻踪

1944年日军在战场上穷途末路，汪精卫亦病入膏肓，骨瘦嶙峋，在日本名古屋帝国大学附属医院病床上奄奄一息

1944年11月23日，日军侵华总司令畑俊六前往汪精卫葬礼进行祭拜

将被炸毁的汪精卫墓

关于大汉奸汪精卫的死因，比较公认的说法是1943年11月底，他在颐和路38号公馆为迎接侵华日军总参谋长松井太郎等人，下楼时一脚踏空，滚下楼梯，脊椎骨负伤处正好磕在楼梯棱角上，当场昏厥过去。12月19日，汪住进南京日本陆军医院，由外科军医后藤做手术，取出八年前孙凤鸣开枪留在背部两根肋骨间的弹头。其妻陈璧君破涕为笑，大小汉奸头目也纷至祝贺，汪精卫则强打精神，一连几次发表"卧床演说"。谁知好景不长，许是手术伤及中枢神经的缘故，汪术后双腿不听使唤，大小便失禁，第二年3月便被飞机送往日本名古屋大学医院进一步手术，身体和头部全用石膏固定，元气尽丧形同僵尸，靠输血苟延残喘。此时日本本土不断遭盟军飞机轰炸，名古屋与周边城市交通中断，只好由长子汪孟晋、二女儿汪文彬、三女儿汪文悌为其父输血。汪精卫自知去日无多，开始为身后事做准备，由其口授、陈璧君记录而留下遗书《最后之心情》，在书中极力为自己粉饰辩护，将叛国投敌行径狡称作"曲线救国"。

1944年11月9日上午9时，盟军出动150架轰炸机空袭名古屋，陈璧君和子女们在炸弹巨响和火光中，将奄奄一息的汪精卫连人带床送进地下室。持续不断的爆炸声在空洞的地下室里回响，精神惊恐加上寒气侵袭，汪精卫高烧不断，病情急剧恶化。1935年汪遇刺后，医生就说他只能再活10年，此言果然应验——汪精卫在1944年11月10日下午4点20分结束了他罪恶的一生。

南京东郊梅花山正好处在明孝陵和中山陵之间，自宋代起因广植梅树而得名。1942年清明节，汪精卫在群奸陪同下祭扫中山陵时曾对众人说：死后若能葬在中山陵园旁的梅花山上为中山先生守陵，自己就心满意足了。于是陈公博、周佛海等人决定在梅花山上为汪精卫举行葬礼，并在沦陷区放假一天，以每人领取20元伪中储券为诱饵吸引市民参加送葬，价值抵得上当时平均月薪的四分之三。汪精卫的尸体于1944年11月23日被葬在梅花山麓。陵寝原设计图案与规模仿照中山陵，计划修建墓室、祭堂和牌坊等，但由于日本很快投降，汪墓除墓室、祭

梅花盛开时节梅花山今貌

2016年中国古建摄影大赛江苏赛区金奖作品《暗香浮动梅花山》

堂外其他建筑尚未完成。陈璧君自知汪精卫罪孽深重，为防止后人毁墓，亲自安排使用5吨坚硬的碎钢块掺在混凝土里，然后浇灌成厚厚的墓壳。

真所谓"青山无辜埋奸骨"。时间仅过去十余月，抗战即取得最终胜利，国民党政要指示务必平除该墓，中国陆军总司令何应钦委派邱维达第74军的工兵部队执行这一特殊任务，同时由南京市政府协助行动，南京宪兵司令部负责迁移期间内外警戒，断绝行人交通，不许任何人接近。

1946年1月21日晚，该军51师直属工兵营分两次用150公斤德制TNT爆破，炸开墓壳和内窨，劈开棺材。开棺时由南京市市长马超俊亲临检查，只见汪精卫尸身覆盖一面青天白日旗，穿藏青色长袍马褂，头戴礼帽，腰佩大绶，面部略呈褐色有些许黑斑点，似有中毒症状，下葬时尸体因使用防腐剂而未腐烂。人们在其口袋里找到一张上有陈璧君所书"魂兮归来"的三寸招魂纸条，还发现一本汪精卫手抄诗稿，最后一首《自嘲》系汪死前绝命诗："心宇将灭万事休，天涯无处不怨尤。纵有先辈尝炎凉，谅无后人续春秋。"字迹歪斜，不具年月。

汪尸连同棺材随即被卡车运往清凉山火化，火葬场工人受命用鼓风机向炉膛送风，骨灰顷刻间扬散无踪——巨奸汪精卫从此灰飞烟灭。工兵营当夜平整好坟地，为了消除墓地印记，后在上面建成一座长方形亭子，两边修筑长廊，由孙科手书"观梅轩"。如今这里已成为一处风景名胜，游人到此可远眺中山陵与明孝陵，遥想当年孙权、朱元璋、孙中山的丰功伟绩，谁也不曾留意过脚下曾经埋葬过一个遗臭万年的民族败类。至于梅花山东麓的原汪墓祭堂则更名"寿星宫"，现已辟为中山陵园管理局职工之家。

南京市市长马超俊（1885—1977），1935年3月至1937年12月、1945年8月至1946年11月间任职

为消除墓地印记，后在坟地上建成一座长方形亭子，即今日"观梅轩"

浩气如虹贯长空：
蒋王庙街289号南京航空烈士公墓

1946年3月29日，国民政府在航空烈士公墓举行春祭阵亡将士典礼，图为蒋介石、王世杰等人步出祭堂

南京航空烈士公墓位于东郊紫金山北麓王家湾东侧，是国民政府安葬空军阵亡将士的墓地。公墓设计者为金陵大学建筑系邱德孝教授，工程于1932年2月正式开工，同年8月建成。整个墓地坐北朝南，依山而建，主要建筑包括牌坊、碑亭、祭堂、纪念塔、坟场等。1937年12月南京沦陷后，庄严的航空烈士公墓遭日军破坏，灵堂、纪念塔被焚毁，墓冢被夷为平地，未及下葬的烈士灵柩亦不能幸免，地面建筑几乎荡然无存。

抗战胜利国民政府还都南京后，对公墓进行大规模修葺，基本上按原样重建。大门口的牌坊上刻着"航空烈士公墓"六个大字，两侧立柱上为何应钦所写一副挽联：捍国骋长空，伟绩光昭青史册；凯旋埋忠骨，丰碑美媲黄花岗。背面为蒋介石手书"精忠报国"，碑亭内有孙中山"航空救国"碑文。当时长眠于此的不仅有中国空军烈士，更有许多支援抗战、牺牲在中国战场的苏联、美国籍航空英烈，据统计总名单上共有870名中国烈士、2 197名美国烈士和237名苏联烈士。1946年3月29日，国民政府在公墓灵堂举行战后首次公祭，蒋介石题写挽联为："英名万古传飞将，正气千秋壮国魂。""文革"时期，航空烈士公墓除牌坊幸存外，其他地面建筑连同墓茔被毁。现存公墓乃1985年重新修葺。

孙中山题写的航空救国碑亭

抗日航空烈士碑

航空烈士公墓牌坊上部造型意为"白云滚滚、火光冲天"，两侧立柱分别镌刻何应钦所题挽联

空中俯瞰今日南京航空烈士公墓

涤烦襟而释尘虑：
汤山镇温泉路3号蒋介石温泉别墅

1930年代汤山别墅旧影

1927年蒋介石等人在汤山郊野留影

南京江宁汤山、浦口汤泉均以温泉闻名，汤山更以拥有富含多种矿物质及微量元素的古温泉而备受青睐，从古至今吸引着文人雅士来此结庐而居。民国初年，江宁士绅陶保晋斥巨资在汤山建造一豪华别墅名曰"陶庐"，因所建温泉浴室之华丽舒适艳称一时，连南通状元张謇亦慕名前往作客洗浴。冯玉祥、李宗仁等国民党高官时常盘桓汤山，游览沐浴，戴季陶、谷正伦、刘纪文、王懋功等人更在当地营墅常居，尽享"涤烦襟而释尘虑"之乐。

蒋介石温泉别墅坐落于汤山镇汤泉路3号，距南京城28公里，原系国民党元老、蒋介石把兄弟张静江所建私人别墅。1927年蒋介石携新娘宋美龄抵达南京，张静江便以汤山别墅作贺礼奉送。汤山沦陷初期，温泉别墅曾被侵华日军烧毁。1946年4月，国民政府将该庐重建为蒋宋专用的温泉别墅。该建筑中西合璧，庄重典雅，分地上和地下两层。进门即为二层，有会客室、休息室和棋室，地下室有蒋宋所用"鸳鸯浴池"、侍卫官浴池和随员浴池。适逢假日，蒋氏夫妇二人会在侍从陪同下驱车来庐，沐洗小憩。

浴室楼梯

蒋介石专用浴室

汤山蒋介石温泉别墅是一幽静所在

别墅卧室

侍卫室与车库

别墅客厅

汤山镇温泉路3号蒋介石温泉别墅入口

金陵第一明秀山：民国栖霞山

海达·莫里循20世纪40年代拍摄的栖霞寺旧影组照

地处南京东北郊的栖霞山自古便有"第一金陵明秀山"之誉，素以古迹遍布、红叶满山著称。山麓下的栖霞古寺是佛教三论宗祖庭，佛教"四大丛林"之一。1920年一代名僧黄宗仰到此朝山时发现这座江南名刹已被江宁县改作他用，仅剩几间破屋供寺僧栖身，遂利用其社会声望奔走斡旋，收回山地财产后又化缘集资，孙中山亦捐银万元重振栖霞。在所主持的栖霞寺毗卢宝殿工程行将竣工之际，大师积劳成疾圆寂葬于山下，由弟子及好友蔡元培、于右任、李烈钧等在栖霞寺大殿后建成宗仰塔一座，以褒扬这位"革命和尚"为国家与民族文化做出的功绩。

古寺雪霁

栖霞寺旧影

舍利古塔

民国栖霞山三圣殿旧影

栖霞山千佛岩。摄影作品《问佛》

三圣殿为栖霞山千佛岩中规模最大的佛窟，正中为无量寿佛，两侧为观世音、大势至菩萨像。图为三圣殿摄影作品《佛门》

远东第一水泥生产基地：摄山镇88号江南水泥厂

陈范有（1898—1952），1925年任启新洋灰公司工程部土木工程师，1933年受公司委派南下，在南京主持创建江南水泥厂

1937年7月江南水泥厂旧影

江南水泥厂难民营。日军占领栖霞后不断烧杀抢掠，大量难民汇集到相对安全的厂区避难

江南水泥厂大门挂起德丹合营的牌子，京特与辛德贝格以国际背景保护厂产和难民

栖霞山东麓的江南水泥厂始建于1935年，占地面积约5 000平方米，仍保留有建厂初期水泥旋窑、栈房等工业遗址，以及砖木结构的民国建筑群。侵华日军攻占南京展开屠戮之际，德国人京特和丹麦工程师辛德贝格利用其国际背景在此建立起南京最大的难民营，为成千上万名中国难民提供庇护与救助。

1937年，日军占领南京后，很快将目光转向江南水泥厂，对如此巨大的战略物资来源垂涎欲滴，要不是忌惮工厂悬挂着丹麦和德国国旗以及国外厂商"代表"护厂，他们早就强行下手了。日军对江南水泥厂"丹德合资"的身份已经起疑，企图从"合资"另一方寻找突破口，于是找驻在上海的丹麦史密斯公司核实情况。该公司和江南水泥厂其实只是简单的生意伙伴关系，江南水泥厂实际负责人陈范有在日军之前秘密赶往上海史密斯公司，称"日军会利用水泥厂生产军用物资，一旦与日军合作，我们就将变成卖国贼"，并恳请史密斯公司与之配合，让日军相信江南水泥厂是"丹德合资"企业，现在还不能开工。他的爱国热情和诚恳态度深深打动了公司人员，同意保持中立，不出卖江南水泥厂。

1940年7月，江南水泥厂收到"军管"企业开会命令，此时董事会才知道，江南水泥厂早已被日军列入"军管"名单。半年之后，日军设置了一个更大的陷阱：借口江南水泥厂在申请归还"军事管理"的过程中需要明晰产权，以便掌握工厂资产归属、相关产权等诸多信息，从而发现该厂产权实为中国人，于是迫不及待地下手侵占厂区先进设备为其侵略战争服务。1942年6月，日军在中途岛海战中失利，为扭转战局而成立华北轻金属公司，为制造空战飞机提供所需原材料，机器设备主要从中国沦陷区掠夺、拆迁组成。他们抛开日本商会，直接动用军力，强行命令江南水泥厂拆迁设备。江南水泥公司股东面对敌人枪口空前团结，一致反对拆迁。日军恼羞成怒，派人赶赴天津，准备以"抗日"罪名抓捕陈范有、袁心武等人，很快就强行占领了水泥厂。1944年8月17日，日军将包括电线、润滑油等小件物品在内的所有机件全部拆完，到1945年上半年又抢占栖霞山的厂房，准备用来生产酒精，可还没来得及投产就战败投降了。

江南水泥厂作为当时国内规模最大、设备工艺最先进的"远东一流"水泥企业,引进的丹麦公司生产线年产量可达20万吨。据此计算,八年内生产的水泥将足够日军建设八座军用机场,而据1946年数据统计,1937至1945年仅停工一项工厂损失就高达300多万美元。陈范有等一批爱国实业家出于民族大义,不计钱财,不畏生死,自南京沦陷以后就不曾为日军生产过一吨水泥,并同日军军事管制工厂的企图进行了不懈抗争,最终难逃被拆运洗劫一空的命运。

2018年初,这座凝聚了中国近代民族工业苦难与辉煌的标志性企业入选中国工业遗产保护名录首批名单。

1937年7月江南水泥厂旧影

江南水泥厂旧址上的两层砖混结构办公用房,平面呈U型,侵华日军大屠杀期间被改为难民营诊疗所

新街口至夫子廟線

品味浓郁民国风情：太平南路民国街区

1930年代太平路安乐酒店。1948年李宗仁竞选副总统总部设在店内，以三天流水席免费招待国大代表。该建筑于2007年被拆

1931年工务局建筑科拍摄的修筑太平路杨公井路段旧影

南京市秦淮区太平南路是一条南北走向的街道，北起中山东路大行宫路口，南至建康路夫子庙，全长约2公里。1931年，吉祥街、花牌楼、太平街、门帘桥等明清老街被连缀改造成新式马路，统称为太平路，白下路以南到建康路之间则拓宽为朱雀路，到1959年才与太平路合并改称作太平南路。

民国时期太平路是当时南京数一数二的著名商业街，道路两侧市井繁盛，饭店、书店、金店、药店、杂货铺等各式店铺林立，至今仍分布有20多座民国建筑。这其中的标志性建筑之一，当数太平南路和建康路交界路口一座灰色三层大楼（门厅高五层），即建于1933年的上海商业储蓄银行南京分行办公楼。另一栋位于白下路路口的三层楼房也是太平路标志之一，即建于1929年的中南银行南京分行城南办事处。此楼外立面呈红褐色，四层门厅上方原本有一座钟楼，汪伪时期它一度被伪实业部、伪粮食部征为办公用地。

当时在太平路、大行宫及杨公井一带，还云集了商务印书馆、中华书局、中央书店、世界书局、开明书店、良友书店

20世纪20—40年代太平路旧影组照

建康路口上海商业储蓄银行南京分行办公楼旧址

等多家书店,号称南京"书店一条街"。1912年元旦中华民国临时政府在南京成立之日,年仅26岁的出版家陆费逵在上海创办了中华书局。1935年南京分店在太平路开张,抗战期间因靠近日伪电信局而被占用。中华书局南京分店战后在原地恢复营业,后易名南京古籍书店,店名为胡小石题写,继续担负起传承中华文脉的历史重任。

如今太平南路沿街建筑按照民国样式完成修缮与改建,这条城南著名商街已被打造成别具特色的民国风情一条街。

中华书局创始人陆费逵
（1886—1941）

白下路中南银行南京分社1946年旧影

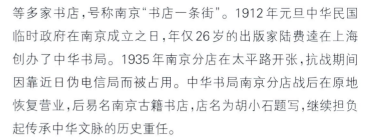

今日交通银行白下支行

中华书局南京分店民国旧影

民国时期太平路至杨公井一带有30多家书店。图为古籍书店今貌

民国四大最美教堂掠影

太平南路396号圣保罗堂

南京中华圣公会圣保罗堂始建于1913年,1923年由金陵大学建筑师齐兆昌设计、陈明记营造厂承建,扩建成砖木结构、哥特风格的教堂,距今已有百余年历史。这一朴素典雅的欧洲乡村式教堂建筑群由大礼拜堂、钟楼、神职人员宿舍、膳房等组成,外观形态高耸,水泥螺旋式阶梯,外墙以城墙砖及青砖砌就,圣殿内部却采用传统木构架,窗台、门套、垛碟、封顶等部位采用精制磨光的镇江白矾石雕筑,是南京基督教现存最早的一座民国建筑。

20世纪20年代位于太平路的南京圣保罗教堂内部装饰

圣保罗教堂内部按照当时西方流行的复古主义形式设计,是典型西欧乡村式小教堂

南京中华圣公会圣保罗堂是南京第一座正式的基督教礼拜堂

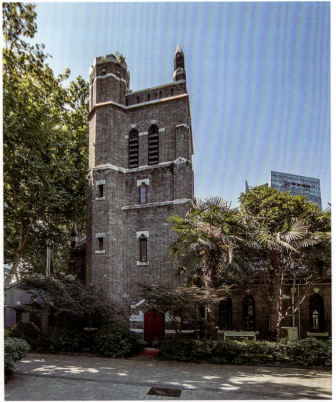

圣保罗教堂始建于1913年,初为小礼拜堂,1923年由金陵大学齐兆昌设计扩建为教堂

莫愁路390号基督教莫愁路堂

基督教莫愁路堂面积500多平米，始建于1936年5月，落成后可容纳1 200人做礼拜。主堂坐东朝西，是一座砖木结构的哥特式建筑，穹窿屋顶上覆盖方形水泥平瓦，外墙以清砖砌筑，清水勾缝。堂西北角有与堂连体的4层钟楼，墙角留有冯玉祥题词的奠基石。殿内8—10根人字形柱，木结构屋架由两侧向中央逐级出挑并升高，每级下面有一下垂装饰物和圆弧形撑托，被称为"锤式屋架"，属英国16世纪都铎王朝建筑风格。

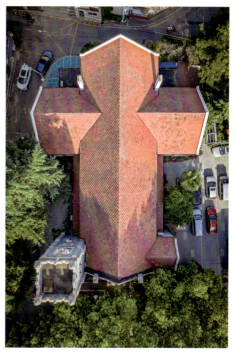

基督徒冯玉祥将军题写的房角石

俯瞰汉中堂。侵华日军南京大屠杀期间，汉中堂办有难民收容所，掩护了不少难民免遭荼毒

1927年基督教莫愁路堂由耶稣会堂改名为南京汉中堂，1934年被拆除，1936年鲍忠牧师筹款重建，于1938年10月正式对外开放

汉中路140号基督教百年堂

南京医科大学校园内有一座四层巴洛克风格建筑,系1921年由美国南卡罗莱纳州萨姆特城三一堂捐建的教堂,用作监理公会国外布道百年纪念,故名"百年堂"。百年堂面东而立,入口处有直通二层的西式门廊,花岗岩石柱上的西洋雕饰精美而典雅。百年堂旁还有一幢据说是传教士宿舍的三层建筑,门楼极富特色。这两幢建筑都是金陵神学院旧址,民国时期金陵神学院不断向周边发展,当时从上海路大铜银巷到汉中路南医大校区都在其范围内。

司徒雷登与南京枢机主教于斌

金陵神学院布道堂内景

俯瞰大铜银巷17号金陵女子神学院大楼,底层北面正中为布道堂

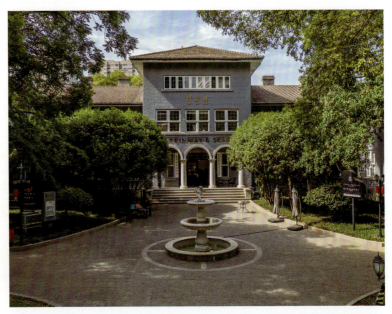

金陵女子神学院圣道大楼由陈明记营造厂1921年承建,金陵大学建筑师齐兆昌设计

基督教百年堂入口,该楼建于1921年

汉口路140号基督教百年堂

传教士宿舍楼旧影

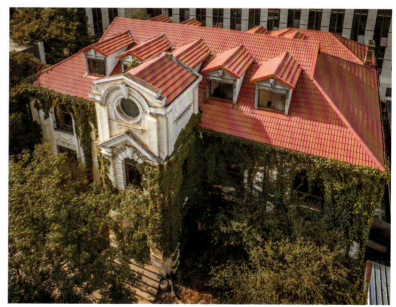

传教士宿舍楼今貌

石鼓路112号天主教堂

石鼓路天主教堂由法国传教士建于清同治九年(1870)，北伐战争中遭到破坏，1928年国民政府拨款重修后，这里一直是天主教南京教区的主教座堂。建筑属欧洲早期修道院形式，外观厚实，体形简洁，平面呈正统拉丁十字形，采四分拱顶、拱券肋、集束柱结构，是南京仅存的一座"罗曼式"建筑。江苏省及南京市天主教爱国会自1978年起在此合署办公。

石鼓路天主教堂

石鼓路天主教堂内部，外观及内部结构上模仿罗马式，无梁、十字形、拱顶、砖木结构

漫话民国首都知名影院

1936年底大华大戏院门头上方竖立的美国电影《铸情》（别名罗密欧与朱丽叶）广告

1937年元旦，大华大戏院门头上竖立着美国影星克拉克·盖博主演影片《旧金山》的巨型霓虹灯广告

老影院作为一座城市的文化代名词，曾经承载了几代人的美好记忆，对当地的经济文化生活产生过深远影响。人们总是怀着一种特殊的情结，追忆那些随老影院一起逝去的葱茏岁月，怀想昔日留存在模糊照片上的正茂风华……

大华大戏院与新都大戏院、世界大戏院、首都大戏院并称为民国首都四大影院。始建于1934年的大华位于中山南路67号新街口黄金地段，由美籍华人董事长司徒英铨筹资、基泰工程司杨廷宝主持设计、上海建华建筑公司承建。1936年5月29日开业时拥有约1 800个软席座位及冷暖供应设备，堪称南京最大最奢华的影剧院。大戏院坐东面西，外立面采用西洋门脸，内部装饰呈传统宫殿风格，是典型的中西合璧式双层建筑，其中大厅12根回形排列的鲜红立柱、顶部天花的彩色玻璃、回廊墙壁上饶有特色的橱窗灯具、黄色水磨石子墙面以及观众厅台口花饰极具特色，令人印象深刻。大华以放映进口影片为主，当时票价高达两元大洋，相当于普通百姓一周的伙食费，其开业首映影片为美国米高梅电影公司出品的歌舞剧《百鸟朝凤》，放映当天引起全城轰动。不久京剧大师梅兰芳、刘连荣携《霸王别姬》《贵妃醉酒》等名剧来此赈灾义演，人们争相购买演出门票，筹集了不少捐款。2002年大华大戏院被评定为省级文物保护单位，经两年多大规模整修改造，于2013年5月29日重新投入使用。

大华大戏院1936年建成开映，是新街口地区保存较好的民国老建筑

大华大戏院门厅高2层，12根大红圆柱，彩绘天花、墙壁及梁枋，栏杆扶手为民族风格传统雕饰

20世纪30年代贡院街首都大戏院上映明星胡蝶新片，盛况空前

首都大戏院坐落在夫子庙贡院街84号，平顶三层的西方现代派建筑，坐北朝南，左右对称，有全钢结构的巨大雨篷伸展到人行道上。设计者黄檀甫设计大戏院时年仅33岁，他之前曾参与中山陵和广州中山纪念堂的设计建设。1931年2月首都大戏院建成开业之际，在《中央日报》上刊发了"首都最堂皇的剧场，东方最富丽的天国"广告语，也是把电影从室外引入室内放映的中国第一批影院。民国年间，这里时常放映国产大片和进口新片，曾经首映过影星阮玲玉主演的《新女性》等影片，吸引了社会各阶层人士莅临观影。南京沦陷期间，隶属日本人组建的"中华电影公司"，曾改名中华戏院。新中国成立后更名为解放电影院，经全面修缮后变身为以电影、建筑为主题的博物馆向公众开放。首都大戏院是民国时期南京建立的第二座影院，它是从低端剧场转向高端剧场的见证，也是民国影院中较早应用大跨度挑台楼座的影院之一。

今日之首都大戏院

1935年民国画刊中的新都大戏院

1939年新都大戏院更名为"东和剧场",成为日军和日本侨民专用娱乐场所

中山路82号新都大戏院建于1934年,由著名建筑师李锦沛设计。新都大戏院建筑面积3 685平米,楼上楼下座位数共1 446个,除观众大厅外,还设有高级包厢、酒吧、客厅等,放映机、发音机、吸音纸板均从美国进口,还首家安装有从美国订购的最新款"福利安"冷气机,无论观影看戏还是会客用餐,效果均堪称完美,是民国时期南京乃至全国最时尚知名的娱乐消费场所。日军占领南京后,被划入"日人街"范畴的新都大戏院改名"东和剧场",专门放映日本影片,成为日军日侨的专用娱乐场所及政治集会地。抗战胜利后又改名胜利电影院,2004年10月它与周边建筑一道被拆,惟余民国时期"老门脸"嵌入德基广场二期,供人怀旧追忆。

前身为新都大戏院的胜利电影院于2004年拆除,10年后影院门脸在原址再现,但徒存假面躯壳而已

位于秦淮区杨公井25号的国民大戏院由新金记营造厂于1929年承建,其座位舒适,配置得宜,电扇、水汀、排间、衣帽室及会客厅等应有尽有。全国第三次文物普查中,文物专家经考证认定,是迄今为止南京现存最早的电影院,现已更名为江苏人民大剧院。

1930年建成的世界大戏院位于新街口中山路51号小巷内,最初名叫南京大戏院,因上海、扬州等地已有同名戏院而改称世界大戏院。1934年初,大明星胡蝶来南京拍摄反映东北义勇军抗敌事迹的影片《白山黑水美人心》时曾到此表演,引起追星族狂热追捧。白杨、舒绣文等影星1947年底来南京宣传所主演的影片《一江春水向东流》,首映地点就设在世界大戏院内。这家老牌影院解放后改名延安剧场,已于2006年被拆除,永远消失在人们的视线中。

此外还有建于20世纪20年代、位于夫子庙平江路11号的大光明影剧院,其前身为中央大戏院,"文革"期间改名燎原电影院。这座曾是南京所存历史最悠久的二层影剧院也于2009年8月被拆除殆尽。

不管这些老建筑或湮没或留存,都带着各自曾经的时代痕迹,烙印在人们的恒久记忆中。

《中央日报》当年刊登的杨公井"国民大戏院将开幕"图片消息

今日杨公井剧场

新街口至夫子庙线

民国建筑群掠影

慧园里印象

19世纪美国著名作家爱默生说过:"城市是靠记忆而存在的。"

时光荏苒,记忆弥深,历史文化恰恰是现代城市灵魂的奠基。民国建筑群作为前人遗留的丰富历史文化遗产,也是后人回溯民国这一特定历史时期的现实通道。

有故事的老房子遍布南京大街小巷,不经意的外表下背负着意想不到的过往——其主人当年或活跃于政坛,或驰骋于军界,或周旋于商海,曾演义出诸多故事。让我们跟随镜头去浏览历史,借助凝固的时光来还原这座城市的曾经过往。

慧园里民国里弄式建筑群之夜

慧园里石库门民国住宅区

　　石库门建筑群在南京有三大片区：一是太平南路附近的慧园里，其二是梅园新村附近的钟岚里，另一处就在老下关大马路上的天保里等石库门居住区。此外南京老城区还零星散落着西白菜园等石库门建筑。

　　秦淮区慧园里历史风貌区为南京现存较少几处旧弄堂特色的民宅片区，东、西两排共20多幢红墙灰瓦的联排二层楼房，分别带有老虎窗、铁艺小阳台和小巧院落，颇为精致优雅。这种旧上海常见的石库门建筑样式来源于西方，石砌门框，木质门扇，房屋前部有开阔的天井，房子并排而建，楼间距狭小但采光尚可，小区中间还设有公共通道和活动空间，充满了市井气息。如此高密度住宅建筑形式与空间布局，真实反映了民国时期中产阶级居住环境及住宅建设风貌。

　　这里原为上海商业储蓄银行南京分行高级职工宿舍，但建成不久即被侵华日军宪兵司令部占据，成为南京老百姓不敢靠近的禁地。带枪哨兵在大铁门内时刻逡巡，有时还会牵着军犬出来巡查，军犬的狂吠声令人不寒而栗，以至当时大人们常用"再不听话，就把你扔到慧园里去喂狗"的话来恫吓调皮孩子。抗战胜利后，慧园里的日本人全被遣返回国，国民党达官显贵们纷纷住了进来，从而演变为中上层市民居住区。

俯瞰慧园里民国建筑群

秣陵路21号"猪将军"刘峙公馆

刘峙（1892—1971）

秣陵路21号民国建筑群现存10幢西式二层砖木结构的小楼，当年共18幢造型统一的南北向小楼，每幢9个房间，一楼门廊，二楼露天晒台，雕花铁围栏，青平瓦屋面。建筑群南侧3列6幢两层联排建筑又是另一种风格，为中西合璧的石库门式建筑，应系当年民国监狱或看守所用地。

该建筑群中最为突出的是国民党高级将领刘峙公馆，是20世纪30年代刘峙以夫人杨庄丽的名义在南京置建的房产，现仅存北面4幢双层小洋楼及附属用房，老式楼梯、窗户保存尚好。刘峙曾任黄埔军校教官、河南省政府主席，颇受蒋介石赏识，有北伐战争之"福将"、中原大战中"常胜将军"、抗战"长腿将军"之称。解放战争期间他担任徐州"剿匪"总司令，因指挥国民党军在淮海战役（即徐蚌会战）中一败涂地，故人送绰号"猪将军"。

经历80多年风雨的秣陵路21号民国建筑年久失修，显得破败不堪

复成新村7号中共南京市委秘密会址

复成新村民国建筑群，北临常府街，南邻五福巷，西接长白街，东至马路街，因其东有复成桥而得名。约两万平方米的面积上建有40余栋西式花园洋房（平房18幢、楼房27幢），绝大多数是国民党高级将领公馆。其中21号三层别墅原为美国驻华大使参赞会馆，实业家荣德生、女画家潘玉良等也曾在复成新村居住。

深藏其间的复成新村7号（现为10号）为解放战争时期中共南京市委秘密开会的旧址，见证了南京中共地下党为迎接南京解放而进行最后一段艰苦卓绝的斗争历史。从1948年下半年起，国民党反动派在南京疯狂搜捕地下党员和革命群众，蒋家王朝统治中心陷入更加严重的白色恐怖中。1948年底，为遇紧急情况易于疏散撤离，中共南京市委选择在此建立新的秘密会议处。复成新村10号位置较偏僻，是中共地下党员顾公泰父亲名下的一幢带有庭院的楼房。顾公泰1946年6月根据党组织指示前往邮政储金汇业总局南京分局工作，以此为掩护从事地下斗争。他说服父亲，动员全家老小十来口人分散到亲友家中居住。秘密会议处建立后，中共南京市委书记陈修良、副书记刘峰和三名委员经常在此接头开会。南京解放前几个月，中共南京市委积极发动党员群众，开展反对搬迁行动并保护工厂、机关、学校、商店、仓库，同时采取多种形式广泛收集情报，策动国民党海陆空军起义，迎接解放军渡江作战。

今日复成新村全貌

复成新村8号曾为韩国"国父"金九抗日办事处

复成新村7号解放前夕为南京中共地下党秘密会址

复成新村14号为黄埔军校二期生邱清泉公馆

桨声灯影话秦淮

江南贡院一度沦为汪伪政府司法院和行政法院

民国时期夫子庙文德桥上

夫子庙贡院街的庆源祥鸡鸭店,店门前挂满板鸭

1929年夫子庙新奇芳阁。魁光阁五香茶叶蛋、永和园蟹壳黄烧饼、奇芳阁麻油干丝均在"秦淮八绝"之列

南京夫子庙地处秦淮风光带核心区,是中国古代文化枢纽、金陵历史人文荟萃之地。夫子庙为供奉至圣先师孔子的庙宇,始建于宋朝景祐元年,由东晋学宫扩建而成,屡次毁坏又重建。明清时期,秦淮地区以江南贡院为核心,每年数以万计的考生前来求取功名,各种旅馆、餐饮、青楼妓院林立,"桨声灯影连十里,歌女花船戏浊波",秦淮两岸遂成繁华之所。中国人向来有"北有天桥,南有夫子庙"之说,南京夫子庙以集历史、宗教、建筑、文化、艺术、民俗、饮食、商业于一体的悠久市集而名闻天下。

民国时期的夫子庙破败萧条,满目疮痍,旧有建筑只剩下泮宫、泮池石栏、大照壁、聚星亭以及明远楼等几处,龙门街仁元里的建筑群也尚属完好。不过这里依旧是全城最热闹的地方,有各色各样的摊贩,说书卖唱的、玩杂耍变魔术的、卖膏药的,还有各种草台班子,游人摩肩接踵,节假日更是热闹非凡。旧时学宫泮宫被辟为"人民游乐场"后,不但有京剧、扬剧、越剧表演,还有曲艺、评书、皮影、游戏、杂耍等游艺活动,著名相声"单口大王"刘宝瑞、荀派京剧传人"活红娘"宋长荣、飞车走壁大师蔡少武等先后来此献艺,"北侯南张"之一的张永熙先生则长年在这里领衔相声会。

当时贡院街两旁老字号云集,有永安商场、奇芳阁、六凤居、老正兴、永和园等百货餐饮店,还有小苏州、百花、绿宝等商铺以及首都大戏院、大光明等影剧院。泮池照壁背后是著名的石坝街,东临东花园,西接钞库街,老南京习惯称之为"十八街"。历史上大小石坝街至利涉桥一带是歌女集散地,过了淮清桥,东西钓鱼巷至东西玉壶坊之间则是旧社会的烟柳花巷。著名散文家朱自清如此形容秦淮河的夜景:"夜幕垂垂地下来时,大小船上都点起灯火。从两重玻璃映出那反射着的黄黄的散光,反晕出一片朦胧的烟雾;透过这烟霭,在黯黯的水波里,又逗起缕缕的明漪。在这薄霭和明漪里,听着那悠然的间歇的桨声,谁能不被引入他的美梦去呢?只愁梦太多了,这些大小船儿如何载得起呀?我们这时模模糊糊的谈着明末的秦淮河的艳迹,如《桃花扇》及《板桥杂记》所载的。我们真神往了。我们仿佛亲见那时华灯映水、画舫凌波的光景了……"

获奖摄影作品《难忘今宵》。元宵佳节夫子庙人潮涌动,热闹非凡

民国秦淮灯会旧影

文德桥是观灯赏月的绝佳场所

桨声灯影里的秦淮河

航拍摄影《盛世灯会耀秦淮》

民国桃叶渡旧影

今日桃叶渡夜色

老门东旧影

火树银花老门东

邮传万里通音问：漫话民国邮局

夫子庙邮局是南京城内现存历史最悠久的邮局

1920年代奇望街邮政局，可见当年邮局大楼立面深浅色块相间的搭配

清朝光绪二十三年正月初一（1897年2月2日），贡院街上南京邮政支局的设立标志着本市邮政事业的开端。1922年江苏省邮务管理局在南京最早的古玩商店集中地奇望街（今建康路146号）新建支局，不久一幢由英国人设计建造的两层钢混结构营业楼建成开业。1935年奇望街拓宽成新式马路，按六朝时期南京的古称定名为建康路，该支局也更名为建康路邮政支局，一直沿用至2000年年底才改称夫子庙邮局，是目前南京地区历史最悠久、保存最完好的邮局之一。1946年4月支局创设示范邮局，局内设备配套，还备有笔墨、胶水机等，被立为邮局营业部门的楷模。

1934年国民政府下令建立陵园邮局，1937年被日军焚毁，1947年重建。图为摄影作品《斗转星移话邮局》

民国时期邮政除拥有普通绿色邮筒外,还可以看到戴黄帽子的"赶班信筒",专门处理邮递加急快件,邮局派专人每日六次骑摩托车来收信,沪宁沿线的信件往往搭乘火车一至两天便可送达。1947年3月1日,为方便距邮局较远的机关单位和公众交寄信件,中华邮政总局和江苏邮务管理局在南京市区特别创办了汽车行动邮局,当时共有3辆车,每车配备三人,司机又叫局长,每天如公交车一样逐站停靠。市民们提前在停靠处排好队,等车到来,买邮票寄信。当然这种"路上跑的邮局"只能处理简单的邮件业务,像汇款、寄包裹等大宗仍需去普通邮局办理。

南京邮政储金汇业局营业大厅

励志社楼前的汽车行动邮局

位于夫子庙的民国新式邮亭

陵园邮局旧影

汉中路上的南京邮政储金汇业局旧影

1947年鼓楼示范邮局旧影

民国交通部门楼外的邮筒

陵园邮局现为民国邮政博物馆

空中俯瞰陵园邮局外观

警宪特盘踞金陵第一园：瞻园路128号国民政府内政部、瞻园路126号首都宪兵司令部

国民党中统局局长徐恩曾（1896—1985），后因参与中印缅边境交通线走私案被免职

瞻园是南京地区现存历史最悠久的私家园林，迭经明、清、太平天国与民国变迁，与无锡寄畅园、苏州拙政园和留园并称为"江南四大名园"。民国时期此园先后为江苏省长公署、国民政府内政部、宪兵司令部看守所、汪伪全国水利委员会等军政机构驻地，国民党中统局等特工组织亦盘踞其中。内政部成立于1928年4月，其前身是民政部，原隶属于国民政府，1928年10月，改隶行政院。内政部主管地方行政、户政、警政、礼俗、宗教、方域和营建等，在较长时间里还掌管土地行政、卫生和禁烟等项业务。20世纪30年代初，国民党中统局特务头子徐恩曾在瞻园内主持成立"特务工作总部"，瞻园后面的教敷巷秦淮公安分局内一栋三层洋房"弘毅楼"即为当时所建，2000年后才被拆除。

瞻园路126号原为国民政府首都宪兵司令部，现系航天部南京航天管理干部学院所在。民国时期宪兵部队的主要职能是维系军纪，约束其他军人行为举止，处理军中各种刑事案件，其本质是拥有独立指挥、人事及后勤补给系统的陆军兵科。首都宪兵司令部成立于1932年，司令谷正伦，地位类似于古代禁卫军。1937年12月南

被拆前的教敷巷原中统局弘毅楼

位于夫子庙瞻园的内政部大门旧影

夫子庙瞻园今貌

谷正伦（1889—1953）有"民国宪兵之父"之称，曾大肆迫害共产党人和进步人士

京保卫战中，宪兵教导第2团奋勇抗敌，伤亡殆尽，宪兵副司令萧山令也壮烈殉国。首都宪兵司令部组织机构庞杂，其中警务处军法课是专门逮捕和审讯政治犯的，所设看守所还设立了囚禁重要政治犯的"优待室"，囚禁过陶铸、陈赓、丁玲、田汉等人，罗登贤、邓中夏、顾衡等烈士在此遇害。《南京人报》副总编游公曾经在这个南京人谈之色变的"魔窟"里被关押过，他在回忆录里描述道："宪兵司令部的牢房为全封闭式，不见天日，从不放风；电网高墙，不在话下；层层铁门，道道警戒；屋顶之上，岗哨密闭……江洋大盗、飞檐走壁之徒也插翅难飞，真可算是当时的现代化监狱了。"光阴轮转，原首都宪兵司令部其他建筑早已消逝不见，只留下高大的门楼无声诉说着当年的血雨腥风。

大门内侧，汪伪时期为伪江宁地方法院与伪首都法院，现为南京航天管理干部学院

瞻园路126号，曾作为首都戒严司令部、首都宪兵司令部等警宪机构

"金陵狮子林"史话：鸣羊街胡家花园1号愚园

晚清金陵名园愚园——位于秦淮区老门西，地处夫子庙秦淮风光带，前临集庆门鸣羊街、后倚花露岗，俗称胡家花园，以水石取胜并集江南园林文化精粹于一园，故有"金陵狮子林"之称。建筑学家童寯在1937年《江南园林志》中曾评价："清同治后，南京新起园林，今犹存数家，以愚园为最著。"

愚园最早是明代开国功臣徐达后裔徐傅的西园别墅，后园子几次易主，渐趋败落。直至晚清名人胡恩燮退仕奉亲，辟地50余亩，建愚园三十六景，取"大巧如拙，大智若愚"之意。辛亥革命后，张勋辫子军攻入南京大肆纵火，愚园未能幸免。1915年胡家后人回到南京，将宅园重加修葺，但抗战期间又遭日寇毁坏，族人再次外出逃难，园内仅剩水池及部分遗迹。1942年愚园主事人胡昌期病逝，遗三代女眷五人，生活几陷绝境。

现整修后的愚园铭泽堂系原老建筑，整个框架形制、大架梁柱基本保持原样，其余部分均为恢复性重建，后厅西侧庭院内则安置了胡家后裔捐赠的花坛、石桌、石凳等一批文物。

1912年3月3日，中国同盟会本部全体代表大会在胡家花园召开

1912年3月29日，临时大总统孙中山正式解职前与黄兴、唐绍仪、蔡元培等人在胡家花园春晖堂前留影

20世纪30年代胡家花园旧影

集江南园林文化精粹之愚园可比肩苏州狮子林

民国城门忆今昔

　　南京明城墙全长35.267公里,最初共辟有13座城门,按逆时针方向依次是:南面聚宝门、通济门、正阳门,东面是朝阳门,北面是太平门、神策门、金川门、钟阜门,西面是仪凤门、定淮门、清凉门、石城门、三山门。民国时期又陆续开辟9座城门:海陵门、新民门、中央门、汉中门、武定门、雨花门、中华东门、中华西门、新开门。

　　中华门原名聚宝门,是南京明城墙中13座明代京城城门之一、中国现存规模最大的城门,也是世界上保存最完好、结构最复杂的堡垒瓮城,有"天下第一瓮城"之称。1928年,南京特别市以"本市各城门旧有名称颇多封建思想,实非革命时代所应存"为由改聚宝门为中华门,蒋介石亲笔题写门额。1933年,南京市政府又在原门洞两侧另开东、西两门。

中华门门洞上方匾额系蒋介石手书,因未署年月姓名而保存至今

1929年与1931年中华门(原聚宝门)旧照

中华门今貌

武定门系民国增辟城门之一。1927年南京特别市首任市长刘纪文上任不久,出于改善市民饮水卫生条件的考量而作出开辟武定门的决定。1933年这座改造兴建的城门被命名为武定门,与同时期开辟的汉中门、新民门均为西洋牌楼式城门。20世纪50年代,席卷全国的拆城运动波及南京,其中武定门城门遭到拆除,城砖被用于建高炉或民居。2010年,南京市人民政府重新连接武定门段城墙,复建三拱券式城门。

东水关则为两座明代京城水关之一,地处夫子庙秦淮风光带,位于龙蟠中路通济门大桥西侧,是秦淮河流入南京城的入口,也是南京明城墙唯一的船闸入口。1960年代受拆城风波影响被拆除北段部分。

今日武定门

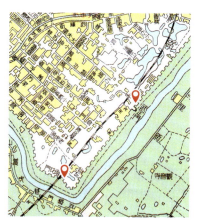

1948年武定门与雨花门地图

今日东水关

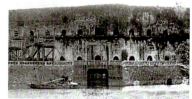

东水关旧影

富贵山龙脖子城墙中段1934年开辟的新开门。1937年12月13日,国民党教导总队在此与日军展开激战,至今城门墙壁上弹痕犹在

南京沦陷期间的汉中门

1938年拍摄的汉中门(左)与汉西门

1929年神策门航拍

1933年前后,国民政府为改善首都交通而开通汉中路,在明代城门汉西门(石城门)瓮城以北百余米城墙上开辟豁口,筑西式牌坊城门,命名为汉中门。20世纪五六十年代,汉中门城门及其以北城墙被拆除,因汉西门地名今已不存,但城门犹在,又因汉中门与之距离很近,导致许多人将两者混淆,还以为这里仅存一座汉中门。

神策门又称和平门,位于玄武区中央门以东、南京火车站以西处,是南京明城墙中保存最完整的一座外瓮城城门。它不同于中华门向内延伸的三层瓮城,一层瓮城是向城外修建的,且在外瓮城拐弯处发现一座依托城墙而改建的射击暗堡,射击口以水泥包裹,由外向内缩小,在保证观测以及射击角度开阔的同时,亦可保护暗堡内的士兵。神策门在南京所有城门中拥两项唯一:唯一保留清末镝楼的城门,门洞内还有一扇唯一仅存的民国时期铁皮木门。1937年12月13日,中国守军第36师官兵与侵华日军第16师团一部在神策门外瓮城内发生激战,战斗中神策门损毁严重,外瓮城上至今仍留有许多枪炮射击痕迹,铁皮木门上还留有一个直径有拳头大小的陷坑,成为中国军队抵抗日寇侵略的有力证据。

今日神策门

民国时期光华门旧影,1962年被拆

2006年10月发现南京保卫战中两处东西相邻的守军城防工事,并建成光华门遗址公园

1911年太平门,徐绍桢指挥江浙联军攻入此门

经重新复建的太平门

1936年为将京市铁路对外连接而在城南城墙开辟雨花门

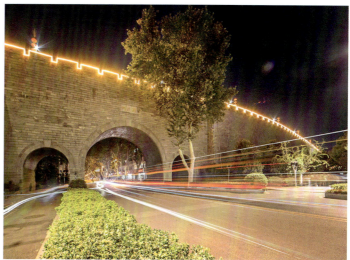
雨花门于1950年代拆除,2009年复建为三拱城门

通济门船形瓮城的破碎记忆

南京保卫战炸毁的通济门外九龙桥

翻阅民国30年代老影集,可以撞见许多南京古城门的旧影,令人印象至深的是当年航空测绘队航拍的一组南京通济门照片。通济门是明城墙十三座内城门之一,明初由原集庆路旧东门截城壕增建,扼守于内外秦淮分界,此门东北为皇城,向西南则是商业区,为南京咽喉所在,也是中国规模最大的瓮城城门,是世界城墙史上独一无二的杰作。空中俯瞰整个通济门内瓮城墙呈弧线构筑,城门形似鱼腹型福船,宛若一艘大船泊靠在秦淮河畔,取同舟共济之意。它是南京内城门中占地面积最大的,与聚宝门(今中华门)、三山门(今水西门)同为明代规格最高的三座内瓮城城门。

通济门内部结构极其繁复,由一座城楼、两条上城马道和人行道、三座瓮城、四道拱券砌筑的门垣以及若干瓮洞组成。瓮城周长约690米,立面城宽约90米,均为条石筑就,比现存最大的瓮城——聚宝门还要大。

至于通济门和水西门瓮城为何修建成船状造型,南京明城墙专家经研究得出结论,当年城墙规划设计者刘伯温精通堪舆术,有可能将《易经》理论运用于南京城池的营建。中国古代从西周开始就有"观象制器"的传统,通济门、水西门处于内外秦淮河交界处,正符合《周易·系辞下》中"涣"的卦象,就是"水流盛大"的样子。通济门、水西门这两座庞大瓮城建造时受《易经》指导,因分临内外秦

民国时期通济门彩照与地图

淮河,遂取舟形为城门外观,以对应"涣"卦之象,意为"水流奔其门,而亡其悔,乃得所愿也",而达"舟楫之利,以济不通,致远以利天下"的意旨。

通济门曾经发生过许多历史事件。公元1644年崇祯皇帝自缢而亡后,凤阳总督马士英、南京兵部尚书史可法拥立福王朱由崧,在南京武英殿即位,年号弘光,史称南明弘光王朝。然而朱元璋为后代建造的高大城墙并没有让大明江山永固,在清军占领镇江、威逼南京的情况下,先前信誓旦旦以死守城的弘光皇帝,竟置全城百姓安危于不顾,于1645年6月3日深夜带领少数随从悄悄打开通济门,溜出南京逃亡芜湖,居然连辅佐大臣马士英也被蒙在鼓里,无所觉察。15天后,被俘的弘光帝又被清军经通济门押送入城,沿途受到市民唾骂,后被押往北京处死。

1937年12月9日,侵华日军从三个方向兵临南京城下,攻击光华门未果后转向通济门方向。因担当南京通济门外红毛山之线守卫任务的第71军87师尚未抵达,就由教导总队派兵一营暂时防守,后该师第259旅奉命驻守中华门右翼阵地,即光华门、通济门一带,保安警察第3大队第9中队也参与通济门的防守。城墙在敌人炮火中倾颓,官兵与日军作殊死搏斗,终因缺口太大,阵地失守。军长王敬久将电话打到前线指挥所,下令迅速收复失地。第259旅旅长易安华率一个加强团向东北方向敌阵穿插,261旅旅长陈颐鼎则率两个加强营由北向南猛攻,把日军前锋部队夹在城墙和出击部队之间,易、陈二部又被夹在日军前锋与后援之间。战至深夜才将突入之敌全部消灭,但易安华因头、腰、臂部多处受伤,大量失血殉国而亡。通济门也由此见证了南京保卫战中中国守军抗击日寇的壮举。

1960年10月,白下区人民委员会开始拆除通济门瓮城两道城门,到1963年底,将通济门及瓮城地面建筑彻底拆除。通济门屹立近600年的壮美瓮城从此消失在人们视线中,现在只能通过民国老照片去寻觅它远去的模糊身影。

对于逝去的古建,人们只能从图片中感受它体量上的震撼,心里留下无尽遗憾与隐痛。下两图为现今通济门航拍图

民国时期南京明城墙存废之争

明朝开国之初，经过长达30余年大规模筑城施工，终于集全国之力建成"世界第一城垣"，并最终奠定了南京城垣气象非凡、城头路面开阔的基本轮廓。此后南京明城墙历经600余年风雨沧桑，不仅饱受来自自然界的种种风险磨难，还要承受战争损毁、城建破拆等人为因素的破坏，原本三重格局中的宫城与外廓多经改筑或废圮而不复存，仅剩京师内城部分城垣基本保持完好。

在清末近代化风潮中，破墙筑路以及开辟新城门一度成为人们告别旧时代、迈向新思维之举。辛亥革命以后，象征"封建"的城墙益显不合时宜。1915至1927年间，拆卸盗取城砖挪作他用的现象在南京愈演愈烈，以至市内出现了以买卖城砖为业的店铺。当时扬子饭店、马林医院底层、金陵大学北楼等新建筑都是使用上好城墙砖砌就，还有不少明城墙墙砖被廉价运往南通、唐闸、海门等外地。1923年出版的《南都览胜记》就详细描述了明皇城与宫城城墙拆除后只剩下午门、西华门一带残垣断壁的惨状。

1927年国民政府定都南京，市政当局为疏导交通、便利出行，打算拆除南京所有的城墙，"以新都建设需要，将标卖南京全城城垣城基"，社会舆论一片哗然。社会名流中保护城墙的代表人物徐悲鸿认为"首都后湖自太平门至神策、丰润门一带为宇内稀有之胜境，有人建议拆除此段城垣，务恳据理力争，留此美术上历史胜迹"，随后撰文直斥拆城之举系西湖雷峰塔被毁之续貂，"欲毁灭世界第一等之巨工，溯其谋乃利其砖……而使我四万万人拱戴之首都，失其徘徊咏叹、徜徉登临、忘忧寄慨之乐国也"，对南京明城墙的价值认知已从单纯军事防御的实用范畴，提升到历史文化情感与艺术审美领域，因而获得了广泛的社会认同。诗人柳亚子更以诗文赞叹南京城墙营造的诗情画意："城郭参差宜入画，岗峦起伏尽奇才。"

拆除武定门城门

▲日内竣工

本市饮料不洁、居民颇感困苦、常刘市长范任时、即有拆除武定门城垣、引取外河之水、以裕民食之议、现工务局已着手拆除、本月中旬、即可蒇事云。

1929年南京市政府拆除武定门的报道

民国肇始就有拆除南京明城墙的动议

国民政府内部有识之士与主张拆城者间的博弈交锋亦未停息。1928年11月,蒋介石授意中央陆军军官学校拆城墙取砖建学堂,时任南京市市长的刘纪文一面复以"职府并无议决拆卸之成案"暗中抗衡,一面通过函请党内高官题写新城门名来为城墙争得"护身符",如由蒋介石为聚宝门改题中华门,谭延闿分别为朝阳门、仪凤门改题中山门、兴中门,胡汉民为神策门改题和平门,蔡元培为丰润门改题玄武门,于右任为正阳门改题光华门、戴季陶为海陵门改题挹江门等。但蒋介石仍坚持己见,于1929年3月以军校校长名义向国民政府呈文,要求将太平门至神策门城墙一部"如数拆卸",结果遭国民政府否决,拆城计划被及时制止。主持编制《首都计划》的孙科亦通过美国建筑师墨菲提出反对意见,后者主张保留并利用南京城墙,认为"拆除它将是巨大的错误",进而提出在城墙上面行车"以为环城大道"的方案。1934年南京警备司令谷正伦又提出《关于南京城防的建议案》,将修葺明城墙列入城防计划,使南京城墙这一世界现存最长的古都城墙最终得以保留。抗战初期,明城墙在完成最后一次防御功能的同时遭到严重破坏,尤其是中华门、光华门一带在日寇坦克与炮火攻击下损毁严重。

新中国成立后,蜿蜒10余公里的南京城墙曾经历多处地段屡被拆除的险境,更迎来新世纪被列入申报世界文化遗产预备名录而成为经典城市名片的辉煌。从正月十六爬墙头"踏太平""走百病"的民间风俗,到"城门城门几丈高,三十六丈高"经典儿歌的代代传唱,南京老百姓以自己的方式表达着对身边古城墙的特殊情感。人们趁浩荡春风在午朝门城墙根放风筝,炎炎夏夜里爬上中山门城头吹风纳凉,秋高气爽时去中华门城堡登高赏月,素雪纷飞中徜徉台城感怀兴衰……一年四季有这样的城墙世代相伴,南京人不要太幸福哦!

南京许多城墙最终难逃拆除噩运。图为20世纪50年代正在拆除的城墙,其历史身影只能留存在泛黄底片中

将日降消息传遍全城：江东北路33号中央广播电台

1948年，国民政府行政院院长张群在中央广播电台广播

1936年元旦正午，国民政府主席林森在中央广播电台演讲

1933年德国援建的电台发射塔旧影

南京城西的江东北路33号，透过一扇镂空铁门，但见两排粗壮的梧桐树尽头有一座中西合璧的民国小楼，屋外院子东西两边还有两座相距百米的铁塔高耸对望。这里就是原国民政府中央广播电台发射台旧址，现为江苏人民广播电台一处办公地。

国民政府定都南京后，蒋介石深感"主义急于灌输，宣传刻不容缓"。此时中国首座广播电台已现身上海，国民党中央组织部部长陈果夫正积极筹设首都广播电台，鉴于政府资金紧缺，他设法垫款向上海美商开洛公司订购了500瓦特电力的中波广播机全套设备，包括5千瓦汽油发电机自备电源，两座高约43米的自立式铁塔以及室外发音设备。国民政府中央广播电台于1928年正式成立，地点设在丁家桥国民党中央党部后院，因功率太小，电波仅局促于东南一隅。

国民政府后拨款121万元扩建电台，将原先的广播机淘汰，换成从德国进口的75千瓦广播机，发射台也换成125米高的铁塔，比50多年后建成的曾经"中国第一高楼"金陵饭店还高15米。新址则选在江东门外，因为当年这里地处长江岸边的空旷地带，便利无线电波的发射与传送。新电台几经筹备，于1931年开工，1932年5月竣工后建筑格局至今未变。

1932年11月12日是孙中山诞辰66周年纪念日，这座当时荣列"东亚第一、全球第三"的电台正式开播，频率为660千赫，海内外都可以收听到它播出的节目。南京街面上，凡是有收音机的店铺，都被好奇的市民围得水泄不通，有些公园还特辟出小广场，将收音机置于草坪上，吸引大批市民聚拢收听。据说电台建成之初曾在日本引起恐慌，因为日本国内全部电台的电力总和都抵不上它。《首都志》称其为"益臻美备，不特为我一国之荣，抑且为远东生色"。

据有关资料记载，中央广播电台最初只有一位男播音员，其余都是临时上阵，方言夹着国语满天飞。有一次居然抓差让操一口太仓话的总务科长播音，直听得人如坠云雾。电台曾三次在社会上招考播音员，1933年第一次招考时，从2 000多名考生中仅录取3人，其中一位是北平女子师范大学学生刘俊英，她嗓音圆润甜美，很受听众喜爱，有"南京夜莺"的美誉。

1932年建成的国民政府中央广播电台新台址今貌　　江东门当年两座发射塔至今依然矗立

抗战爆发前,日本电台实力已强于中国,双方暗中进行的广播宣传战如火如荼。中央电台除正常播出各类节目外,还承担起备战宣传的任务,成为陆海空军之外反击日军的"第四条阵线"。1936年2月20日,中央广播电台指导委员会发表通令:即日起,每天下午8时起至9时05分(星期日除外),所有国内电台一律转播中央广播电台节目,进行抗日宣传。

每遇重大政治事件与活动,中央电台无不全力配合,从而见证了许多历史事件。1929年5月孙中山奉安大典期间,电台除在广播中全程宣传外,还装置了迎榇宣传列车,沿途播放哀乐,宣讲中山先生生平事迹与三民主义。1936年蒋介石五十寿辰之际,电台直播海内外同胞募捐衣物、筹款购买飞机的祝寿盛况。不久西安事变发生,蒋被扣押,电台第二天就播出大骂张、杨叛逆的新闻。

1937年12月13日南京沦陷,江东门发射台落入日军之手,随后成为日伪的宣传喉舌。直至南京光复前夕,处于日伪严密统治下的市民消息相对闭塞,不过冒险偷听"敌台"的仍大有人在。1945年8月10日,重庆中央广播电台播送"日本即将投降"的新闻,伪中央广播电台的两名技术员谭保林、苏荷先收听消息后,按捺不住内心的狂喜。当晚8时照例要播放日本东京广播电台华语节目"大东亚联播",两人联系江东门发射台,得知日本主管不在,立即要求改播重庆电讯,并在数分钟内反复播了几遍。一传十,十传百,南京城沸腾起来,鞭炮声开始不绝于耳。翌日清晨,日伪当局在全城遍贴布告,宣布要追谣弹压,日军还进驻广播电台,对谭保林严加盘问。谭回答说是常规播出,没有什么情况。然而任何封锁和欺骗宣传都掩盖不了日本败局,到了8月15日那天,多数南京市民都已获知这一特大喜讯。

抗战胜利一年后,国民政府还都南京,中央电台随即迁回,发射台还设在江东门原址,电台播控中心和办公室则搬至中山东路西祠堂巷25号(今西祠堂巷8号江苏音像出版社所在地)。1949年4月23日南京解放,电台被人民政府接管,改为江苏人民广播电台。2012年电台旧址被挂牌为南京重要近现代建筑、国家级文保单位,因同类型遗存非常之少,所以很具代表性。

公开审判汉奸大案：朝天宫4号首都高等法院

周作人（1885—1967），被称为民国第一散文家，也是第一大文化汉奸

丁默邨（1901—1947），抗战期间叛投日本组建76号特工总部，血腥镇压爱国志士，人称"丁屠夫"

丁默邨被判处死刑

中统特工郑苹如（1914—1940），因刺杀丁默邨事件轰动上海，1940年2月被汪伪特务李士群秘密杀害

首都高等法院是民国时期江苏省级审判机构，院址设在朝天宫，现为南京市博物馆所在地。

1927年11月1日，原设在南京的江宁地方审判厅改为江宁地方法院，设在苏州的江苏高等审判厅更名为江苏高等法院。1935年10月，江宁地方法院又改称首都地方法院，仍隶属于江苏高等法院。抗战爆发前，南京并无高等法院一级机构，国民政府司法行政部迟至1946年4月1日才在南京设立首都高等法院，作为第二审级受理首都地方法院的上诉案件，同时负责审理南京市辖区内的第一审"汉奸""内乱"等刑事案件，以国民政府最高法院为上一级法院。

首都高等法院成立之后，最为引人注目的是审理周佛海、梅思平、林柏生、丁默邨、周作人等汉奸大案。每次公审汉奸，法庭内外都是人山人海，群情激愤，各色汉奸则表现各异。如周佛海在法庭上将自己打扮成为忍辱负重的忠臣模样，千方百计抹去汉奸头目的各种罪恶，让旁听者觉得"周佛海并不像个受审的汉奸，倒像一个演说家"。1946年11月7日，首都高等法院以"通谋敌国，图谋反抗本国"罪判处周佛海死刑，剥夺公权终身，后经最高法院复判仍处死刑。周妻杨淑慧先后找到洪兰友、陈布雷、顾祝同、吴鼎昌、谢冠生、毛人凤等人为之求情，陈立夫甚至写了证明材料称其"在京沪一带暗中布置军事，颇为周密，胜利后更使江浙两省不致尽限于共党之手，国府得以顺利还都，运兵至华北各地，不无微功"，联名陈果夫呈请予以缓刑或减刑。国民政府主席蒋介石于1947年于3月26日发布改刑特赦令，"准将该犯周佛海原判之死刑减为无期徒刑"。周佛海得以逃脱死刑，为此感激涕零。1948年2月28日，周因心脏病引发各种并发症，瘐死于老虎桥监狱囚室中，遗体由杨淑慧收殓后葬于南京郊区永安公墓。

然而心狠手辣的大特务丁默邨就没那么走运了。据陈立夫回忆录称，一日丁默邨生病，提出去监狱外的医院看病，获得狱方批准。看完病后丁默邨心情极好，向陪同看守提出去玄武湖看看，当他兴致勃勃划船游览时却被中央社一名记者看到，有关《丁默邨逍遥玄武湖》的报道很快见诸报端，其杀害司法及军统人员的多桩罪行也被揭露出来。蒋介石勃然大怒道："病人还有精神逛公园，难怪有人说我们包庇汉奸，这人应该立即枪毙！"电影《色戒》女主人公原型郑苹如的母亲也向法院提起诉讼，要替亡女报仇。1947年7月5日14点，丁默邨在老虎桥监狱刑场被执行死刑，子弹

周作人在朝天宫首都高等法院受审引发社会各界关注

从脑后射进,由仰面左眉边穿出,当即毙命。

七七事变后不久,多数大学教职员随校离开北平,身为大学教授多年的周作人却以"系累太多"为由留下来。1937年12月,日军卵翼下的伪华北临时政府在北平成立,汤尔和任伪教育部总长,竭力援引周作人出山。周作人一开始未肯往就,然而1939年元旦就在家中被一名自称是天津中日学院的青年学生开枪行刺,虽未中要害,但周在"元旦刺杀案"发生10余天后就接受了伪北大的任命,出任图书馆馆长之职,此后便一发不可收,在伪政权的泥淖里越陷越深。1940年底,周作人被任命为伪华北政务委员会常委兼教育总署督办。1941年他率代表团访日,慰问侵华战争中受伤的日军伤病员,回国后又按照日方要求,对华北多地大中小学课本进行修改,将日语列为学校必修课。1942年9月,伪"华北作家协会"在日本人扶持下正式成立,周作人担任伪作协主席,从进步文人彻底沦落成唯日本人马首是瞻的文坛头号大汉奸。

1945年9月全国"肃奸运动"开始,10月6日,北平行营主任李宗仁指示军统局立即逮捕包括周作人在内的华北地区高级汉奸,半年后押送南京受审。1946年6月17日,检察官以汉奸罪对周作人提起公诉。11月16日,首都高等法院经三堂会审,以"共同通谋敌国、图谋反抗本国"罪判处其有期徒刑14年,褫夺公权10年,全部财产除酌留家属所需生活费外予以没收。经最高法院复判,改判有期徒刑10年。周作人被关押在南京老虎桥监狱,直至1949年初,李宗仁代总统下令释放政治犯及无期徒刑以下刑事犯,他才得以重获自由。

高楼矗立下的朝天宫

今日朝天宫航拍

民国重要工业遗存：水厂街7号首都水厂

始建于1929年的首都水厂

自来水当年是奢侈的消费品

国民政府行政院办公大院内标有"首都水厂"字样的消防水栓

国民政府定都南京后，城市人口猛增，用水日益紧张，兴建自来水厂遂被当作"最为切要的公用事业"。首都水厂始建于1929年，是目前南京最大的自来水厂——北河口水厂（现水厂街7号）前身，位列中国工业遗产首批保护名录，并有5栋建筑入选历史建筑保护名录，其中包括建于1931年的老厂泵房和货栈、1939年的办公楼、快滤池以及1941年的冲洗水塔等。资料显示，首都水厂由协和土木营造厂承建，1932年底完工，1933年3月16日试机，4月1日出水，初期日供水量约1500立方米，全市总水管长度160公里，消防栓180多只。

水厂建成时有动力室、泵房、沉淀池、码头和货栈，制水工艺在业内位居前端。但因最初管网建设有限，仅新街口、鼓楼附近25处接到自来水，云南路以北的地方没能接上。水厂首批用户只有29户，多为军政机关、官员住宅和工商业户。全市还设置25个售水站供市民购买，当时一桶自来水售价6枚铜元，在普通老百姓看来不啻是一种昂贵的饮料。此后国民政府采取发行水票、定期免费开放、降低水费等措施，鼓励市民接用自来水。1935年3月南京自来水用户已发展至1600多户，水费收入达31000元。1936年初又成立自来水管理处，积极推广供水业务，同年6月扩建水厂，敷设第二根出水总管，快滤池、清淀池、冲洗水塔、水厂实验室等陆续开工，用户则增至4600多户。南京沦陷前，国民政府为阻滞日军侵略步伐一度计划爆破水厂，结果被国际红十字会难民委员会干预中止。日军侵占南京后霸占了水厂，命名为"华中水电南京株式会社"，日伪经营期间续建完成北河口未尽工程，开始供应沉淀、过滤两级净化水。截至1949年4月全市自来水用户已达10273户，管线总长231多公里，供水范围东起孝陵卫、南至宁芜路约50平方公里区域。

有专家评价首都水厂是借鉴国外经验进行城市改革运动的精神体现，也是代表近现代中国市政事业变革的一个典型。

民国冲洗水塔系1941年续建时建成,其中泵房、快滤池等经过机器改造现仍在使用

原首都水厂厂房今貌

今日北河口水厂。厂区内还有多栋民国建筑,包括老厂泵房、货栈、办公楼、快滤池及冲洗水塔等

中国民族工业先驱：应天大街388号金陵兵工厂

20世纪30年代厂区旧影

1935年位于南京雨花台附近的金陵兵工厂大门

金陵兵工厂位于南京市秦淮区中华门外应天大街388号，它是南京第一个近代机械化工厂，也是洋务运动期间创办的全国四大兵工厂之一，堪称"中国民族军事工业摇篮"。现遗存有9幢清代建筑、24幢民国厂房和办公用房以及新中国成立后不同年代各类建筑群，如同一座巨大的近现代工业博物馆。

时间追溯至1865年，洋务派领袖、两江总督李鸿章在南京聚宝门（今中华门）外扫帚巷东首西天寺废墟上兴建厂房，筹办金陵机器制造局，从此开创了我国近代工业和兵器业发展的先河。1928年改隶于国民政府军政部兵工署，更名为金陵兵工厂。1932至1937年间工厂进行大规模扩建，新建添修厂房，增购机器设备，员工达2 800多人。这一时期厂房为德国包豪斯风格，建筑形体简洁而高效，工房主框架置于四面坡形基座上，水泥地墙，青砖灰瓦，锯齿状屋面以利于顶部采光，房顶低点处有

复建的金陵制造局门楼

排放雨水的白铁明沟。厂房内部总高8.68米,东西南北均开有大门,四面钢窗呈连续性分布,钢架结构支撑,工字支柱内槽置有涡杆与涡轮相连,只需转动涡杆下端旋转手柄即可带动系统工作,从而开启离地5米多高的天窗。天窗则面北而开,避开阳光直射而使室内光线柔和,有利于工人从事机械加工。

1937年淞沪抗战事起,日机屡次轰炸南京,金陵兵工厂也多次被炸,厂里高射炮和高射机枪连予以还击。当年11月16日起,工厂在10余天内将5 000余吨机料器材用火车、汽车、轮船、木船分四路西迁汉口,又用三个半月时间在重庆江北新厂址复工,改称第21工厂。日军占领其南京厂址作为驻军兵营,先后以高桥、高森、贵志、稻田、松尾等部队长名字命名,部队长即厂长。1938年初,日军将中国各地劫来的机器运到厂里安装,部队下设工场,主要任务是修理枪炮和无线电,其次生产马鞍、军鞋和橡皮船等。

日本投降后,兵工厂迁回南京并改代号六零,迁川员工也陆续返回。1948年年底淮海战役中期,国民党眼看败局已定,将兵工厂向台湾高雄搬迁,只留下少量无法搬走的旧机器设备及整座厂房。1949年4月29日解放军第二野战军接管工厂,1952年年底华东军械总厂与山西长治迁到南京的三〇七厂合并为国营三〇七厂,即后来的南京晨光机器厂。如今的金陵兵工厂遗址已变身晨光1865科技创意产业园,依托园区丰富的人文历史景观,"以文化之轻而举工业之重",成为融文化、科技、商务、旅游于一体的时尚地标。

1935年金陵兵工厂按照德国兵工署提供的图纸生产二四式重机枪

左上:金陵兵工厂生产的子弹底部带有厂徽乐字标志 右上:该厂搪瓷用品 下图:八二迫击炮弹引信铁盒

1913年金陵制造局生产的6寸7发白浪林手枪,从1919年开始生产8寸白浪林手枪

建于1936年的厂房。房顶上设有面北而开的锯齿形天窗,是一种兼具实用功能的人性化设计

厂区一角

1934年征地扩建的材料实验室旧址

莫愁湖畔志英烈：粤军阵亡将士墓

莫愁湖公园是金陵一座历史悠久的江南古典名园,南齐时卢家女莫愁、明太祖朱元璋与中山王徐达弈棋等传说为这里平添了许多历史文化底蕴。1914年江苏省民政长韩国钧拨官钱修葺楼台,1928年年底南京特别市市政府公园管理处接管莫愁湖并辟为公园,1932年重修。日军侵占南京八年期间,园林破败凋零,仅郁金堂、胜棋楼一隅可供游览。1947年国民政府拨款重修"粤军殉难烈士墓",墓碑正面为孙中山手书"建国成仁"四字,背面由黄兴撰写碑文,记载粤军北伐史实及其不朽功勋。

莫愁湖畔粤军阵亡将士公墓旧影。该墓1966年被毁,现为1979年重修

民国画册上的莫愁湖

20世纪40年代莫愁湖旧影

新街口至夫子庙线

柳外楼高欲断魂。从莫愁湖曾公阁角楼登临湖上,极目远眺,视野极佳

获奖摄影作品《夜色温柔话莫愁》

金陵旧梦，似水流年：民国南京旧影

翻阅小人书的南京小女孩

1948年，穿着改良式中国旗袍在家中沙发上读书的摩登女性

20世纪30年代南京街头象棋摊

节约体面的新婚仪式

首都妇女的时尚，照片中人物气质典雅而靓丽

青春的舞者

国立戏剧专科学校设在南京鼓楼东南角的双龙巷，图为学生正在练习表演

夫子庙街头套圈的刺激

洋人也来逛夫子庙

1935年12月30日,金陵女子文理学院幼教老师正带领幼童做游戏

游乐场的人潮

1930年代南京风筝大赛

1934年雨花台风筝比赛吸引看风筝的人流涌出中华门

街头的舞狮彩灯

20世纪40年代夫子庙花鸟市场水仙花店

"梁泰和号"伞铺

民国时期南京女警察

1946年建康路天福绸缎棉布庄店内场景

1934年11月21日,身背大刀的南京警察摩托车巡逻队与东京、伦敦、巴黎等国际大都市警察同步举行防空演习

后记

本人在近代史博物馆多年从事展览陈列，因工作关系接触收集了大量民国南京历史资料与老照片。翻阅这些老旧泛黄的资料照片，犹如观看一幕幕无声电影，悄然讲述那一个个曾经鲜活动人的故事，让闻听者沉迷其中，恍若隔梦。去年编写《图说总统府》一书时就萌生了把这些资料图片编撰成书的念头。在当今这个全民摄影、全民读图的时代，作为"人类进步阶梯"的图书也应当与时俱进，用图文并茂的方式更好地挖掘历史遗迹背后的真实故事，通过今昔对比的系列组照跨越时空，生动直观地揭示历史与现实间的钩连。

民国建筑仿佛耄耋老人，经过几代人的居住与改造，无论建筑外观还是室内陈设早已面目全非：有的松筋散骨老态龙钟，让人徒生美人迟暮之叹惋；有的改头换面甚至脱胎换骨，同原本的样貌气质大相径庭；当然也有历经沧桑依然"驻颜有术"，如雨中红莲般在岁月洗礼下卓然玉立……果戈理曾云："当诗歌和传说都已缄默，只有建筑仍在诉说。"然而随着城市化建设的迅猛发展，这些城市活化石在挖掘机的轰鸣中颓然崩塌，支离破碎的记忆从此封存，一帧帧老相片不时触发人们心中那隐隐作痛的惆怅。一座没有过去的城市是没有文化的废墟，尊重过去才能更好地面对未来。很高兴看到近些年许多民国建筑开始被妥善保护或利用起来，手握最新科技的现代人仍不失尊重历史、肩担道义的初心。

本书囿于篇幅，对于积存的上千张照片、上万份资料不免有所取舍采择，将全市分成六大片区、沿主干线发散开去的编排方式亦难免挂一漏万，敬请读者予以谅宥。在此我谨对为本书出版不吝扶掖赐教的专家学者邢定康、高泳沂、王斯瑶、李震先生，同仁好友王兆俊、褚宝国、任维波、李勇、张永友、周虹、刘长风等致以衷心谢悃。

2019年10月于南苑翰墨居

内容题要

本书采用今昔对比的手法,以详尽的史实与1 600幅新老图片,分六大主线与片区展现南京数百处民国建筑及其背后的人文典故,使读者更深入地了解这座历史文化名城近一个世纪以来的沧桑巨变。

让我们徜徉在由历史街巷串连起的人文长廊里,领略山色水光间的经典传奇,回味中枢要地暗涌的诡谲风云,探究浓荫绿蔓掩映下的深宅私邸,感受中西合璧彰显的金陵学统,看大师匠造成就的一代风华。

图书在版编目(CIP)数据

图说老南京 / 沈旻,沈岚著. —南京:东南大学出版社,2020.7

ISBN 978-7-5641-8704-0

Ⅰ.①图… Ⅱ.①沈… ②沈… Ⅲ.①南京－地方史－史料 Ⅳ.①K295.31

中国版本图书馆CIP数据核字(2019)第292721号

图说老南京
Tushuo Laonanjing

著　　者	沈　旻　沈　岚
出 版 人	江建中
责任编辑	张丽萍
出版发行	东南大学出版社
地　　址	南京市四牌楼2号　邮编:210095
经　　销	全国各地新华书店
印　　刷	合肥精艺印刷有限公司
开　　本	787 mm×1092 mm　1/16
印　　张	24.25
字　　数	530千字
版　　次	2020年7月第1版
印　　次	2020年7月第1次印刷
书　　号	ISBN 978-7-5641-8704-0
定　　价	138.00元

本社图书若有印装质量问题,请直接与营销部联系。电话(传真):025-83791830。